Filbinger – eine deutsche Karriere

Filbinger – eine deutsche Karriere

Herausgegeben von Wolfram Wette

zu Klampen!

Dieses Buch wurde gefördert von der Hans-Böckler-Stiftung

Zweite Auflage 2018

e-mail: info@zuklampen.de · www.zuklampen.de
Umschlag: Matthias Vogel (paramikron) · Hannover
Satz: thielenVERLAGSBÜRO · Hannover
Druck: BoD – Books on Demand · Norderstedt

ISBN 978-3-86674-594-0

Bibliografische Information Der Deutschen Bibliothek
Die Deutsche Bibliothek verzeichnet diese Publikation in der Deutschen Nationalbibliografie; detaillierte bibliografische Daten sind im Internet über ‹http://dnb.ddb.de› abrufbar.

Inhalt

Einleitung des Herausgebers

Bis zum heutigen Tage ist Hans Filbinger in Deutschland eine politische Reizfigur geblieben. An seiner Person und an den politischen Ideen, für die er steht, hat sich im Laufe der Geschichte der Bundesrepublik Deutschland manche heftige Kontroverse entzündet. Obwohl der CDU-Politiker Dr. Hans Filbinger bereits im Jahre 1978 als Ministerpräsident des Landes Baden-Württemberg zurücktreten musste und er seitdem kein wichtiges politisches Amt mehr bekleidet hat, vermochte schon der Name Filbinger immer wieder ungewöhnliche Negativreflexe bei seinen politischen Gegnern hervorzurufen.

Das konnte beispielsweise anlässlich des 90. Geburtstages von Filbinger im Jahre 2002 beobachtet werden. Als der Landtag von Baden-Württemberg und der Oberbürgermeister der Stadt Freiburg, dem Wohnort von Filbinger, Geburtstagsempfänge für den Jubilar vorbereiteten, regte sich in Stuttgart wie in Freiburg sogleich heftiger Widerstand. Er führte dazu, dass die Feierlichkeiten in Freiburg abgesagt wurden und in Stuttgart lediglich die CDU-Landtagsfraktion eine Gratulationsrunde ausrichtete. Im Freiburger Historischen Kaufhaussaal nahmen Hunderte von Filbinger-Kritikern an einer alternativen Geburtstagsveranstaltung teil, auf der sein Wirken kritisch beleuchtet wurde (siehe den ersten Beitrag von Wolfram Wette). Der DGB veranstaltete in Stuttgart eine Aufsehen erregende Protestkundgebung gegen Filbinger. Als zur gleichen Zeit bekannt wurde, dass Filbinger Mitglied der Bundesversammlung sein würde, die 2003 den Nachfolger von Bundespräsident Johannes Rau zu wählen hatte, gab es erneut bundesweite Proteste, die den ehemaligen Ministerpräsidenten allerdings nicht daran hinderten, sein Wahlamt anzunehmen und auszuüben.

Wie ist es zu erklären, dass ein schon vor Jahrzehnten aus dem Amt gedrängter Politiker noch immer eine solche Erregung auszulösen vermag? Ist es die Erinnerung daran, dass Filbinger eine besonders harte Berufsverbots-Politik gegen sogenannte »Extremisten im öffentlichen Dienst« betrieben und dass er Wahlkämpfe mit der – von seinen politischen Gegnern als diffamierend empfundenen – Spalterparole »Freiheit oder Sozialismus« geführt hatte? Oder ist es die Erinnerung daran, dass Filbinger in den 70er Jahren als Ministerpräsident von Baden-Württemberg seinen Landsleuten damit gedroht hatte, es würden »die Lichter ausgehen«, wenn in dem Dorf Wyhl am Oberrhein das vom ihm forcierte Atomkraftwerk nicht gebaut werden könne (siehe dazu auch die nebenstehende Karikatur »Mehr rechts halten!«)? Walter Mossmann, einst einer der Protagonisten der Anti-KKW-Wyhl-Bewegung, vertritt in seinem Essay die These, Filbingers Position in seiner eigenen Partei sei bereits 1975 zumindest erheblich geschwächt gewesen, weil er sich als unfähig erwiesen habe, das Wesen der Protestbewegung gegen das KKW Wyhl zu begreifen.

Weiter ist zu fragen: Haben sich die Menschen daran gestoßen, dass dieser Politiker nach seinem Sturz mit dem Studienzentrum Schloss Weikersheim eine »rechte Kaderschmiede« aufbaute, über deren Wirken man in der Öffentlichkeit viel zu wenig weiß? Der Beitrag von Anton Maegerle schafft hier die nötige Aufklärung.

Oder ist es in erster Linie die Rolle des ehemaligen Marinerichters Filbinger, der in der NS-Zeit an Todesurteilen beteiligt war, welche die Menschen noch heute bewegt (siehe den dokumentarischen Bericht von Ricarda Berthold)? Schließlich: Stellte der Filbinger zugeschriebene Satz: »Was damals Recht war, kann heute nicht Unrecht sein« die eigentliche, die größte politische Provokation dar? Also die Uneinsichtigkeit und Halsstarrigkeit Filbingers, auch Jahrzehnte nach dem Zusammenbruch des nationalsozialistischen Unrechtsstaats noch immer nicht begreifen zu können oder zu wollen, dass heute nicht Recht sein kann, was damals Unrecht war? Nicht einsehen zu können oder zu wollen, dass er als Marinerichter einem auf Krieg und Vernichtung fixierten Unrechtsstaat gedient hatte und dass er das gehorsame Glied einer Terrorjustiz gewesen war?

Dieses Buch erhebt nicht den Anspruch, eine politische Biographie Hans Filbingers zu präsentieren. Es möchte vielmehr – über die Person Filbingers hinaus – Kontinuitätslinien in der Geschichte der deutschen Justiz des 20. Jahrhunderts aufzeigen. In seiner Skizze »Wege in den Unrechtsstaat« macht Manfred Messerschmidt darauf aufmerksam, dass die Justiz – als eine wichtige Stütze der traditionellen deutschen Machteliten – schon in den Jahren der Weimarer Republik mit politischen und rechtstheoretischen Anschauungen sympathisierte, die mit der demokratischen Verfassung nicht vereinbar waren. Dagegen hatten diese Juristen kein Problem mit dem Führerprinzip und der Idee einer völkischen Gemeinschaft, mit politischen und juristischen Deutungsmustern also, die nach 1933 zur nationalsozialistischen Staatsideologie wurden. Der für einen Rechtsstaat zentrale Grundsatz der individuellen Freiheitsrechte des einzelnen Staatsbürgers kam dabei unter die Räder. Juristen wirkten maßgeblich an der Ausgestaltung des NS-Rechts mit – also an dem, »was damals Recht war« (Filbinger) –, auch an der Ausformulierung und Verschärfung des Militärstrafrechts sowie an der juristischen Fassung der – heute so genannten – »verbrecherischen Befehle« von 1941, die maßgeblich dazu beitrugen, dass Millionen von Menschen zu Tode kamen.

Im Innern des NS-Staates und in den von der deutschen Wehrmacht besetzten Ländern haben sich die Kriegsrichter mit Zigtausenden von Todesurteilen an der Niederkämpfung jeglicher Form von Widerstand gegen die nationalsozialistische Gewaltherrschaft beteiligt.

Nach dem Ende des Zweiten Weltkrieges verteidigten sich Filbinger und andere ehemalige Wehrmachtjuristen immer wieder mit der Schutzbehauptung, sie hätten das damalige Recht weisungsfrei und korrekt angewendet. Demgegenüber macht der Militärrechtshistoriker Manfred Messerschmidt in seinem zweiten Beitrag deutlich, dass von den Wehrmachtjuristen in der NS-Zeit eine »elastische« Gesetzesanwendung im Sinne des Regimes erwartet wurde. In selbständigem Gehorsam sollten sie die Grundgedanken des Führer-Gesetzgebers anwenden, »frei vom Gefühl der Paragraphenabhängigkeit«, wie der NS-Staatsrechtler und Kriegsrichter Erich Schwinge einmal formulierte. Je mehr Härte sie dabei an den Tag legten, mit desto mehr Zustimmung »von oben« konnten sie rechnen. Die Militärrichter der NS-Zeit waren keineswegs unabhängig. Als Teil der militärischen Hierarchie hatten sie allgemeine Führerweisungen, Richtlinien der Oberbefehlshaber der Wehrmachtteile und Befehle der militärischen Gerichtsherren umzusetzen. Gleichwohl bestanden Handlungsspielräume, insbesondere bei der Abwägung zwischen Freiheitsstrafen und Todesstrafe.

Die Nachkriegsgeneration – zumindest jene Teile derselben, die durch die studentische Kulturrevolution von 1968 politisiert wurden – nahmen Filbinger seit der von Rolf Hochhuth ausgelösten Kontroverse von 1978 primär als eine politische Symbolfigur für die nicht hinreichend aufgearbeitete Nazi-Vergangenheit wahr. Er erschien dieser Generation damit als ein herausgehobener Repräsentant des Juristenstandes, dessen Wortführer auch noch nach dem Ende des Zweiten Weltkrieges ihre im NS-Staat praktizierte Terrorjustiz rechtfertigten oder beschönigten.

In seinem Beitrag über »Karrieren und Selbstrechtfertigungen ehemaliger Wehrmachtjuristen nach 1945« beleuchtet Helmut Kramer einige exemplarische Biographien von NS-Militärjuristen. Er zeigt auf, in welcher Weise und in welchen Rollen diese vor 1945 den NS-Staat stützten, wie sie – weit entfernt von der Front – den Krieg wohlbehalten überstanden, ein paar Jahre abtauchten, dann wieder im »Amt und Würden« gelangten und ihr vormaliges Unrechtshandeln mit einem raffinierten Gespinst von Rechtfertigungsformeln beschönigten. Statt zur Verantwortung gezogen zu werden, erhielten diese Juristen in der Bundesrepublik Deutschland die Gelegenheit, in Ministerien, Gerichten und Universitäten neue Juristengenerationen heranzubilden.

Im Anschluss an die – von Helmut Kramer beleuchteten – personellen Kontinuitäten in der deutschen Justiz des 20. Jahrhunderts zeigt der Politikwissenschaftler und Jurist Joachim Perels, wie juristische Denkfiguren der NS-Zeit noch jahrzehntelang in der Geschichte der Bundesrepublik fortwirkten. Sein Beitrag ist geeignet, unsere Kenntnisse über verhängnisvolle rechtspolitische Entwicklungen nach 1945 beträchtlich zu erweitern. Unter dem Einfluss der Siegermächte und der von ihnen durchgeführten Nürnberger Kriegsverbrecherprozesse hatte sich nach dem Kriegsende 1945 zunächst für einige Jahre die politische Bewertung durchgesetzt, dass der NS-Staat ein Terror- und Unrechtssystem war, das sich bei seiner menschenverachtenden Machtausübung auch rechtsförmiger Herrschaftstechniken bediente, die von dem demokratischen Rechtspolitiker Gustav Radbruch einmal treffend als »gesetzliches Unrecht« bezeichnet wurden. Das 1949 verabschiedete Grundgesetz der Bundesrepublik Deutschland atmete in gleicher Weise den Geist einer Fundamentalkritik an den rechtsschänderischen juristischen Praktiken des NS-Staates.

Doch schon wenig später begannen ehemalige NS-Juristen und ihnen nahestehende Politiker, die Unrechtshandlungen des NS-Staates und seiner Justiz in rechtsgültige Akte umzudefinieren und sich damit selbst in eigener Sache zu entlasten. In der Ära Adenauer wurde die Fortgeltung der NS-Normen ausdrücklich festgeschrieben, auch wenn dies in klarem Widerspruch zum Grundgesetz stand. Wenn die ehemaligen NS-Juristen nun die Verfolgung der Juden sowie des politischen Widerstandes gegen Hitler als rechtmäßig hinstellten, so sprachen sie sich damit zugleich selbst frei. Diese rechtspolitischen Bestrebungen gingen mit der systematischen Entwirklichung der politischen Geschichte der NS-Herrschaft einher: Einen für Terror, Krieg und Massenverbrechen verantwortlichen Staat, der für das Leiden von Millionen von Menschen verantwortlich war, hatte es – folgte man dieser Sehweise – niemals gegeben. Hans Filbinger erscheint in diesem Kontext als einer jener restaurativen Juristen, die über Jahrzehnte hinweg bestrebt waren, die Unterschiede zwischen dem nationalsozialistischen Unrechtsstaat und dem demokratischen Rechtsstaat tendenziell einzuebnen.

Noch in den 70er Jahren des vergangenen Jahrhunderts dürften die ideologischen Bestrebungen, die NS-Diktatur in einer Rechtsstaat umzudeuten, zumindest in Teilen der Justiz und bei Teilen der konservativen politischen Elite des Landes Anklang gefunden haben. Erst vor diesem Hintergrund wird es verstehbar, dass der versierte und erfahrene Politiker Hans Filbinger im Jahre 1978 offensichtlich nichts dabei fand, die Ansicht zu äußern, was damals Recht gewesen sei, könne doch heute nicht Unrecht sein. Die Frage, ob Filbinger von der CDU gestürzt wurde – außer seiner eigenen Partei war dazu ja niemand in der Lage –, weil er die Grenzen zwischen nationalsozialistischem Unrechtsstaat und demokratischem Rechtsstaat zu verwischen versucht hatte, oder ob andere Motive den Ausschlag gaben, muss offen bleiben.

Als ein bemerkenswertes Faktum darf es gelten, dass Bundespräsident Richard von Weizsäcker – wie Filbinger ein CDU-Politiker – nur sieben Jahre nach dem Sturz Filbingers eine grundlegend andere Position vertrat, ohne dass er damit in seiner Partei auf massive Kritik gestoßen wäre. Weizsäcker überschrieb seine zu Recht vielfach gelobte Rede vom 8. Mai 1985 mit dem Titel »Zum 40. Jahrestag der Beendigung des Krieges in Europa und der nationalsozialistischen Gewaltherrschaft«. Der von ihm verwendete Begriff der Gewaltherrschaft markierte den fundamentalen Unterschied zum demokratischen Rechtsstaat des Grundgesetzes mit seinem klaren Bekenntnis zu den unverletzlichen und unveräußerlichen Menschenrechten. Weizsäckers Rede konnte als Gegenrede zu dem bekannten Filbinger-Ausspruch gelesen werden, nämlich so: Was damals Gewaltherrschaft und damit Unrecht war, kann heute nicht Recht sein.

Es ist interessant zu beobachten, dass Filbinger schon bald nach seinem Rücktritt selbst von einigen Wissenschaftlern und politischen Gesinnungsgenossen, die nun zur Feder griffen, um den »Fall und die Fakten« zu untersuchen, nur halbherzig verteidigt wurde.[1] Sie unterstützen zumindest teilweise seine Rechtsauffassung, dass das NS-Strafrecht nicht per se als Unrecht angesehen werden könne, und sie wiederholten die – durch die

Umstände des Rücktritts eigentlich widerlegte – Behauptung, Filbinger sei Opfer einer politischen Kampagne geworden.

Möglicherweise hat die öffentliche Auseinandersetzung mit dem Staat Hitlers, der damaligen Justiz und speziell der Militärjustiz in den sieben Jahren zwischen dem erzwungenen Rücktritt Filbingers vom Amt des Ministerpräsidenten und der Weizsäcker-Rede von 1985 auch in den politisch konservativen Kreisen ein Umdenken bewirkt. Es wäre eine lohnende Forschungsaufgabe, dieser These einmal genauer nachzuspüren.

Nach 1985 setzten sich diese Wandlungsprozesse verstärkt fort. Allmählich wurde die Erkenntnis zum Allgemeingut der interessierten Zeitgenossen, dass die deutsche Justiz der Weimarer Republik großenteils ablehnend gegenüber gestanden hatte sowie, dass sie den NS-Staat begrüßt und in ihm die Erfüllung ihrer Vorstellungswelt erblickt hatte. Mit der am 17. Mai 2002 vom Deutschen Bundestag beschlossenen Rehabilitierung der Wehrmachtdeserteure, die nunmehr als Opfer der NS-Militärjustiz anerkannt wurden, hat der durch den Fall Filbinger Ende der 70er Jahre angestoßene Meinungswandel dann seinen vorläufigen Höhepunkt und Abschluss gefunden (siehe dazu den zweiten Beitrag von Wolfram Wette). Damit dürfte das von Filbinger repräsentierte Denken, dass die NS-Justiz nichts Unrechtes getan habe und dass damals alles mit rechten Dingen zugegangen sei – das »Positivismusmärchen« (Ingo Müller) also –, endgültig überwunden oder doch zur Minderheitenposition lernunfähiger Rechter geworden sein.

Die Geschichte der Bundesrepublik Deutschland wird heute weithin als eine Erfolgsgeschichte angesehen. Der deutsch-amerikanische Historiker Konrad Jarausch spricht von einem »Musterbeispiel für eine gelungene Demokratisierung«. Das Land sei von der Barbarei in die Zivilisation zurückgekehrt. Friedenshistoriker verweisen darauf, dass sich die Deutschen im Verlaufe der letzten Jahrzehnte Schritt für Schritt von ihren militaristischen Traditionen verabschiedet und sich zivile Denk- und Verhaltensweisen angeeignet hätten. Im Rückblick wird allerdings auch deutlich, dass diese positiven Entwicklungen jeweils gegen restaurative politische Strömungen erkämpft und durchgesetzt werden mussten, die ein Politiker wie Filbinger repräsentierte – nicht unbedingt die gesamte Partei, der er angehörte –, und die über einen langen Zeitraum hinweg die politische Szene in der Bundesrepublik beherrscht haben.

Zum Entsetzen der ehemaligen Wehrmachtjuristen kam der – personell verjüngte – Bundesgerichtshof im Jahre 1995 endlich zu der Einschätzung, dass es sich bei den in der NS-Militärjustiz tätig gewesenen Richtern um »Blutrichter« gehandelt habe, die sich eigentlich »wegen Rechtsbeugung in Tateinheit mit Kapitalverbrechen hätten verantworten müssen«. Die Kriegsrichter hätten die Todesstrafe missbraucht und sie hätten als »Terrorjustiz« gehandelt. Damit hat das höchste deutsche Strafgericht das ursprünglich auf den ehemaligen Marinerichter Dr. Hans Filbinger gerichtete Diktum vom »furchtbaren Juristen« bestätigt und verallgemeinert.

Gleichwohl wird man – mit Anton Maegerle – nicht übersehen dürfen, dass Filbinger und Gesinnungsgenossen längst ihre Jünger herangezogen haben. Der politische Kampf um eine wahrheitsgemäße Erinnerung an den Staat Hitlers, die NS-Justiz, die Wehrmachtjustiz und deren Fortwirken in der Geschichte der Bundesrepublik bleibt eine dauernde historisch-politische Aufgabe.

Freiburg i. Br., im Juli 2006 Der Herausgeber

[1] Vgl. Bruno Heck (Hrsg.): Hans Filbinger – Der »Fall« und die Fakten. Eine historische und politologische Analyse. Mit Beiträgen von Heinz Hürten, Wolfgang Jäger und Hugo Ott, Mainz 1980 (= Eine Veröffentlichung der Konrad-Adenauer-Stiftung).

Filbinger als Zensor der unabhängigen Presse

»Mehr rechts halten!« war die Karikatur untertitelt, die 1978 in der »Stuttgarter Zeitung« erschien. Sie zeigt den damaligen baden-württembergischen Ministerpräsidenten und CDU-Landtagsabgeordneten Hans Filbinger mit dem damaligen Chefredakteur der in Freiburg i. Br. erscheinenden Badischen Zeitung, Ansgar Fürst.

Der Hintergrund: Filbinger war seinerzeit mitsamt der baden-württembergischen CDU-Spitze von Stuttgart nach Freiburg gereist, um sich mit Redakteuren der Badischen Zeitung auf dem neutralen Boden eines Freiburger Hotels zu treffen. Filbinger las den Redakteuren die Leviten. Es fielen Worte wie »verschärfter Linkskurs«, »Kampfjournalismus« und »Fehlverhalten« in der Energiepolitik. Damit meinte Filbinger die damaligen Auseinandersetzungen um den Bau eines Atomkraftwerks in Wyhl am Oberrhein. Der Ministerpräsident machte den unverhüllten Versuch, die Zeitung dem Machtanspruch der CDU zu unterwerfen. Ansgar Fürst erinnert sich in der BZ-Sonderausgabe »›Wie wir wurden, was wir sind‹. 60 Jahre Badische Zeitung« (12. Juni 2006, S. 19): »Die ruppige Intervention wäre wohl wie andere Versuche des Staatsministeriums, Druck auf die Redaktion auszuüben, wirkungslos verpufft, wäre sie nicht ruchbar geworden und hätte ein Medienecho hervorgerufen, das am Ende sogar den Presserat alarmierte.«

W. W.

WOLFRAM WETTE

Der Fall Filbinger

Die Männer von Brettheim

Kurz vor Kriegsende 1945 fand in dem ostwürttembergischen Dorf Brettheim – zwischen Rothenburg ob der Tauber und Crailsheim gelegen – ein Verbrechen statt, das ein bezeichnendes Licht auf den Charakter der Endphase des Weltkrieges wirft.[1] Damals richtete sich der Terror der SS und der Wehrmacht gegen die kriegsmüden Teile der Bevölkerung des eigenen Landes, der Devise folgend: »Wer zurückweicht, wird erschossen.«[2]

Vier durch die Endsieg- und Durchhaltepropaganda aufgehetzte Jugendliche, Angehörige der Hitler-Jugend, wollten die anrückenden US-amerikanischen Truppen mit Panzerfäusten bekämpfen. Der Brettheimer Bauer Hanselmann – ein Mann mit gesundem Menschenverstand – befürchtete, dass die Amerikaner das ganze Dorf unter Beschuss nehmen würden, wenn ihnen Abwehrfeuer entgegenschlüge. Er nahm den uniformierten Jugendlichen daher die Panzerfäuste ab und warf sie kurzerhand in einen Teich.

Daraufhin trat in Brettheim ein SS-Sturmbannführer [Major] namens Gottschalk in Aktion. Er stellte ein Standgericht zusammen, das den Bauer Hanselmann wegen Wehrkraftzersetzung zum Tode verurteilte. Gottschalk wünschte, aus welchem Grunde auch immer, dass der NSDAP-Ortsgruppenleiter sowie der Bürgermeister des Ortes das Todesurteil gegen den Bauer Hanselmann mit unterschreiben sollten. Diese weigerten sich jedoch. Dann stellte Gottschalk ein neues Standgericht zusammen. Es verurteilte den Bauern Hanselmann erneut zum Tode. Ein drittes Standgericht belegte auch den Ortsgruppenleiter und den Bürgermeister mit der Todesstrafe. Alle drei Verurteilten wurden schließlich am Ortsrand von Brettheim, direkt am Eingang des Friedhofs, an Lindenbäumen erhängt. Die Einwohner des Dorfes hatten sich in ihre Häuser zurückgezogen. Nur Einzelne konnten heimlich von ihren Fenstern aus das Geschehen beobachten. Man schrieb den 10. April 1945. Vier Wochen später war der Krieg zuende.

In den 50er Jahren wurde der Fall Brettheim neu aufgerollt mit dem Ziel, die Standgerichtsurteile von 1945 für Unrecht zu erklären und die Mörder zu bestrafen. Der Ansbacher Schwurgerichtsprozess von 1960, dem eine

10-jährige Prozessgeschichte – mit Stationen in Ansbach 1955 und Nürnberg 1958 – vorausging, sollte den Fall zum Abschluss bringen. Angeklagt waren der SS-General Simon, besagter Sturmbannführer Gottschalk und ein Wehrmachtsmajor namens Otto, die beide an dem zweiten Standgerichtsverfahren beteiligt gewesen waren. Das Nürnberger Gericht ließ den ehemaligen Generalfeldmarschall Albert Kesselring, einen verurteilten Kriegsverbrecher[3], als militärischen Sachverständigen aussagen. Wie nicht anders zu erwarten, erklärte er die Hinrichtungen für kriegsnotwendig. Als juristischer Sachverständiger trat der Marburger Ordinarius für Strafrecht, Professor Erich Schwinge, auf, der 1940 den maßgeblichen Kommentar zum Militärstrafgesetz geschrieben hatte. Selbstverständlich unterstützte auch Schwinge, selbst ein ehemaliger NS-Kriegsrichter, durch sein Gutachten die Offiziere, die für die Morde von Brettheim verantwortlich waren. Er bestätigte dem Gericht, dass »die Exekutionen von Brettheim notwendig gewesen seien«. SS-General Simon sei geradezu verpflichtet gewesen, »mit aller Schärfe seine Truppen vor jeder Wehrkraftzersetzung zu schützen«[4]. Die Argumentation der Sachverständigen fand damals Gehör nicht nur bei den Juristen des Schwurgerichts, sondern auch bei den Laien – ein Tatbestand, der eine besondere zeitgeschichtliche Betrachtung verdienen würde. Schließlich erklärte das Ansbacher Schwurgericht das Standgerichtsurteil von 1945 für Rechtens. Die regionale Öffentlichkeit reagierte empört, bestürzt und enttäuscht auf die Urteile, wie aus Briefen an die Gemeinde Brettheim hervorgeht.[5]

Die alten Eliten, ohne deren Mitwirkung der NS-Staat nicht hätte funktionieren können, waren längst wieder in ihre tradierten Machtpositionen eingerückt. Wie der Brettheim-Prozess beweist, hatten sie auch in der Justiz ihre Definitionshoheit zurückgewonnen.[6]

Filbingers Brettheim-Rede von 1960

Im gleichen Jahr 1960, als der Prozess seinen unsäglichen Abschluss fand, begab sich der damalige baden-württembergische Innenminister Dr. Hans Filbinger nach Brettheim und hielt am Grabe der Ermordeten eine Gedenkrede. Der Kern seiner Ausführungen bestand darin, dass er die Erhängung der drei Brettheimer Bürger als »himmelschreiendes Unrecht« bezeichnete.[7] Wie ist dieser Vorgang zu verstehen? Während der Ex-General Kesselring und Kriegsrichter-Kollege Schwinge die Meinung vertraten, dass die Brettheimer Exekutionen »notwendig« gewesen seien, um die Truppen vor »Wehrkraftzersetzung zu schützen«, urteilte der christdemokratische Innenminister Filbinger – von dessen Marinerichter-Vergangenheit die Öffentlichkeit damals noch nichts wusste – völlig konträr, es habe sich um »himmelschreiendes Unrecht« gehandelt! Er hätte in Brettheim auch Schwinge, Kesselring und Schwurgericht folgen und sagen können: Die Brettheimer Defätisten seien feige Vaterlandsverräter gewesen, und nach den in der Endphase des Krieges gegebenen Führerweisungen habe das Standgericht rechtens gehandelt. Innenminister Filbinger tat dies nicht. Vielmehr übte er eine denkbar heftige Urteilsschelte. Man fragt sich: War er zu der Erkenntnis gelangt und bereit, einzugestehen, dass die Standgerichte und anderen Militärgerichte in der Zeit des Nationalsozialismus eine reine Terrorjustiz praktiziert hatten, um abzuschrecken und die Menschen zum Durchhalten in aussichtsloser Lage zu zwingen? War er infolge eines solchen, ja immerhin denkbaren Erkenntnisschubs gar bereit, aus der ideellen Interessengemeinschaft der Wehrmachtjuristen[8] auszuscheren und sich in der Öffentlichkeit als Kritiker der NS-Militärjustiz zu »outen«? Präsentierte sich da womöglich ein humaner, geläuterter, demokratischer Politiker, der sich aus den Irrungen der NS-Vergangenheit befreit hatte? Im Wissen um die späteren Ereignisse wird man einer solchen Interpretation eher skeptisch gegenüberstehen.

Der »furchtbare Jurist«: Hochhuth contra Filbinger 1978

18 Jahre später: In Form einer gezielten Provokation entfachte der Dramatiker Rolf Hochhuth 1978 jene Auseinandersetzung, die später als »Fall Filbinger« in die Geschichte der großen Polit-Skandale der Bundesrepublik Deutschland eingehen sollte.[9] Hochhuth veröffentlichte in der Wochenzeitung »Die Zeit« einen Vorabdruck[10] aus seinem neuen Roman »Eine Liebe in Deutschland«.[11] Darin bezeichnete er den amtierenden baden-württembergischen Ministerpräsidenten und früheren Marinerichter Dr. Filbinger als »Hitlers Marine-Richter, der sogar noch in britischer Gefangenschaft nach Hitlers Tod einen deutschen Matrosen mit Nazi-Gesetzen verfolgt hat«[12], und charakterisierte ihn als »furchtbaren Juristen«. Des weiteren schrieb Hochhuth, er vermute, Filbinger sei »auf freiem Fuß nur dank des Schweigens derer, die ihn kannten«.[13] Was im Klartext bedeutete: Eigentlich müsste er längst hinter Gittern sein.

Als Provokation wurde von Filbinger und Gleichgesinnten insbesondere die Formulierung »furchtbarer Jurist« empfunden. Sie war von Hochhuth geschickt gewählt, weil sie nicht ohne weiteres justiziabel war und weil sie das historische Thema, mit welchem damals ja ein neues Kapitel der nationalsozialistischen Vergangenheit aufgeschlagen wurde, unmittelbar auf eine moralische Ebene hob.

Wie reagierte der solchermaßen Angegriffene? Ministerpräsident Filbinger erklärte am 5. Mai 1978 in Stuttgart, gegen Hochhuth und »Die Zeit« juristisch vorgehen zu wollen. Er verklagte beide auf Unterlassung. Am 9. Mai 1979 kam es vor der 17. Zivilkammer des Stuttgarter Landgerichts zum Prozess. Filbinger verteidigte sich jedoch nicht vor Gericht, sondern vor der Presse. Er präsentierte sich als Opfer. Über seine Einstellung zum nationalsozialistischen Staat behauptete er: »Während des ganzen Dritten Reiches habe ich meine antinazistische Gesinnung nicht nur in mir getragen, sondern auch sichtbar gelebt.«[14] Dieses Bekenntnis sollte nicht folgenlos bleiben. Wenig später entdeckte der »Spiegel« einen Aufsatz Filbingers aus dem Jahre 1935, der keineswegs auf eine antinazistische Gesinnung schließen ließ. Filbinger hatte damals als 21jähriger Jurastudent in einer katholischen Studentenzeitschrift einen Artikel geschrieben, in dem es nur so von Begriffen nationalsozialistischer Provenienz wimmelte. Von »Blutsgemeinschaft«, »Schädlingen am Volksganzen« und »rassisch wertvollen Teilen des deutschen Volkes« war da die Rede.[15] Sodann berichtete ein ehemaliger Kommilitone des Ministerpräsidenten dem Magazin »stern«, Filbinger sei von 1935 bis 1937 in Freiburg als Mitglied des SA-Studentensturms in brauner Uniform aufgetreten.[16] Tatsächlich war Filbinger von 1933–1936 Mitglied des Nationalsozialistischen Deutschen Studentenbundes (NSDStB), von 1934 bis 1937 auch Mitglied der SA. Im Mai 1937 trat er in die NSDAP ein. 1940 wurde er zur Wehrmacht eingezogen, und von April 1943 bis 1945 diente er im deutsch besetzten Norwegen in verschiedenen Positionen als Wehrmachtsjurist.[17]

Am 23. Mai 1978 erließ das Stuttgarter Landgericht eine Einstweilige Verfügung, deren Inhalt von der Hauptverhandlung am 13. Juni 1978 noch einmal bestätigt wurde.[18] Hochhuth wurde untersagt, zu behaupten, Filbinger sei »auf freiem Fuß nur dank des Schweigens derer, die ihn kannten«. Dem Ministerpräsidenten bescheinigte das Gericht, dass er als Marinerichter in dem Fall Petzold, auf den Hochhuth seine Polemik gestützt hatte, und in dem erst jetzt bekannt gewordenen Fall Gröger, auf den noch einzugehen sein wird, »im Rahmen des damals geltenden Rechts« gehandelt habe, also strafverfahrensrechtlich nichts falsch gemacht habe. Kurt Olaf Petzold war jener Marinesoldat, den Filbinger wegen antinazistischer Äußerungen und Widersetzung verurteilt hatte.[19] Gleichzeitig entschied das Gericht, dass der Schriftsteller die Formulierungen »Hitlers Marine-Richter« und »furchtbarer Jurist« weiterhin gebrauchen dürfe, weil es sich um zulässige Werturteile handele. Hochhuth konnte sich im Großen und Ganzen als Sieger fühlen. Filbinger seinerseits kündete trotzig an, er wolle in zwei Jahren wieder kandidieren. Damit schien die ganze Angelegenheit zunächst erledigt zu sein. Bergsteiger Hans Filbinger begab sich in die Sommerferien ins Engadin. Aber die Rechercheure arbeiteten weiter.

Bekanntwerden weiterer Filbinger-Urteile

Seit Prozessbeginn hatte Filbinger zu seiner Verteidigung immer wieder betont: »Ich habe kein einziges Todesurteil selbst gefällt.«[20] Vor dem Stuttgarter Landtag hatte er zudem erklärt, er habe als Marinerichter überall geholfen, »wo irgendeine Aussicht auf Hilfe war«, und dabei Menschen gerettet oder vor harter Strafe bewahrt. Dabei habe er auch »Leib und Leben« riskiert.[21] Der Ministerpräsident stilisierte sich also zum stillen Helden des täglichen Widerstandes.

Filbinger selbst war am 5. Mai 1978 in einer Pressekonferenz mit dem Fall des Matrosen Walter Gröger an die Öffentlichkeit gegangen, nachdem er erfahren hatte, dass Redakteure der »Zeit« und des »Spiegel« entsprechende Berichte vorbereiteten. Es wurde Folgendes deutlich: Filbinger hatte am Todesurteil gegen den Deserteur Gröger vom 16. Januar 1945 als Vertreter der Anklage mitgewirkt und er war »Leitender Offizier« des Exekutionskommandos, das den 22-jährigen Gröger im März 1945 erschoss.[22] Acht Wochen später wartete das ARD-Magazin »Panorama« mit zwei weiteren Todesurteilen auf, die Filbinger in der Schlussphase des Krieges selbst gefällt hatte. Betroffen waren Deserteure, die sich erfolgreich nach Schweden hatten absetzen können. Filbinger sprach aufgrund dieses Tatbestandes von »Phantomurteilen«, womit er ausdrücken wollte, dass die Todesurteile nicht vollstreckt werden konnten – was ja nichts an der Tatsache ändert, dass es sich um von Filbinger gefällte Todesurteile handelte. Am 3. August 1978 sah sich das baden-württembergische Staatsministerium genötigt, ein viertes Todesurteil bekannt zu geben, an dem Filbinger mitgewirkt hatte. Bereits im Jahre 1943 war ein Matrose wegen fortgesetzten Plünderns zum Tode verurteilt worden. Allerdings hatte Filbinger in diesem Fall, so das Staatsministerium, eine spätere Begnadigung zu einer Freiheitsstrafe erreichen können.[23] Die Echtheit der Dokumente, die im Verlaufe dieser Monate ans Tageslicht kamen, hat Filbinger übrigens nicht bestritten, wohl aber deren Bewertung durch seine Kritiker.

Die Verteidigung: »Was damals Recht war ...«

Im Zuge seiner Verteidigung sprach er gegenüber drei Journalisten des »Spiegel« den Satz aus, der hernach zum geflügelten Wort werden sollte: »Was damals Recht war, kann heute nicht Unrecht sein.« Damit brachte er das Fass zum Überlaufen. Ließ dieser Satz doch jede moralische Distanzierung von der NS-Zeit vermissen. Hier formulierte ein führender rechtskonservativer Politiker die Position einer Rechtskontinuität im Sinne eines unkritischen und unreflektierten Festhaltens an NS-Gesetzen und »Führer«-Weisungen. Damit ebnete er die Unterschiede zwischen dem nationalsozialistischen Unrechtsstaat und dem demokratischen Rechtsstaat umstandslos ein.

In großen Teilen der Öffentlichkeit wurde diese Verteidigung Filbingers als ein Skandal empfunden. Auch seine Freunde in der CDU befürchteten nun, mit dieser Gleichsetzung drohe gleichsam der Schatten des »Dritten Reiches« auf die eigene Partei zu fallen und die Distanzierung der Konservativen von der NS-Zeit drohe ins Zwielicht zu geraten. Mit seinem Spruch »Was damals Recht war, kann heute nicht Unrecht sein« hat sich Hans Filbinger damals, 1978, de facto zum Sprachrohr jenes Teils der Kriegsgeneration gemacht, der auch Jahrzehnte nach dem Kriegsende und der Befreiung vom nationalsozialistischen Unrechtssystem nicht in der Lage war, die erforderlichen moralischen und rechtspolitischen Schlussfolgerungen aus den historischen Ereignissen während der NS-Zeit zu ziehen. In der Öffentlichkeit sah man in ihm nun den Repräsentanten der »Ewiggestrigen«, der Unbußfertigen und Selbstgerechten. Man muss sich in diesem Zusammenhang auch vergegenwärtigen, dass Filbinger unter den mehr als 3.000 Juristen, die vormals als Richter, Ankläger oder Rechtsberater in der Wehrmacht Dienst getan hatten[24], derjenige war, der es in der zweiten deutschen Demokratie am weitesten gebracht hatte. Nun, da er sich zudem in dieser brisanten rechtspolitischen Frage exponiert hatte, avancierte er zum Sprecher einer – im politischen Raum schweigenden – Mehrheit Gleichgesinnter, die es insbesondere unter den Juristen zuhauf gab.

Filbinger hat diese Rolle dann später ganz bewusst weitergespielt, wie man an der Wahl des Titels seiner autobiographischen Publikation aus dem Jahre 1987 ablesen kann. Er lautet: »Die geschmähte Generation«[25]. Er sah sich demnach als Repräsentant einer ganzen Generation, zumindest eines Kollektivs von gleichaltrigen und gleichgesinnten Zeitgenossen, die sich der Schmähungen der Linken, der Medienmeute und der Staatssicherheit der DDR zu erwehren hatten.[26]

Rücktritt von Amt des Ministerpräsidenten

Mehr als fünf Monate lang war die deutsche Öffentlichkeit damals, 1978, von der Affäre Filbinger geradezu elektrisiert. Der Angegriffene beteuerte immer wieder, er habe keine Schuld auf sich geladen. Nie gab er zu erkennen, dass er seine Handlungen als Marinerichter bedauerte oder bereute. Der damalige Oppositionsführer im baden-württembergischen Landtag, Erhard Eppler, traf wohl den Nagel auf den Kopf, als er die Befindlichkeit seines Kontrahenten auf die Formel brachte: Filbinger habe ein »pathologisch gutes Gewissen«. Der Kommentator der »Süddeutschen Zeitung« schob nach: »und ein pathologisch schlechtes Gedächtnis«.[27]

Filbingers starrsinnige Rechtfertigungshaltung führte dazu, dass man sich auch in seiner Partei, der CDU Baden-Württemberg, ebenso in der Bundespartei, Gedanken über die politische Zukunft des Spitzenmannes machte. Hatte er doch in der Öffentlichkeit einen beträchtlichen Glaubwürdigkeitsverlust erlitten, der auf die Partei überzugreifen drohte. Es wäre unrichtig, zu vermuten, die politische Opposition habe Filbinger politisch zu Fall gebracht. Es war seine eigene Partei, die in Baden-Württemberg traditionell die stärkste politische Kraft war und die unter Filbingers Vorsitz sensationelle Wahlerfolge errungen hatte.[28] Als er merkte, dass seine eigene Partei ihm die Gefolgschaft versagte[29], trat Hans Filbinger am 7. August 1978 vom Amt des Ministerpräsidenten zurück, das er 12 Jahre lang bekleidet hatte. Von dem Machtverlust sichtlich erbittert, erklärte er: »Dies ist die Folge einer Rufmordkampagne, die in dieser Form bisher in der Bundesrepublik nicht vorhanden war. Es ist mir schweres Unrecht angetan worden. Das wird sich erweisen, soweit es nicht bereits offenbar geworden ist.«[30]

Hans Filbinger hat die schrittweise Aufklärung über seine Tätigkeit als Marinerichter demnach als Rufmord und Hexenjagd empfunden. Er sprach von einer »Kampagne der extremen Linken«[31]. Später kam noch das Argument hinzu, auch die Staatssicherheit der DDR habe ihre Hand im Spiel gehabt.

Reizfigur für die Linken

Man würde die politische Szenerie von damals verzerrt darstellen, wenn man verschwiege, dass die politisch eher links eingestellten Bürgerinnen und Bürger im Südwesten seinerzeit nicht ohne Schadenfreude beobachteten, was Hochhuth mit seinem Wort vom »furchtbaren Juristen« losgetreten hatte. Man muss sich vergegenwärtigen, dass Filbinger vor der Marinerichter-Affäre politisch fest im Sattel saß: Ein machtbewusster Mann, in der

Bevölkerung und in der eigenen Partei geachtet, dort wegen seiner autoritären Rechthaberei allerdings auch gefürchtet.

Für die Linken dagegen war dieser Politiker damals die Reizfigur schlechthin: Es galt als Verkörperung des autoritären Charakters, politisch als Verfechter eines starken Staates und einer dazu gehörigen Law-and-Order-Politik. Den Wahlkampf von 1976 hatte Filbinger unter dem Slogan »Freiheit statt Sozialismus« geführt und mit dieser Parole massiv polarisiert. Er gehörte zu den glühenden Verfechtern des sogenannten Radikalenerlasses, in einer – versteht sich – ausschließlich gegen links gerichteten Interpretation. Er bekämpfte mit großem Engagement eine Reform des Abtreibungs-Paragraphens 218. Ebenso kämpfte er gegen den Grundlagenvertrag mit der DDR und die Abkommen mit Polen, also gegen die Aussöhnung mit dem Osten. Er war die treibende Kraft bei der Planung und Durchsetzung des Projekts eines Atomkraftwerks in Wyhl am Oberrhein. Mit seiner Drohung, wenn Wyhl nicht gebaut werde, würden in Baden-Württemberg »die Lichter ausgehen«, sowie mit seinen Polizeieinsätzen brachte er auch die Wähler seiner eigenen Partei auf die Barrikaden. Aber das alles hatte nicht gereicht, um Filbingers Popularität zu untergraben. Da kamen die Schatten der Vergangenheit gerade recht.

Woran scheiterte Filbinger 1978 wirklich?

Es ist gesagt worden, Filbinger sei an seiner Nazi-Vergangenheit gescheitert. Deshalb habe sich die CDU gezwungen gesehen, ihn zu stürzen. Das ist so nicht richtig. Sein Sturz muss anders gedeutet werden. Filbinger scheiterte nicht primär, weil ihm nachgewiesen werden konnte, dass er als Ankläger die Todesstrafe für den Matrosen Gröger gefordert hatte, auch nicht, weil er zwei Todesurteile gegen Deserteure gefällt hatte, ebenso wenig, weil man ihm andere harte Urteile nachweisen konnte.[32] Er scheiterte an seinem Umgang mit den historischen Fakten in einer politisch sensibilisierten Öffentlichkeit.

Der Historiker und Journalist Thomas Ramge schreibt dazu in seinem Buch über die großen Polit-Skandale in Deutschland, in welchem er auch die Affäre Filbinger behandelt, folgendes: »Filbinger scheiterte nicht an den Todesurteilen, an denen er als junger Marinerichter beteiligt gewesen war. Er scheiterte an seiner Uneinsichtigkeit. Er log und verbog seine normale deutschnationale Existenz zu der eines heimlichen Widerstandskämpfers. Dies führte zu einer kollektiven Allergiereaktion.«[33] Hätte Filbinger im Frühjahr 1978 zugegeben: Ich habe damals aus Angst versagt, den – von

DER SPIEGEL
C 7007 CX
Nr. 28
32. Jahrgang · DM 3,–
10. Juli 1978
SPIEGEL-Report über deutsche Militärjustiz im Zweiten Weltkrieg:
„Der Kerl gehört gehängt!“
Phantom-Richter Filbinger

ihm so titulierten – »linken Hexenjägern« wäre ihr bestes Argument entrissen worden. Filbinger hat nicht erkannt, dass man einer moralischen Empörung nicht mit juristischen Entlastungsdetails beikommen kann. Hätte er die Fakten auf den Tisch gelegt und Reue gezeigt, wäre der Fall vermutlich ausgestanden gewesen.[34] Aber es scheint in der Natur dieses autoritären Machtpolitikers zu liegen, Fehler nicht eingestehen und Reue nicht empfinden zu können. Das mag man kritisieren. Es hatte auch sein Gutes: So stieß die Affäre Filbinger eine breite gesellschaftliche Beschäftigung mit dem Themen NS-Militärjustiz und ihren Opfern los, die – wenn man heute zurückblickt – in der Summe viel Positives bewirkt hat.

Es ist gesagt worden, Filbinger habe für seine Uneinsichtigkeit mit dem Rücktritt vom Amte des Ministerpräsidenten hinreichend »gebüßt«[35]. Wenn Buße etwas mit Reue zu tun hat, so wird man schwerlich sagen können, er habe sie geleistet.

Filbingers Kampf um politische Rehabilitierung

Nach seinem erzwungenen Rücktritt als Ministerpräsident kämpfte Filbinger unverdrossen für seine politische Rehabilitierung. Allen, die es hören wollten, präsentierte er sich als unschuldiges Opfer einer »gelenkten Rufmordkampagne«, wobei er nicht davor zurückschreckte, seinen Fall in einem Atemzug zu nennen mit dem von Papst Pius XII. und Winston Churchill. Um seiner Sicht der Dinge Gewicht zu verleihen, schrieb er sein autobiographisches Buch »Die geschmähte Generation«. Einige freundliche Rezensenten, unter ihnen Golo Mann[36], äußerten Verständnis für seinen Groll. Für die Kritiker war der Fall Filbinger dagegen erledigt. Der Rezensent des »Spiegel« urteilte damals sichtlich resigniert: »In der Tonlage einer teils weinerlichen, teils aggressiven Selbstrechtfertigung ist das Buch durchzogen von der Weigerung eines konservativen Herrenmenschen, seine eigene Gnadenlosigkeit wahrzunehmen.«[37]

Jeden Kritiker und jede Kritikerin, die öffentlich behaupteten, an Filbingers Händen klebe Blut, verklagte er regelmäßig oder ließ Richtigstellungen verbreiten. In der badischen Kleinstadt Waldkirch wurden im Jahre 1995 – als eine etwas andere Erinnerung an das Kriegsende 1945 – Deserteurs-Gedenkwochen veranstaltet. Ein Bericht der »Badischen Zeitung« über eine der Veranstaltungen enthielt auch den folgenden Satz: In den letzten Tagen des Krieges sind Tausende junger Männer dem »Durchhalteterror« zum Opfer gefallen – »darunter auch die fünf Erschossenen von Waldkirch und der 22-jährige Matrose Gröger, der nach einem Urteil des Marinerichters Hans

Filbinger am 16. März 1945 in Oslo getötet wurde«.[38] Daraufhin ließ Filbinger seinen Rechtsanwalt Prof. Dr. Gerhard Hammerstein per Leserbrief, den die »Badische Zeitung« veröffentlichte, antworten: »Filbinger sprach kein Urteil«[39], und weiter: »Es gibt kein Urteil von Hans Filbinger, durch das ein Mensch sein Leben verloren hätte. Dies ist seit langer Zeit erwiesen.«

Mit verbalen Kunstgriffen dieser Art versucht Filbinger seit Beginn der Auseinandersetzungen, seine juristische Rolle als Marinerichter zu minimieren und seine moralische Verantwortung zu leugnen. Durch diese Taktik ist es ihm immerhin gelungen, eine gewisse Verunsicherung hervorzurufen.

Der Fall des Matrosen Walter Gröger

Der Matrose Walter Gröger machte im Dezember 1943 in Oslo den Versuch, dem Kriegsdienst zu entfliehen. Wie seine damalige norwegische Freundin berichtet, hasste er den Krieg und wollte nicht mehr kämpfen.[40] Er wurde verhaftet und kam vor ein Kriegsgericht. Der Fall Gröger zog sich lange hin: von der Fahnenflucht im Dezember 1943 bis zu seiner Hinrichtung am 16. März 1945. Die zwischen diesen Daten liegenden 16 Monate verbrachte der Verurteilte in Wehrmachtgefängnissen, die von überlebenden Gefangenen als »wahre Hölle« charakterisiert werden.[41]

Marinestabsrichter Dr. Filbinger war mit dem Fall Gröger nicht von Beginn an befasst, sondern erst in der letzten Phase. Zunächst, Anfang 1944, sollte der Deserteur Gröger nur mit 8 Jahren Zuchthaus und Verlust der Wehrwürdigkeit bestraft werden. Das akzeptierte der Gerichtsherr, ein Admiral, jedoch nicht und verlangte – auf Vorschlag des begutachtenden Marinejuristen – eine höhere Strafe, nämlich die Todesstrafe. Hinsichtlich des Tatbestandes der versuchten Desertion waren keine neuen Erkenntnisse hinzu gekommen. Allerdings ließen sich die Militärjuristen von einer anderen Geschichte, die mit der Desertion gar nichts zu tun hatte, negativ beeinflussen: Gröger hatte die Uniformjacke eines Kameraden mit Auszeichnungen aus dem Ostkrieg als seine eigene ausgegeben. Als Filbinger in das Verfahren eintrat, lag die Forderung des Gerichtsherrn, die Todesstrafe zu verhängen, bereits auf dem Tisch. Marinestabsrichter Dr. Filbinger führte sie aus und beantragte als Ankläger die Todesstrafe für Gröger. Diese wurde dann vom Vorsitzenden Richter, Marineoberstabsrichter Dr. Harms, auch verhängt und durch den Oberbefehlshaber der Kriegsmarine bestätigt. Filbinger gab dem Matrosen das Todesurteil und die Ablehnung eines Gnadenerweises bekannt, ließ sich von diesem die Bekanntmachung schriftlich bestätigen und beaufsichtigte hernach als »Leitender Offizier« die vom Gerichtsherrn angeordnete Vollstreckung. Knapp zwei Stunden nach der Bekanntgabe wurde der Verurteilte von einem Exekutionskommando erschossen. Der Matrose Walter Gröger war gerade 22 Jahre alt.

Bei der rückblickenden Betrachtung dieses Falles interessiert uns in erster Linie die Frage, ob Filbinger damals anders hätte handeln können, wenn er denn gewollt hätte.[42] Die Antwort lautet: Im Prinzip ja! Aber dann hätte er eine Portion Zivilcourage zeigen müssen, die ihm wesensfremd war. Er hätte dem Gerichtsherrn beziehungsweise dessen juristischen Beratern sagen können, er halte das erstinstanzliche Urteil nach wie vor für ausreichend, und er hätte dieses Votum beispielsweise mit dem unsoldatischen Charakterbild des Matrosen begründen können. Ein abweichendes Votum dieser Art hätte ihm jedenfalls keine Nachteile eingebracht. Es ist nämlich bislang kein einziger Fall bekannt, dass ein Militärrichter oder ein Militärankläger, der den Vorgaben seines Gerichtsherrn nicht folgte, persönlich gemaßregelt worden wäre.[43] Entgegen späteren Behauptungen Filbingers[44] gab es diesen Handlungsspielraum sehr wohl. Aber er wurde von dem Konformisten Filbinger weder gesucht noch genutzt, weil er die Todesstrafe für diesen »hoffnungslosen Schwächling« – so hatte ihn sein direkter militärischer Vorgesetzter bezeichnet –, grundsätzlich für richtig hielt. Gröger hatte eine ganze Latte von militärischen Vorstrafen und schien für die kämpfende Volksgemeinschaft ohne Wert zu sein. Warum sollte Filbinger einen solchen Mann zu retten versuchen?

Einen späten Beleg für diese Grundeinstellung lieferte Dr. Hans Filbinger noch im Jahre 1995. In dem bereits erwähnten Leserbrief, den Filbinger seinen Rechtsanwalt Hammerstein veröffentlichen ließ, heißt es wörtlich: »Der Matrose G. war in Norwegen fahnenflüchtig geworden.« Er bezeichnete den Matrosen Walter Gröger also auch noch 50 Jahre nach dessen Erschießung als »Matrosen G.«, nannte nicht einmal seinen vollen Namen – als Symbol für den ganzen Menschen –, und verweigerte ihm damit einmal mehr den Respekt. Seine Gewährsleute dagegen, Angehörige der bundesrepublikanischen Führungselite, führte er mit Vornamen, Nachnamen und allen Titeln auf. Ich lese diese Sätze als ein Indiz für die Verachtung, die Hans Filbinger damals für den Deserteur Gröger hegte und offensichtlich noch heute hegt, für diesen kleinen Mann in Uniform, den Zwangsverpflichteten, der nicht funktionierte, wie Hitlers Wehrmacht und die Militärrichter es wünschten.

Worte der Woche

„Ich habe kein schlechtes Gewissen. Im Gegenteil. Ich habe ein gutes Gewissen." *Hans Filbinger*
Ministerpräsident von Baden-Württemberg

☆

„Die Selbstgerechten kann man nicht verteidigen." *Norbert Blüm*
Vorsitzender der CDU-Sozialausschüsse, über Filbinger

☆

„Ich hätte an Filbingers Stelle von Anfang an alles auf den Tisch gelegt. Der Eindruck, der jetzt entstanden ist, ist nicht gut." *Kurt Georg Kiesinger*
ehemaliger Bundeskanzler

☆

„Der Ministerpräsident und die CDU verkennen offenbar die Tatsache, daß der Fall Filbinger zu einem Fall von Glaubwürdigkeit der demokratischen Repräsentanten und Institutionen geworden ist." *Klaus Rösch*
stellvertretender Landesvorsitzender der FDP in Baden-Württemberg

☆

„Die CDU muß, ob sie will oder nicht, den armen Teufel Gröger immer von neuem verurteilen, und zwar zum Tode, um ihren Vorsitzenden zu rechtfertigen." *Erhard Eppler*
Oppositionsführer im Stuttgarter Landtag, zur Ehrenerklärung der CDU für Filbinger

☆

„Ob einer im KZ Hitler gedient hat oder an der Front, macht in meinen Augen nur einen graduellen Unterschied aus. Das KZ stand schließlich nur so lange, wie die Front hielt." *Norbert Blüm*

„Eine Herabsetzung aller ehemaligen Frontsoldaten."
CSU-Vorstand zu Blüms Aussage

☆

„Meiner Meinung nach ist es ausgeschlossen, daß es weitere Todesurteile wegen Fahnenflucht oder andere Todesurteile gegeben haben könnte." *Hans Karl Filbinger*

☆

„Ich frage mich, wieviel Todesurteile ein Mensch fällen muß, damit er sich an eins nicht mehr erinnert." *Egon Bahr*
SPD-Geschäftsführer, über Hans Filbinger

☆

„Ich habe für eine Position einzutreten. Und mit der Räumung meiner Position würde naturgemäß auch etwas Sachlich-Inhaltliches in der deutschen Politik geändert werden beziehungsweise geräumt werden." *Hans Filbinger*
baden-württembergischer Ministerpräsident und CDU-Landesvorsitzender

☆

„Man soll jetzt aufhören mit dieser Art von Vergangenheitsbewältigung." *Franz Josef Strauß*
CSU-Vorsitzender, zur Filbinger-Affäre

☆

„Gegenüber der Methode, einen Menschen nach und nach in Scheiben zu schneiden, mit weißem Pfeffer zu ätzen und zu rösten, mit der Remouladensoße der Heuchelei anzumachen und dann politischer Feindschaft und dem moralischen Rigorismus einer jungen Generation, die unangefochten geblieben ist, aber sich selbst bemitleidet, zum Fraß vorzuwerfen, ist er hilflos." „DIE WELT" zum Fall Filbinger

☆

„Ein Problem für die CDU." *Peter Lorenz*
Berliner CDU-Vorsitzender, über den Fall Filbinger

Am 10. September 2003, wenige Tage von seinem 90. Geburtstag, stellte Hans Filbinger in Stuttgart der Öffentlichkeit einen ehemaligen Wehrmachts-Oberleutnant namens Guido Forstmaier vor, der aussagte, nur dank des Einsatzes von Filbinger sei »ein sicheres Todesurteil« gegen ihn verhindert worden.[45] Leider lassen sich die Akten zu diesem Fall nicht mehr auffinden. Jedenfalls bestätigte Forstmaier mit seiner Aussage einmal mehr, dass es für einen NS-Marinerichter Handlungsspielräume gegeben hat. Nun denn: Warum hat er sie im Falle Gröger nicht zugunsten des Angeklagten genutzt?

In dem erwähnten Leserbrief Filbinger/Hammerstein aus dem Jahre 1995 folgen zeitgeschichtliche Auslassungen über den Fall des Matrosen Walter Gröger, die mit den historischen Fakten nichts zu tun haben: »Der Matrose G. war in Norwegen fahnenflüchtig geworden, nachdem die Marine im Frühjahr 1945 die Rettungsaktion über die Ostsee durchführte, bei der 2,5 Millionen Menschen, Männer, Frauen und Kinder, gerettet wurden.

Fahnenflucht gefährdete diese größte humane Rettungsaktion über See der Geschichte, weshalb der Befehlshaber, der zugleich Gerichtsherr war, die Höchststrafe forderte. Jede Armee der Welt bedroht Fahnenflucht mit der Höchststrafe.«[46] Wie bereits gezeigt werden konnte, desertierte der Matrose Gröger nicht im Frühjahr 1945, wie Filbinger behauptet, sondern bereits im Dezember 1943. Dessen Fahnenflucht stand also mit den Evakuierungsmaßnahmen über die Ostsee in keinerlei Verbindung. Filbinger wollte mit seinem Hinweis auf die »größte humane Rettungsaktion der Geschichte« die besondere Schändlichkeit der Desertion dieses Marinesoldaten herausstellen und damit um Verständnis für das Todesurteil werben. Seine Tatbestandsdarstellung ist jedoch wahrheitswidrig.

Willy Bleicher: »Ich habe die Herren in schwarzer Robe

Willy Bleicher wurde am 27. Oktober 1907 in Bad Cannstatt geboren. Er absolvierte eine Schlosserlehre und war von 1929 bis 1933 arbeitslos. 1923 war er der Gewerkschaft beigetreten, und in den 20er Jahren ebenfalls der KPD. Wegen der Einstellung der KPD zu Gewerkschaftsfragen schloß er sich der innerparteilichen Opposition dieser Partei an und wurde 1929 schließlich ausgeschlossen. Nach der Machtergreifung der Nationalsozialisten versuchte Bleicher immer wieder, aus der Emigration nach Deutschland einreisend Widerstand zu leisten. Er wurde 1934 verhaftet, landete in einem Jugendgefängnis und verbrachte die Zeit bis 1945 in Konzentrationslagern. Letzte Station: Buchenwald bei Weimar. Nach dem Zweiten Weltkrieg versuchte er es noch einmal, mit der KPD, verließ sie aber enttäuscht und trat später der SPD bei. 1958 wurde er Bezirksleiter der IG Metall in Nord-Baden/Nord-Württemberg. In den 60er Jahren wurde er bekannt durch seinen kompromißlosen tarifpolitischen Kampf. 1972 trat Bleicher in den Ruhestand, ihm folgte als Bezirksleiter Franz Steinkühler.

„Was Gott Euch gegeben, in Euren Händen ist es geworden wie ein Kleinod im Saustall." (Gerhard Hauptmann in „Die Weber".) Herr Filbinger erinnert sich nur nach Vorhaltungen an sein von ihm gefälltes und überwachtes Todesurteil. Er vermag sich nicht an das Zittern des Matrosen Gröger zu erinnern, nicht an sein leichenblasses Gesicht bei der Verkündung seines Todesurteils durch Filbinger. Er vergaß, daß Gröger und die anderen, der Verurteilte auch eine Mutter hatten, die um ihn bangte und wartete. Er hat nach 1945 nie die letzten Briefe der zur Hinrichtung Geführten gelesen. Es liest sich schwer, was Menschen in den letzten Stunden vor ihrer Hinrichtung bewegt.

Ja, was damals unter der faschistischen Gewaltherrschaft Rechtens war, kann heute nicht unrecht sein. Welche barbarische Gesinnung spricht aus dieser Feststellung. Es ist eine Verhöhnung der wirklichen Widerstandskämpfer und jener Millionen, die ihrer Rasse wegen in die Gaskammern getrieben und unter den Schüssen des Exekutionskommandos elendiglich zugrunde gingen. Und das alles im Namen der abendländischen Kultur.

Ja, es gab unter dem Faschismus viele Judasse. Das System war so angelegt. Und nicht wenige darunter, die mit eigenen Händen ans Kreuz schlugen. Nun kommen sie wieder, die Pharisäer, und stellen fest, wenn Filbinger sich gleich zu seinen Schandurteilen bekannt hätte, wäre derselbe Filbinger überstrahlt vom Glorienschein des Landesvaters. Ich habe andere Vorstellungen vom Begriff

Filbinger/Hammerstein erklärten erneut: »Es gibt kein Urteil von Hans Filbinger, durch das ein Mensch sein Leben verloren hätte.«[47] Mit dieser – formal betrachtet korrekten – Formulierung wird absichtsvoll der Tatbestand verschleiert, dass Filbinger in seiner Rolle als Ankläger für Gröger die Todesstrafe gefordert und so in der Maschinerie der damaligen Marinejustiz eine durchaus aktive Rolle gespielt hatte. Mit der gewählten Formulierung wird ebenfalls verschleiert, dass Filbinger zwei Todesurteile gegen flüchtige Deserteure gefällt hat, die nur deshalb nicht vollstreckt werden konnten, weil die betreffenden Soldaten zu den wenigen Glücklichen gehörten, die nicht gefasst wurden, sondern denen es gelang, sich dem Zugriff der Wehrmacht zu entziehen.

…kennengelernt« Offener Brief eines Betroffenen

des Vaters. Filbinger hat wenige Monate bzw. Wochen als grausamer Richter diese Urteile gesprochen. In einer Zeit also, wo unsere Henkersknechte in Buchenwald, die SS-Schergen, ideologische und organisatorische individuelle Absetzbewegungen einleiteten. Unter ihnen gab es auch Filbingers, die bis zuletzt an den Endsieg glaubten, der nur bewältigt werden könnte unter Aufrechterhaltung von Disziplin, Ordnung und Manneszucht. Auch hoffte er auf die Geheimwaffe, die so viele, auch ihn, an den Endsieg fünf Minuten nach zwölf glauben ließ.

Herr Filbinger ein Widerstandskämpfer? Er verwechselt Widerstand im Faschismus mit heuchlerischer Anpassung. Er trägt die SA-Uniform und dokumentiert, daß er zu den braunen Bataillonen gehörte, gezählt werden will, die auszogen, um das jüdische Volk auszurotten und unwertes Leben zu vernichten.

Zwölf Jahre war ich im Widerstand im Faschismus. Von der Gestapo verhört, gequält, monatelang in Einzelhaft. In Bunkern angekettet, sieben Jahre in Buchenwald verbracht, alle Stationen der Hölle gleichsam durchwandert. Ich habe die Herren in schwarzer Robe, die das Todesurteil sprachen, kennengelernt, die anschließend in Kasinos sich labten und ihr Mittagsschläfchen nicht versäumten.

Nein, ich denke jetzt an die Tausende meiner Kumpel und Kameraden, die ich da sterben gesehen habe. Keiner starb gern, aber sie waren allemal Helden gegenüber den andern. Ich habe unter Einsatz meines Lebens das Leben eines dreijährigen jüdischen Kindes in Buchenwald gerettet. Dafür bin ich in den „Kreis der Gerechten" in Israel aufgenommen worden. O wie recht hatte ich, als ich die von Herrn Filbinger gestiftete Medaille für die Verdienste im Lande Baden-Württemberg abgelehnt habe.

Herr Filbinger, wir kennen uns! Im Zusammenhang mit Lohnbewegungen hatten wir oftmals miteinander zu tun. Sie waren kein Freund der Gewerkschaften. Sie bejahen sie bloß aus blankem Opportunismus. Aber ich muß gestehen, ich war auch kein Freund von Ihnen. Sie waren mir zu süß, zu schmalzig und, wie man hierzulande sagt, heuchlerisch. Ach, wenn ich mich nur ein wenig in Sie hineinversetze, mir Ihre Lage vergegenwärtige, Ihre arrogante Haltung im Fernsehen registriere, dann würde ich mich nicht mehr von Ihren geliebten Bergen in die Villa Reitzenstein bzw. in den Landtag begeben. Dann würde ich nicht dem Innenminister Späth so gequält Rehabilitierungsversuche abnötigen.

Was soll die Jugend von Ihnen halten? Wo soll sie Wahrheit finden, wenn der Landesvater so frivol mit ihr umgeht analog den Versen: „Dunkel war's der Mond schien helle, als ein Wagen blitzeschnelle langsam um die Ecke fuhr . . .". Sie standen in der vordersten Front der Kalten Krieger. Sie hätten am liebsten den Antibolschewismus zur Staatsphilosophie erklärt. Die Handhabung des Radikalenerlasses ist Ausdruck Ihrer Intoleranz und Inhumanität. Nehmen Sie den Hut!

Zusammenfassende Bewertung der Tätigkeit Filbingers als Marinerichter

Filbinger war also an Todesurteilen beteiligt und er hat selbst Todesurteile gefällt. Er hat als ein – gar nicht so kleines – Rädchen in dem militärischen Gewaltapparat des NS-Regimes funktioniert. Er war kein Sand im Getriebe, sondern Öl. Er hat sich in der Rolle des Militärrichters genau so verhalten, wie es die militärische und politische Obrigkeit des NS-Staates von ihm erwartete. Er hat sich auch das von der NS-Ideologie geprägte Soldatenbild zu eigen gemacht und selbst – aus einer Herrenmenschen-Mentalität heraus – dazu beigetragen, dass schwächliche, unmilitärische Soldaten aus der kämpfenden Volksgemeinschaft »ausgemerzt« wurden. Zumindest wenn es um diese kleinen Leute in Uniform ging, hat Filbinger als Marinerichter kein Bemühen und keine Zivilcourage gezeigt, hat nicht gerettet, sondern ganz konform NS-Unrecht gesprochen, wie es damals von ihm verlangt wurde. Es ist auch nicht zu erkennen, dass er sich damit schwer getan hätte. Filbinger war also ein »furchtbarer Jurist« insoweit, als er ein ganz normaler NS-Militärrichter war. Bei seinem Kampf gegen diese Charakterisierung hat er nicht nur Einsicht und Reue vermissen lassen, sondern es auch mit der Wahrheit nicht genau genommen. Man erkennt einen Machtpolitiker, der die Argumente und Mittel einsetzt, wie er sie gerade braucht.

NS-Militärjustiz und ihre Opfer im Meinungswandel der Gesellschaft

Angestoßen durch die Filbinger-Affäre sowie eine Reihe anderer Ereignisse setzte in der deutschen Gesellschaft seit den frühen 80er Jahren eine intensive Beschäftigung mit der Geschichte der NS-Militärjustiz und ihrer Opfer ein. Sie führte zu einem erstaunlichen Meinungswandel in der deutschen Gesellschaft, der im Schlusskapitel dieses Buches näher beleuchtet wird. Hier nur so viel: Im Jahre 1995 stellte der Bundesgerichtshof (BGH) in einer »späten Beichte«, wie Justizkritiker Otto Gritschneder formulierte, folgendes fest: Die in der NS-Militärjustiz tätig gewesenen Richter seien »Blutrichter« gewesen, die sich eigentlich »wegen Rechtsbeugung in Tateinheit mit Kapitalverbrechen hätten verantworten müssen«. Die Kriegsrichter hätten die Todesstrafe missbraucht und sie hätten als »Terrorjustiz« gehandelt. Durch das vom Deutschen Bundestag im Mai 1998 beschlossene Gesetz zur Aufhebung nationalsozialistischer Unrechtsurteile[48] betraf auch das Standgerichtsurteil vom April 1945 gegen die mutigen Männer von Brettheim. Am 17. Mai 2002 endlich – nach zwölfjährigem parlamentarischem Ringen – beschloss der Deutsche Bundestag mit Mehrheit die pauschale Aufhebung der Urteile gegen Deserteure der Wehrmacht und deren moralische Rehabilitierung.[49]

Auf dem Weg dorthin hatten sich die Richter, die schon in der NS-Zeit in ihren Ämtern saßen und die nach dem Kriege als »Richter in eigener Sache« agierten[50], als ein bestimmender Hemmschuh erwiesen. Es lässt sich nachvollziehen, dass die Vorstellung, die überlebenden Deserteure der Wehrmacht könnten durch die Organe des demokratischen Staates rehabilitiert werden, für diese Richter eine erhebliche Bedrohung darstellte. Denn das hätte ja bedeutet, dass ihre Todesurteile als Mord oder als Beihilfe zum Mord gewertet würden.

Filbinger aus der Sicht von Opfern der NS-Militärjustiz

Ludwig Baumann[51], ein ehemaliger Wehrmachtdeserteur, heute Vorsitzender der »Bundesvereinigung Opfer der NS-Militärjustiz e. V.«, bezeichnet Filbinger als einen jener »Blutrichter«, die damals über Leben oder Tod von jenen einfachen Soldaten entschieden hätten, die sich dem Vernichtungskrieg zu entziehen versuchten. Für einen Richter wie ihn sei die Desertion »das schimpflichste Verbrechen« gewesen, das der deutsche Soldat begehen konnte, ein schlimmeres Verbrechen sogar als Mord. Er sieht in ihm auch einen von den vielen Juristen der NS-Zeit, denen nach 1945 aus ihrer Tätigkeit als Hitlers Kriegsrichter keinerlei Nachteile erwuchsen, einen Mann, dem es immer gelang, »oben« zu bleiben, der unangefochten eine juristische und politische Karriere machen konnte, dann zwar aus seinem hohen Amt stürzte, aber doch der unbußfertige Starrkopf blieb und der in diesem Starrsinn – irgendwie doch – auf die Opfer noch heute bedrohlich wirkt. Die Opfer dieser Terrorjustiz seien dagegen ein Leben lang gedemütigt und kriminalisiert worden.

[1] Zum Verlauf sowie zu den Prozessen vgl. Hans Schultheiß (Red.): Die Männer von Brettheim, hrsg. von der Landeszentrale für politische Bildung, Villingen-Schwenningen 1993; ders.: Die Tragödie von Brettheim, Tübingen 2002; Jürgen Bertram: Das Drama von Brettheim. Eine Dorfgeschichte am Ende des Zweiten Weltkrieges, Frankfurt/M. 2005.

[2] Vgl. Rolf-Dieter Müller/Gerd R. Ueberschär/Wolfram Wette: Wer zurückweicht wird erschossen! Kriegsalltag und Kriegsende in Südwestdeutschland 1944/45, Freiburg i. Br. 1985.

[3] Siehe: Christian Zentner/ Friedemann Bedürftig (Hrsg.): Das Große Lexikon des Zweiten Weltkrieges, München 1988, S. 296 f.; vgl. jetzt auch die Biographie von Kerstin von Lingen: Kesselrings letzte Schlacht. Kriegsverbrecherprozesse, Vergangenheitspolitik und Wiederbewaffnung: Der Fall Kesselring, Paderborn, München, Wien, Zürich 2004.

4 Laut »Der Spiegel« Nr. 32/1960; zit. nach Fritz Wüllner: Die NS-Militärjustiz und das Elend der Geschichtsschreibung. Ein grundlegender Forschungsbericht, Baden-Baden 1991, S. 211.

5 Schultheiß: Männer von Brettheim (wie Anm. 1), S. 123.

6 Vgl. Norbert Frei (Hrsg.): Hitlers Eliten nach 1945, München 2003; Marc von Miquel: Juristen: Richter in eigener Sache, in: ebda., S. 165–217; Ingo Müller: Furchtbare Juristen. Die unbewältigte Vergangenheit unserer Justiz, München 1987; Jörg Friedrich: Die kalte Amnestie. NS-Täter in der Bundesrepublik, Frankfurt/M. 1984; Perels, Joachim: Entsorgung der NS-Herrschaft? Beiträge zur unaufgearbeiteten Vergangenheit, Hannover 2004; Marc von Miquel: Ahnden oder amnestieren? Westdeutsche Justiz und Vergangenheitspolitik in den sechziger Jahren, Göttingen 2004..

7 Der Text dieser Rede wurde im Kontext der Filbinger-Affäre von 1978 ausgegraben und publiziert. Vgl. Hans Filbinger: »Am Grabe der Opfer von Brettheim«, in: Die Zeit, 19. 5. 1978.

8 Vgl. dazu Norbert Haase: Das Reichskriegsgericht und der Widerstand gegen die nationalsozialistische Herrschaft, hrsg. von der Gedenkstätte Deutscher Widerstand mit Unterstützung der Senatsverwaltung für Justiz, Berlin 1993, S. 251–275.

9 Thomas Ramge: Der furchtbare Jurist – Marinerichter Hans Karl Filbinger und sein pathologisch gutes Gewissen (1978), in: ders.: Die großen Politskandale. Eine andere Geschichte der Bundesrepublik, Frankfurt, New York 2003, S. 135–153.

10 »Die Zeit« v. 17. 2. 1978.

11 Rolf Hochhuth: Eine Liebe in Deutschland, Reinbek bei Hamburg 1978, S. 255–257.

12 Zit. nach Ulrich Rose: Das gute Gewissen in Person. Vor 25 Jahren trat Hans Filbinger als Ministerpräsident zurück. Er sieht sich bis heute als Opfer einer Kampagne, in: Badische Zeitung, 6. 8. 2993, S. 3.

13 Aus dem genannten »Zeit«-Artikel (s. Anm. 10), zit. nach Ramge: Der furchtbare Jurist (wie Anm. 9), S. 137.

14 Dokumentation der Erklärung Filbingers u.d.T.: Aus der Stellungnahme Filbingers zum Feldurteil gegen Gröger, in: Die Zeit, 12. 5. 1978.

15 Hier folge ich Ramge: Der furchtbare Jurist (wie Anm. 9), S. 141 f.

16 Ebda. S., 144.

17 Zu den einzelnen Verwendungen siehe Bruno Heck/Hugo Ott/Heinz Hürten/Wolfgang Jäger: Hans Filbinger. Der Fall und die Fakten. Eine kritische und politologische Analyse, Mainz 1980 (= Veröffentlichung der Konrad-Adenauer-Stiftung); Lothar Bossle: Hans Filbinger. Ein Mann in unserer Zeit. Festschrift zum 70. Geburtstag, München 1963.

18 Ramge: Der furchtbare Jurist (wie Anm. 9), S. 142 und 145.

19 Dieser Fall war bereits durch eine »Spiegel«-Recherche des Jahres 1972 bekannt geworden. Hochhuth griff auf diese zurück . Siehe: Eine Liebe in Deutschland (wie Anm. 11), S. 256. Weiterhin dokumentiert in: Horst Bieber/Joachim Holtz/Joachim Schilde/Hans Schueler/Theo Sommer: Erschießen, Sargen, Abtransportieren. Der Marinerichter Filbinger und der Matrose Gröger: Protokoll einer Verstrickung, in: Die Zeit, 12. 5. 1978 (fortan zit. als »Zeit«-Dokumentation v. 12.5.78.

20 Ramge: Der furchtbare Jurist (wie Anm. 9), S. 146.

21 Ebda., S. 144 f.

22 Vgl. die Bestätigung der Bekanntgabe des Todesurteils vom 16.3.1945 gegen den Matrosen Walter Gröger mit den Unterschriften von Gröger und Marinestabsrichter Filbin-

ger. Faksimile im Kontext des Leserbriefes von Rechtsanwalt Dr. Klaus Malek, Freiburg: Filbinger hat als Ankläger auf Verhängung des Todesurteils plädiert. Die Waldkircher Veranstaltung über Deserteure und die Rechtfertigung Filbingers, in: Badische Zeitung Nr. 87, 13.4.1995, LES 01.

23 Rose, Gewissen (wie Anm. 12).

24 Zahl nach Manfred Messerschmidt u. Fritz Wüllner: Die Wehrmachtjustiz im Dienste des Nationalsozialismus. Zerstörung einer Legende, Baden-Baden 1987, S. 48 f.

25 Hans Filbinger: Die geschmähte Generation, München 1987.

26 Zu der These, Filbinger sei »Opfer einer Kampagne«, s.: Sepainter, Fred: Baden-Württemberg 1960–1992, in: Handbuch der baden-württembergischen Geschichte. Band 4: Die Länder seit 1918, Stuttgart 2003.

27 Ramge: Der furchtbare Jurist (wie Anm. 9), S. 146.

28 1972 fuhr sie 56,7 Prozent der Stimmen ein.

29 Vgl. dazu die detaillierte Darstellung von Ramge: Der furchtbare Jurist (wie Anm. 9), S. 148–150.

30 Filbingers Rücktrittserklärung vom 17. 8. 1978 zit. nach Ramge: Der furchtbare Jurist (wie Anm. 9), S. 137.

31 Zit. nach Rose: Gewissen (wie Anm. 12).

32 Viele dieser Urteile sind nicht erhalten geblieben. Marineoberstabsrichter Dr. Adolf Harms berichtet, er habe alleine in der kurzen Zeit von Dezember 1944 bis August 1945 mit Filbinger zusammen »etwa 100 Urteile verhandelt«. Siehe: »Zeit«-Dokumentation 12. 5. 1978 (wie Anm. 19).

33 Ramge: Der fruchtbare Jurist (wie Anm. 9), S. 150.

34 Ich folge hier wiederum Ramge: ebda., S. 151.

35 So Regierungspräsident a.D. Conrad Schröder (CDU) in der FR-TV Sendung am 30. Juli 2003.

36 Golo Mann: Ich las das Buch in fünf Stunden in der Nacht. Der Historiker Professor Golo Mann über die Erinnerungen des ehemaligen Ministerpräsidenten Hans Filbinger »Die geschmähte Generation«, in: Welt am Sonntag, Nr. 30, 26. 7. 1987, S. 4.

37 Vgl. den Artikel: Filbinger. Leben in Nischen, in: Der Spiegel, 22. 8. 1987, S. 93 f.

38 Peter Winterling: »... als Deserteur muss man sterben«. »Fahnen-Flucht«: Wolfram Wettes Vortrag in einer Waldkircher Veranstaltungsreihe, in: Badische Zeitung Nr. 76, 31.3.1995, S. 6.

39 Gerhard Hammerstein: Filbinger sprach kein Urteil. Deserteure und die Berichterstattung in der BZ. Leserbrief in: Badische Zeitung Nr. 79, 4. 4. 1995, LES 02.

40 So Marie Lindgren im Jahre 1978 zu Redakteuren der Wochenzeitung »Die Zeit«. Im Wortlaut abgedruckt in: »Zeit«-Dokumentation v. 12. 5. 1978 (wie Anm. 19).

41 Vgl. Hans Frese: Bremsklötze am Siegeswagen der Nation. Erinnerungen eines Deserteurs an Militärgefängnisse, Zuchthäuser und Moorlager in den Jahren 1941–1945, hrsg. von Fietje Ausländer u. Norbert Haase. Bremen 1989; Norbert Haase/Brigitte Oleschinski (Hrsg.): Das Torgau-Tabu. Wehrmachtstrafsystem, NKWD-Speziallager, DDR-Strafvollzug, Leipzig 1993.

42 Zu den Handlungsspielräumen eines Militärrichters vgl. den Beitrag von Manfred Messerschmidt in diesem Band.

43 Fritz Wüllner: Die NS-Militärjustiz und das Elend der Geschichtsschreibung. Ein grundlegender Forschungsbericht, Baden-Baden 1991, S. 158 ff.

44 Er behauptete, der Anklagevertreter habe »keinen Ermessenspielraum« gehabt, »der einen anderen Antrag als den auf die Höchststrafe ermöglicht hätte«. Siehe: Aus der Stellungnahme Filbingers zum Feldurteil gegen Gröger, in: »Zeit«-Dokumentation v. 12.5.1978 (wie Anm. 19).

45 Reiner Ruf u. Eckhard Stengel: Fehler räumt Hans Filbinger ein – Schuld nicht. Zum 90. Geburtstag des früheren Ministerpräsidenten wurde ein Buch vorgestellt. 91-Jähriger: Filbinger hat mich gerettet, in: Badische Zeitung 11.9.2003, S. 6.

46 Des weiteren wurde eine juristische Abhandlung angeführt, die Filbinger gegen den Vorwurf des rechtlichen Verschuldens und des moralischen Versagens in Schutz nimmt. Siehe Franz Neubauer: Das öffentliche Fehlurteil. Der Fall Filbinger als ein Fall der Meinungsmacher, Regensburg 1990.

47 Hammerstein: Filbinger (wie Anm. 39).

48 Zitat aus dem Artikel 1 des »Gesetzes zur Aufhebung der NS-Unrechtsurteile« (NS-AufhG).

49 Vgl. Wolfram Wette: Deserteure der Wehrmacht rehabilitiert. Ein exemplarischer Meinungswandel in Deutschland (1980–2002), in: Zeitschrift für Geschichtswissenschaft (ZfG) 52 (2004), H. 6, S. 505–527, sowie den Beitrag Wolfram Wette: Ein Meinungswandel in Deutschland (1980–2002): Die NS-Militärjustiz und ihre Opfer, in diesem Band.

50 Miquel: Juristen (wie Anm. 6).

51 Interview des Verfassers mit Ludwig Baumann am 7.9.2003.

MANFRED MESSERSCHMIDT

Wege in den Unrechtsstaat

Der mehrspurige Irrweg in den NS-Unrechtsstaat führte auch über das Doppelgleis Rechtstheorie und richterliche Spruchtätigkeit, über gesetzliches Unrecht und richterliches Unrecht. Eines der bis in unsere Zeit fortwirkenden historischen Beispiele für politisch motiviertes richterliches Unrecht war das Urteil des 4. Senats des Reichsgerichts vom 23. November 1931 im »Weltbühneprozeß« gegen Carl v. Ossietzky, den Herausgeber der Wochenzeitschrift »Die Weltbühne« wegen eines Artikels »Windiges aus der deutschen Luftfahrt«, in welchem Andeutungen über geheime militärische Aktivitäten enthalten waren. Solche Aktivitäten waren durch den Friedensvertrag verboten, mithin der Reichswehr auch durch deutsches Recht untersagt. Das Auswärtige Amt konnte in seiner Antwort an den Oberreichsanwalt eine Schädigung des Reichswohls durch den Artikel nicht erkennen, und auf Anfrage des Verteidigers Kurt Rosenfeld ließ es durchblicken, von Geheimnisverrat könne kaum die Rede sein. General v. Schleicher, Chef des Ministeramts im Reichswehrministerium, fasste nach: ein Präzedenzfall liege vor. Man müsse die wirksamste Abwehr gegen das Verrätertum durchsetzen. Dem stimmte nun auch Staatssekretär v. Bülow vom AA zu. Der 4. Senat folgerte in seinem Urteil entsprechend, dass der Angeklagte antimilitärisch wirken wollte, »und unter diesem Gesichtspunkt ergibt sich zwanglos der Wille des Angeklagten, etwas von der Militärverwaltung geheim Gehaltenes aufzudecken.«[1] Es war ein politisches Urteil, sachlich nicht begründet. Eineinhalb Jahre Freiheitsstrafe erhielt Ossietzky, weil das Reichsgericht befand, die »Lebensinteressen des deutschen Volkes« seien höher zu bewerten als die Rechtsordnung. Hier wurden die Lebensinteressen des Volkes mit denen der Reichswehr gleichgesetzt. Thomas Mann teilte im Januar 1932 Ossietzkys Verteidiger seine Meinung über das Urteil mit: Es sei eine furchtbare und demütigende Vorstellung, in einem Lande zu leben, wo über Erscheinungen der Unordnung gewaltsam mit Hilfe der Justiz Stillschweigen gebreitet werde. Einschüchterung der Presse gehörte zur Strategie der Weimarer politischen Justiz, ebenso ein rechtsbeugerisches Wohlwollen gegenüber nationalistischen Tätern. Gegen 775 am Kapp-Putsch beteiligte Offiziere erging lediglich ein auf 5 Jahre Festung lautendes Urteil, dagegen gegen Anhänger der bayerischen Räteregierung Urteile über zusammengenommen 600 Jahre Freiheitsentzug. Zwischen 1919 und 1925 ergingen gegen 16 000 Personen Urteile wegen Hoch- und Landesverrats[2] überwiegend aus dem Geist konservativer Republikindifferenz. Häufig ging es um Ziele der Kooperationsgemeinschaft Reichswehr/Politische Justiz. Beide waren in der Republik »nicht angekommen«. General v. Seeckt erklärte, die Verfassung sei für ihn kein »noli me tangere«, seine »Grundauffassungen« seien durch die Revolution und die demokratische Regierungsform nicht berührt worden, und der Präsident des Reichsgerichts, Walter Simons, brachte 1926 die schweren Fehlurteile der politischen Justiz mit ihrer Skepsis gegen die »heutige Staatsform« in Zusammenhang. Dafür fand er eine Rechtfertigung mit der Formel einer »Krise des Vertrauens der Justiz gegenüber dem deutschen Staat«, gemeint : die parlamentarische Demokratie.[3] Mehr als 50 Jahre später umschrieb Ernst Rudolf Huber die Ablehnung des Weimarer Verfassungssystems durch Reichswehr und Justiz euphemisierend :

»Für die durch ihren Eid zum Dienst am Staat und zum Schutz seiner Verfassung verpflichteten Kräfte – die Beamtenschaft und die Wehrmacht – war die Bewahrung der ›Staatlichkeit des Staates‹ die ratio essendi, das Grundprinzip ihres Seins.«[4]

Skepsis gegenüber der »heutigen Staatsform« veränderte die Einstellung des Richters zu den Gesetzen des ungeliebten Staates. Gegen die Gesetze des monarchischen Staates, die durch den »Gesetzesbefehl« des Königs und Kaisers in Kraft gesetzt waren, gab es kein richterliches Prüfungsrecht oder so etwas wie freie Rechtsfindung, welche schon vor der Jahrhundertwende von einzelnen Theoretikern der sogenannten »Freirechtsbewegung« propagiert worden ist. Diese Zurückhaltung existierte gegenüber dem Weimarer demokratischen Gesetzgeber nicht mehr prinzipiell. Die Freirechtsbewegung wandte sich zunächst gegen eine bloß »technische Rechtsfindung«, anfänglich mit dem Hauptaugenmerk auf dem bürgerlichen Recht. Im Grunde war aber schon früh eine grundsätzliche Veränderung der Aufgaben des Richters bei der Gesetzesanwendung intendiert, nämlich die Überwindung der »romanistischen Begriffsjurisprudenz«, das heißt des traditionellen Gesetzespositivismus. Der Begründer der Freirechtsbewegung, Eugen Ehrlich, meinte schon 1903, es wäre traurig,

»wenn es eine Rechtswissenschaft geben sollte, in der die großen Strömungen und Strebungen, die unsere Zeit durchwühlen und durchbeben, keinen Ausdruck fänden«.[5]

Und der linksliberal eingestellte, engagierte Freirechtler Ernst Fuchs forderte schließlich 1920 die »Entfesselung des Richters in der Strafgerichtsbarkeit«[6], wobei er für die Zulassung der Analogie plädierte, einer »lebenswahren Lückenausfüllung«. Diese republikanisch gesinnten Rechtstheoretiker ahnten nicht, wohin ihr Appell an Lebensnähe und gegen wortgefesselte formalistische Jurisprudenz führen konnte. Ihr Vorhaben, soziologischen Starkstrom der »modernistischen Rechtsbewegung« in die Prozessfragen zu leiten, musste bei der konservativ-nationalistisch orientierten Richterschaft das Ziel der Befreiung vom absolutistischen Denken, das Ernst Fuchs vorschwebte, verfehlen. In der gegebenen politisch-ideologischen Konstellation bestand dagegen die Möglichkeit der Vereinnahmung der angedachten neuen Rolle des Richters für andere politische Ziele: nämlich solche, die die Weimarer politische Justiz kompromisslos verfolgte. Staatsrechtler betrieben die Abwertung des Weimarer Verfassungssystems. Nach Rudolf Smend besaß der Parlamentarismus kein Pathos und keinen »Wertgeltungsanspruch«. Das Legalitätssystem dieses Staates drohe sich im normativistischen inhaltslosen Funktionieren zu erschöpfen.[7] Carl Schmitt sprach 1932 vom voraussehbaren Zusammenbruch »eines Legalitätssystems, das in einem gegenstands- und beziehungslosen Formalismus und Funktionalismus endet.«[8] Freirechtler suchten den kritisierten Rechtsformalismus durch eine soziologisch begründete, zeitgemäße Legitimitätsgrundlage zu ersetzen, die vor allem von dem »entfesselten Richter« erfasst und gestaltet werde konnte. Der »königliche Richter« ersetzte dem Freirechtler die Rechtstheorie, weil er angeblich dynamische gesellschaftliche Entwicklungen erfasste und damit Recht und Leben zukunftsweisend harmonisieren konnte.

Schon früh bezweifelte der Soziologe Max Weber die Wahrscheinlichkeit des Auftretens solcher Richterpersönlichkeiten: es sei nicht sicher, dass Richter zu Rechtspropheten würden, weil man ihnen die »Krone des Schöpfers« aufdrücke.[9] Nach Meinung von Freirechtlern sollten sie jedenfalls Gestalter des Rechts sein – aber sie waren nicht in der Lage zu definieren, wodurch in einem gegebenen Verfassungssystem freie richterliche Rechtsschöpfung Rechtsgeltung erlangen kann, wenn nicht verbindliche Wertorientierungen vorausgesetzt sind. Darauf aber haben Freirechtler sich nicht festlegen wollen. Ihre »Offenheit« für den »Starkstrom« der gesellschaftlichen Entwicklung machte sie anfällig für die politische Macht, die bereit war, ihren Rechtswillen »königlichen Richtern« zur weiteren Gestaltung anzuvertrauen.

Ernst Fuchs warf der romanistischen, konstruktivistischen Jurisprudenz schon 1909 Gemeinschaftsschädlichkeit vor. Eine völkische Tendenz verband sich mit der Kritik am Rechtsformalismus, der als undeutsch diffamiert wurde. Zu Beginn des Weimarer Verfassungsstaates erhoffte Fuchs die Heraufkunft eines »neuen Volks-Rechtsstaates«, in welchem das Rechtswesen »von Grund auf wieder deutsch und volkstümlich« gestaltet werden müsse.[10]

Einen solchen Staat hat die Weimarer Verfassung nicht intendiert. Die Nationalsozialisten bemächtigten sich allerdings der wertoffenen, der gesellschaftlichen Dynamik zugewandten Irrationalität der Lehre der Freirechtler. Okko Behrends hat die Verbindungslinien zwischen Freirecht und nationalsozialistischer Rechtslehre hervorgehoben.[11] Schon Eugen Ehrlich habe in aller Unschuld den Richter an den Staatswillen ausgeliefert, und auch Hermann Kantorowicz' Kampf um die Rechtswissenschaft sei letzten Endes darauf hinausgelaufen. Schließlich sollte der Staat die freie Rechtsfindung nach dem Ende des juristischen Dogmatismus ermöglichen.

Die Freirechtsbewegung konnte aufgrund der eigenen Voraussetzungen keine schulmäßige Doktrin entwickeln. Hierin erblickt Behrends wohl zutreffend ihre Eignung für eine unauffällige Rezeption etwa durch Carl Schmitt, der sich ebenfalls gegen die Unterwerfung unter fremde Begriffs- und Denksysteme wandte.[12] Nach ihm war Deutschland unter dem Nationalsozialismus endlich zu neuer Besinnung auf das richtige Verhältnis von Recht und konkreter Existenz des Volkes gekommen. In der konkreten Ordnung des Führerstaates müsse »Artgleichheit« zwischen Führer und Gefolgschaft gegeben sein.[13] Schmitt warnte davor, sich bei der Anwendung alter Gesetze auf das alte Wort gegen den neuen Geist zu berufen – eine Warnung, die an die einstigen Richter der Weimarer politischen Justiz nicht gerichtet zu werden brauchte. Die deutlichste Verbindung zwischen Freirecht und NS-Rechtsvorstellungen zeigt sich bei dem führenden Vertreter der »Jenaer Richtung« der Freirechtslehre Richard Deinhardt. Roland Freisler sah in ihm einen Wegbereiter des NS-Rechtsdenkens. Deinhardt forderte schon 1922 ein aus dem irrationalen Charakter des Lebens »unseres Volkes« hervorgehendes Recht.[14] In seiner Sicht hatte das Parlament Staat und Volksgemeinschaft verwüstet.

Der Begriff der Rechtsgestaltung durch Richter gehört zu den Grundideen der Freirechtslehre. Er gehört notwendig zu ihrem Richterideal. Carl Schmitt hat ihn in seiner Theorie vom »konkreten Ordnungs- und Gestaltungsdenken« benutzt – angeregt durch Roland Freisler, worauf Okko Behrends aufmerksam gemacht hat.

Die »konkrete Ordnung« des NS-Staates beseitigte den politischen Pluralismus. An seine Stelle trat die »Ordnung« durch Führerentscheidung. Darin sah der Theoretiker der konkreten Ordnung das Wesen des gerechten Staates. Wer von Rechtsstaat spreche, meinte Schmitt 1933 in seinen »Fünf Lehrsätzen für die Rechtspraxis«, müsse sagen, »wieweit sein Rechtsstaat ein nationalsozialistischer« sei.

Im Sinne der NS-Staatsrechtler war nun das Gesetz »ein Akt der Führung«, wogegen kein Individuum sich auf eigenes Recht berufen konnte. Nach Ernst Rudolf Huber lag allen Entscheidungen des Führers der Rechtsgedanke der »Lebensordnung der völkischen Gemeinschaft« zugrunde.[15] »Reichsrechtsführer« Hans Frank mahnte an, dass vor der »nationalsozialistischen Revolution« erlassene Gesetze nicht angewendet werden dürften, wenn dies »dem heutigen gesunden Volksempfinden ins Gesicht schlagen würde«.[16] Damit waren auch die Weimarer Reichsverfassung, das Prinzip der Gewaltenteilung sowie besonders ihre Grundrechte, gemeint. Rechte zur Abwehr staatlicher Gewalt existierten nicht mehr.

Dass der »Führerwille« höchste Rechtsquelle sei, war nun allgemeine Auffassung. Aber nicht immer und überall hatte er sich offenbart. Die Rechtswissenschaft suchte dem Schwebezustand mit Theorien der »neuen Rechtsidee« beizukommen. Von der Rechtsidee der NS-Weltanschauung her, befand Erich Wolf, bestimmten sich »alle einzelnen Rechtsideale«.[17] Für Carl Schmitt war sie die alles beherrschende Auslegungsregel.

Die Abschaffuung des Analogieverbots im Strafrecht setzte im Prinzip den königlichen Richter voraus, der die »neue Rechtsidee« über den Paragraphen schwebend realisieren konnte. Am 28. Juni 1935 setzte das Gesetz zur Änderung des Strafrechts den neuen § 2 des StGB in Kraft:[18]

»Bestraft wird, wer eine Tat begeht, die das Gesetz für strafbar erklärt oder die nach dem Grundgedanken eines Strafgesetzes und nach gesundem Volksempfinden Bestrafung verdient. Findet auf die Tat kein bestimmtes Strafgesetz unmittelbar Anwendung, so wird die Tat nach dem Gesetz bestraft, dessen Grundgedanken auf sie am besten zutrifft.«

So hatte sich Ernst Fuchs 1920 die »Entfesselung des Richters in der Strafgerichtsbarkeit« sicher nicht vorgestellt, wenn auch gesehen werden muss, dass die Rückbindung des Rechts an »lebendige Kräfte des Volkes« und der Kampf gegen Begriffsjurisprudenz den Weg zum gesunden Volksempfinden tendenziell öffnen konnte. Näher am NS-Unrechtsdenken waren da die Richter des Reichsgerichts im Weltbühneprozess, als sie das Wohl des Reiches über das Recht stellten. Vom Wohl des Reiches war es ein nicht sehr weiter Schritt zum gesunden Volksempfinden. Die Personifizierung dieser Entwicklung wird sinnfällig an der Figur des Anklägers im Verfahren gegen Carl v. Ossietzky, dem Reichsanwalt Paul Jorns, der schon in der Mordsache Rosa Luxemburg dafür gesorgt hatte, dass sie nicht völlig aufgeklärt werden konnte. Der neuen Rechtsidee diente Jorns schließlich am Volksgerichtshof. Das Gesetz vom 28. Juni 1935 realisierte, wenn auch weitergehender, Forderungen der Freirechtsbewegung. Es stellte eine breite Plattform für die Rechtsgestaltung durch »Richterkönige« bereit. Freisler ging soweit, die Gesetzesunterworfenheit des Richters überhaupt abzulehnen.[19] Unterworfen war der Richter den Führerentscheiden. Nach Carl Schmitt war das »Führerrecht« hoch und rein, denn der wahre Führer ist »immer auch Richter«. So war das Blutbad vom 30. Juni 1934 »als Tat des Führers« höchste Justiz.[20]

Hitler hat wiederholt die Juristen darauf hingewiesen, das Recht in seinem Sinne mit- und auszugestalten, ja weiterzuentwickeln. So wurde der Richter Vollstrecker und Gestalter des Rechts im NS-Staat. Die Feindbilder des Nationalsozialismus wurden die Feindbilder seiner Juristen. Ein NS-Rechtstheoretiker erläuterte schon 1933: dass sich »das Bewußtsein der Artgleichheit und volklichen Zusammengehörigkeit [...] vor allem in der Fähigkeit« aktualisiere, »die Artverschiedenheit zu erkennen und den Freund vom Feind zu unterscheiden«.[21] In der Weimarer Zeit hatte die Justiz den Feind bei Pazifisten, Linken und kritischen Journalisten ausgemacht. Nach 1933 verfolgten nicht nur SS, Polizei und Gestapo den Feind der Gemeinschaft: die Justiz war dabei. Bezeichnenderweise sprach Art. 1 des Strafrechtsänderungsgesetzes von Rechtsschöpfung durch entsprechende Anwendung der Strafgesetze. Hierzu lieferten Juristen die verschiedensten Interpretationen zur Ausweitung der Anwendungsbreite der Analogie. Freisler betrachtete sie als völlig gleichwertige Rechtsquelle. Der Unrechtsstaat war juristisch beglaubigt. Auch die Wehrmacht war darin zu Hause. Ihr oberster Justizfunktionär, Rudolf Lehmann, wies die Militärjuristen darauf hin, Aufgabe des Gerichts sei nicht, die Wahrheit zu suchen, sondern die Gemeinschaft zu schützen. Vertreter der »Kieler Schule«, die Professoren Georg Dahm und Friedrich Schaffstein, definierten das Verbrechen als Treubruch an der konkreten Gemeinschaft, den Täter als Verräter. Das Rechtsdenken müsse ausgehen von der Blutsgemeinschaft des deutschen Volkes, sämtliche Begriffe seien auf ihre Übereinstimmung mit dem neuen

Ethos unseres Volkes zu überprüfen, forderte Erich Schwinge. Die Rechtswissenschaft war nach der Emigration ihrer liberalen und demokratischen Vertreter ohne Umwege im Unrechtsstaat angekommen.

[1] Näheres zum Prozess Manfred Messerschmidt: Carl von Ossietzky und die politische Justiz, in: Krieg und Literatur – War and Literature, Bd. IV, Nr. 8 (1992), S. 9–32.

[2] Kurt R. Grossmann: Ossietzky. Ein deutscher Patriot, München 1963, S. 167.

[3] Verkürzte Wiedergabe des Münchener Vortrags in Deutsche Juristenzeitschrift (DJZ) v. 1. Dez. 1926.

[4] Ernst Rudolf Huber: Deutsche Verfassungsgeschichte seit 1789, Bd. 6: Die Weimarer Reichsverfassung, Stuttgart 1981, S. 629.

[5] Eugen Ehrlich: Freie Rechtsfindung und freie Rechtswissenschaft (1903), in: Recht und Leben. Gesammelte Schriften zur Rechtstatsachenforschung und zur Freirechtslehre, Berlin 1967, S. 130–202.

[6] Ernst Fuchs: Zur Entfesselung des Richters in der Strafgerichtsbarkeit, in: Deutsche Richterzeitung, Jg. 12 (1920), Spalte 148–151.

[7] Rudolf Smend: Verfassung und Verfassungsrecht (1928), in: ders.: Staatsrechtliche Abhandlungen und andere Aufsätze, Berlin 1955, S. 263–350 (301).

[8] Carl Schmitt: Legalität und Legitimität (1932), in: ders.: Verfassungsrechtliche Aufsätze aus den Jahren 1924–1954, Berlin 1958, S. 263–350 (270).

[9] Max Weber: Rechtssoziologie (1911–1919), hrsg. v. Johannes Winckelmann, Neuwied, 2. Aufl. 1967, S. 346.

[10] Ernst Fuchs: Gesammelte Schriften über Freirecht und Rechtsreform, hrsg. von S. Foulkes, Bd. 3, Aalen 1975, S. 248.

[11] Behrends, Otto: Von der Freirechtsbewegung zum konkreten Ordnungs- und Gestaltungsdenken, in: Ralf Dreier u. Wolfgang Sellert: Recht und Justiz im »Dritten Reich«, Frankfurt/M. 1989, S. 34–79.

[12] Carl Schmitt: Unsere geistige Gesamtlage und unsere juristische Aufgabe, in: Zeitschrift der Akademie für Deutsches Recht, 1 (1934), S. 11.

[13] Carl Schmitt: Staat, Bewegung, Volk, Hamburg 1933.

[14] Richard Deinhardt: Kampf für ein deutsches Volksrecht. Richard Deinhardt zum 75. Geburtstage, hrsg. v. Roland Freisler und Justus Hedemann, Berlin 1940, S. 27.

[15] Ernst Rudolf Huber: Der Führer als Gesetzgeber, in: Deutsches Recht (DR) 9 (1939), S. 275–278.

[16] Hans Frank, in: Deutsche Rechtspflege 10 (1936), Rechtsprechung, Sp. 337 ff., Nr. 377.

[17] Erik Wolf: Der Methodenstreit in der Strafrechtslehre und seine Überwindung, in: Deutsche Rechtswissenschaft 4 (1939), S. 16–181 (177).

[18] RGBl. I, S. 839.

[19] Roland Freisler: Gedanken zu Gehalt und Gestalt in der Rechtsarbeit, in: Kampf für ein deutsches Volksrecht (s. Anmerkung 14), S. 63–86 (82).

[20] Carl Schmitt: Der Führer schützt das Recht. Zur Reichstagsrede Adolf Hitlers vom 13. Juli 1934, in: Deutsche Juristen Zeitung (DJZ), August 1934, Sp. 945–947.

[21] Ernst Forsthoff: Der totale Staat, Hamburg 1939, S. 37 f.

RICARDA BERTHOLD

Filbingers Tätigkeit als Marinerichter im Zweiten Weltkrieg

Ein dokumentarischer Bericht

Hans Filbinger meldete sich 1940 freiwillig zur Marine und war vom 30. August 1940 an Soldat.[1] Nach etwa zweieinhalb Jahren versuchte er, nach seinen Angaben, durch die Meldung zur U-Boot-Flotte einem Einsatz als Marinerichter zu entgehen.[2] Aber am 21. März 1943 wurde er gleichwohl als Marinerichter im Dienstbereich des Marineoberstkriegsgerichtsrates für den Nordseebereich berufen. Einige Wochen später, im April 1943, war Filbinger am Gericht des Befehlshabers der Sicherung Nordsee, Zweigstelle Cuxhaven, tätig. Von Mai bis August 1943 finden sich die Spuren seiner Arbeit beim Gericht des Küstenbefehlshabers Deutsche Bucht, Zweigstelle Westerland, sowie zur gleichen Zeit beim Gericht des 2. Admirals der Ostseestation, Zweigstelle Westerland. Zwischen August 1943 und November 1944 ist Filbinger in keinen erhalten gebliebenen Gerichtsakten nachzuweisen. In dieser Zeit diente er beim Gericht des Admirals der norwegischen Polarküste, Zweigstelle Kirkenes, das er nach eigenen Angaben am 25. Oktober 1944, als die deutsche Front nach der Räumung Finnlands zurückverlegt wurde, verließ.[3] Im November und Dezember 1944 taucht er dann in den Akten des Gerichts des Admirals der norwegischen Polarküste, Tromsö, auf und vom Januar 1945 bis zum Februar 1946 beim Gericht des Kommandanten der Seeverteidigung Oslofjord in Oslo bzw. Steinsnes.

Einen Überblick über die Tätigkeiten und die Funktionen, in denen Filbinger bei Gericht eingesetzt war, geben die Strafverfahrenslisten der jeweiligen Gerichte, die, bis auf diejenigen des Gerichtes des Admirals der norwegischen Polarküste – wo Filbinger allerdings einen Großteil seiner Zeit als Militärrichter verbrachte –, erhalten sind. In diesen Listen wurden die Verfahren chronologisch eingetragen und nummeriert.[4] Neben dem Namen, Dienstgrad und Marineteil des Beschuldigten wurde der Gegenstand der Untersuchung, der Tag der Anordnung des Ermittlungsverfahrens, Wahl- oder Pflichtverteidiger mit Namen und der Gang des Verfahrens notiert. Des weiteren vermerkte der Vorsitzende Richter, wann das Verfahren an dem Gericht beendet wurde, sei es durch Einstellung des Verfahrens oder Abgabe an eine andere Behörde sowie eventuelle Berufungsverhandlungen. Eine Spalte der Liste war »Wortlaut der Strafverfügung oder des Urteils« überschrieben, daneben trug man den Tag der Rechtskraft des Urteils ein, und schließlich wurden die Strafvollstreckung, eventuelle Strafaussetzung oder ein Straferlass festgehalten.

Für die Zeit, in der Filbinger an den verschiedenen Gerichten tätig war, sind insgesamt 12 Strafverfahrenslisten erhalten. In den vorhandenen Listen lässt sich eine Beteiligung Filbingers an insgesamt 234 Verfahren nachweisen. Da es in der Militärgerichtsbarkeit keine eigenständige Anklagebehörde wie die Staatsanwaltschaft gab, fungierten die Militärrichter sowohl als Vorsitzende Richter als auch als Untersuchungsführer bzw. Vertreter der Anklage. Mit der Verteidigung wurden meist zivile Anwälte beauftragt. In 138 Verfahren war Filbinger Vorsitzender Richter, in 63 Gerichtsverfahren Vertreter der Anklage und in 31 Fällen Untersuchungsführer in Verfahren, die ohne Hauptverhandlung nur mit einer Strafverfügung endeten. Zwei weitere Fälle, bei denen er als Untersuchungsführer beteiligt war, lassen sich in ihrem weiteren Verlauf in den Akten nicht verfolgen.[5]

Der andere Aktenbestand, der über die Gerichtsverfahren Auskunft gibt, sind die Gerichtsakten selbst, die sogenannten Handakten. Diese Handakten umfassen die Unterlagen vom Beginn der Untersuchung, über die Eröffnung des Verfahrens, das Urteil bis zur Urteilsvollstreckung und eventuellen weitergehenden Korrespondenzen auch nach Kriegsende. Sehr viele dieser Akten sind in den letzten Kriegswochen vernichtet worden, aber aus den erhaltenen Beständen lässt sich dennoch ein Bild der Tätigkeit Filbingers nachzeichnen. Es soll hier ein kurzer Überblick über die überlieferten Verfahren gegeben und anhand einiger Fälle genauer erläutert werden, wie ein Verfahren ablief, welche Rolle Hans Filbinger spielte, bzw. welche er zugewiesen bekam.

1

Als Vorsitzender Richter war Filbinger an 138 Verfahren beteiligt; als Untersuchungsführer war er in 31 Verfahren, die ohne Hauptverhandlung mit einer Strafverfügung endeten, eingesetzt. Das bedeutet, es gibt 169 Verfahren, in denen Filbinger das Urteil bzw. die Strafverfügung direkt zu verantworten hat. In diesen 169 Verfahren waren insgesamt 198 Beschuldigte beteiligt, von denen er 17 freisprach, 72 zu Strafen unter einem halben Jahr Gefängnis verurteilte, 32 Beschuldigte zwischen 6 und 12 Monaten, 14 zu Gefängnis zwischen einem und zwei Jahren und 5 Angeklagte zu mehr als

2 Jahren Gefängnis.[6] Die häufigsten Delikte in diesen Verfahren waren Diebstahl, unerlaubte Entfernung, Gehorsamsdelikte und Wachvergehen. Diese allein betreffen zwei Drittel der verurteilten Personen.[7] Straftatbestände mit politischem Charakter, also diejenigen, für deren Ahndung das nationalsozialistische Rechtsverständnis und Menschenbild maßgeblich waren, sollen hier genauer betrachtet werden. Dazu gehört vor allem die Wehrkraftzersetzung nach § 5 der Kriegssonderstrafrechtsverordnung (KSSVO). Aber auch Fahnenflucht und unerlaubte Entfernung, Gehorsamsdelikte, Widersetzung oder Erregung von Missvergnügen waren häufig politisch motiviert oder wurden in den Urteilsbegründungen nach nationalsozialistischen Vorstellungen beurteilt. Von Marinestabsrichter Filbinger wurden 10 Fälle von Zersetzung der Wehrkraft verhandelt, 5 von Fahnenflucht, 31 von unerlaubter Entfernung, 29 Gehorsamsdelikte, 4 Widersetzungen, und in 4 Fällen hatten die Beschuldigten Missvergnügen erregt, wobei aber in vielen Fällen Personen wegen mehrerer Delikte zugleich angeklagt waren. In diese Kategorie »politisch« können circa 40 % der Fälle gerechnet werden. Das Strafmaß füllt bei diesen Straftaten die ganze Bandbreite von Freispruch bis zur Todesstrafe. Leider sind von diesen nur sehr wenige komplette Gerichtsakten erhalten; in dem mir zur Verfügung stehenden Material war nur ein Verfahren, das, wie später erläutert werden wird, einen Sonderfall darstellt.

In die Zeit seiner Tätigkeit an den Gerichten des Befehlshabers der Sicherung der Nordsee und des Küstenbefehlshabers Deutsche Bucht im Jahr 1943 fallen drei Verfahren: Am 15. April 1943 fällte Filbinger ein Urteil wegen Zersetzung der Wehrkraft mit einer Strafe von 6 Monaten Gefängnis. Am 7. Juli 1943 befand er wegen Zersetzung der Wehrkraft neben grobem Unfug und Fälschung einer privaten und einer öffentlichen Urkunde auf 2 Jahre Gefängnis. Und am 5. August 1943 erteilte er 6 Monate und 2 Wochen Gefängnis wegen unerlaubter Entfernung und Zersetzung der Wehrkraft, nachdem ein Freispruch vom Marine-Oberkommando (MOK) Nordsee aufgehoben worden war.[8]

Aus den Monaten, in denen Filbinger beim Gericht des Kommandanten der Seeverteidigung Oslofjord eingesetzt war, liegen mehr Urteile vor. Am 16. Februar 1945 sprach Filbinger ein Urteil von 15 Jahren und 6 Monaten Zuchthaus wegen Fahnenflucht in Tateinheit mit Urkundenfälschung und Zersetzung der Wehrkraft aus. Zugleich wurden dem Angeklagten die Wehrwürdigkeit und die bürgerlichen Ehrenrechte aberkannt. Dieses Urteil, das nur in den Verfahrenslisten dokumentiert ist, enthält als weitere Eintragung, dass das Urteil vom Oberkommando der Kriegsmarine am 24. März 1945 aufgehoben wurde, weil in diesem Falle »die Todesstrafe erforderlich« gewesen sei. Es wurde an das Gericht des Kommandanten Nordküste nach Drontheim verwiesen.[9] Es folgt ein Urteil wegen unerlaubter Entfernung im Felde in zwei Fällen und Urkundenfälschung vom 20. Januar 1945, bei dem die Strafe 5 Jahre Gefängnis betrug. Am 27. Februar, 27. März, 6. April und 19. April 1945 sprach Richter Filbinger vier Urteile wegen Wehrkraftzersetzung. Ein Freispruch ist darunter, einmal verhängte er 9 Monate, einmal 1 Jahr Gefängnis und einmal 6 Wochen geschärften Arrest. In einem Fall von fortgesetzter Zersetzung der Wehrkraft vom 24. April 1945 erteilte er eine Strafe von 1 Jahr und 6 Monaten Gefängnis.[10]

Zwei weitere Urteile vom 9. und 17. April 1945 sind ebenfalls nur in den Strafverfahrenslisten zu finden, die Handakten sind nicht erhalten. Beide Male verhängte Filbinger die Todesstrafe (siehe Abbildungen 1 und 2). In dem ersten Fall waren vier Soldaten – die Obergefreiten Bigalske, Limmer und Wedde, sowie der Matrose Bielke – des Mordes und der Fahnenflucht im Felde beschuldigt. In der Spalte »Wortlaut der Strafverfügung oder des Urteils« ist nur die Verurteilung Bigalskes vermerkt: »Der Angeklagte Bigalske wird in Abwesenheit wegen Mordes und Fahnenflucht im Felde zum Tode, zur Wehrunwürdigkeit und zum Verlust der bürgerlichen Ehrenrechte auf Lebenszeit verurteilt. gez. Mar. Stabsrichter Dr. Filbinger.«[11] Dieser Fall stand in Zusammenhang mit dem Verfahren vom 17. April 1945, in dem der Steuermann Alois Steffen vom Kommando Hafenschutzflottille Oslofjord und 14 weitere Besatzungsmitglieder des Bootes Nr. 21 wegen Fahnenflucht und Zersetzung der Wehrkraft angeklagt wurden. Auch Steffen wurde von Filbinger zum Tode, zum Verlust der Wehrwürdigkeit und der bürgerlichen Ehrenrechte auf Lebenszeit verurteilt.[12] Beide Fälle gehören in den Rahmen der Desertion der Boote der Hafenschutzflottille Oslofjord und konnten wegen der Abwesenheit der Verurteilten nicht vollstreckt werden.

Nach Kriegsende ließen die Alliierten die Strukturen der deutschen Militärgerichtsbarkeit bestehen, um die Ordnung in der Truppe aufrecht zu erhalten. Filbinger wurde von den Briten als Militärrichter eingesetzt[13] und blieb bis Februar 1946 beim Gericht des Kommandanten Seeverteidigung Oslofjord. In dieser Zeit hatte er noch über einige Fälle zu urteilen. Der oben schon erwähnte Fall, der einzige, von dem mir die Handakten vorliegen, wirft ein Licht auf Filbingers Denkweise.

Am 29. Mai 1945 wurden eine Anklageverfügung und ein Haftbefehl gegen den Oberleutnant zur See Karl Höstermann, geboren am 26. Februar 1919, ausgestellt. Er stand unter dem dringenden Verdacht, »durch zwei selbständige Handlungen I. unbefugt seine Truppe verlassen zu haben und schuldhaft länger als einen Tag abwesend gewesen zu sein.« Höstermann war in der Nacht vom 1. auf den 2. Mai 1945 in betrunkenem Zustand randalierend aufgegriffen und von einer Streife zu seiner Unterkunft gebracht worden. Diese hatte er am Morgen verlassen, war nach Frederikstad gefahren, wo er am 4. Mai festgenommen und zum Wehrmachtgefängnis Akershus überführt wurde. Außerdem, so heißt es in der Anklageverfügung, habe er »zur Täuschung im Rechtsverkehr eine unechte Urkunde hergestellt«, indem er sich einen Marschbefehl nach Flensburg ausstellte.[14]

Am 1. Juni 1945 tagte das Militärgericht in Steinsnes, bei dem Marinestabsrichter Dr. Filbinger den Vorsitz führte und Marineoberstabsrichter Harms die Anklage vertrat. Höstermann wurde »wegen unerlaubter Entfernung im Felde und Urkundenfälschung zu einer Gesamtgefängnisstrafe von 1 – einem Jahr und 1 – einem Monat und zum Rangverlust verurteilt.«[15] In der Begründung wird er als ein mittelmäßiger Soldat geschildert, der sich für den Kommandantenlehrgang nicht eignete und nur als Begleitoffizier Verwendung fand. Er habe einen »weichen Eindruck« gemacht und sei »schlapp und ungefestigt« erschienen. Seine Führung lautete auf »gut«, die Diensttüchtigkeit auf »genügend«. Er war gerichtlich nicht, disziplinär mit drei Tagen Bordarrest vorbestraft, war ausgezeichnet mit dem EK II, dem Marineflakabzeichen und dem Westwallabzeichen.[16]

In der Urteilsbegründung wird der Tathergang wie folgt geschildert:

»Nach Bekanntwerden des Todes des Führers am 1. Mai 1945 traf sich der Angeklagte mit mehreren Kameraden und einigen Mädchen, mit denen bis in die Nacht hinein gefeiert wurde. Dabei kam es zu derartigen Ausschreitungen, dass das Schnellkommando alarmiert wurde, das u.a. den Angeklagten festnahm und seinem Kommando übergab. Von seinem Gruppenchef wurde der Angeklagte in sein Quartier im Hotel ›Regina‹ in Oslo geschafft und erhielt den Befehl, am 2. Mai um 10 Uhr sich bei der Dienststelle zu melden. Stattdessen machte der Angeklagte am Nachmittag dieses Tages einen Ausflug auf den Holmenkollen und brachte die Nacht von 2.5. auf den 3.5. auf einer Hütte im Gebirge zu, die er offen fand. Am Vormittag des 3.5. suchte er einen bekannten Handelsschiffkapitän auf, mit dem er noch zechte. Nach dem Mittagessen stellte er sich einen Marschbefehl auf den Namen ›Brundt‹ aus nach Flensburg und Husum und unterzeichnete mit dem Namen ›Hohmayer‹. Der Ausweis war blanko mit einem Dienstsiegel versehen. Darauf fuhr er mit dem Zuge nach Frederikstad, wo er festgenommen wurde. Der Angeklagte hat diesen Sachverhalt zugegeben.«[17]

Unter »normalen« Kriegsverhältnissen hätte die geschilderte Tat den Tatbestand der Fahnenflucht nach § 69 Militärstrafgesetzbuch (MStGB) erfüllt, da der Angeklagte im »mobilen Zustand« der Wehrmacht seine Dienststelle in der Absicht verließ, »sich der Verpflichtung zum Dienste in der Wehrmacht dauernd zu entziehen«.[18] Zum Zeitpunkt der Verhandlung war der Krieg allerdings schon beendet und das nationalsozialistische Regime zusammengebrochen. In der Beurteilung der Tat entwarf Filbinger eine Argumentation, um einen Schuldspruch wegen Fahnenflucht zu vermeiden. Er handelte zwar den üblichen Kriterienkanon ab. Was aber ein paar Wochen früher noch als Schwarzseherei, Defaitismus und Wehrkraftzersetzung bestraft worden wäre, diente nun zur Verteidigung: Höstermann habe gesehen, »dass nun das Unheil für uns alle unabwendbar geworden sei und versuchte, für seine Person möglichst günstig wegzukommen. Im damaligen Zeitpunkt war noch keineswegs entschieden, ob es nicht doch noch in Norwegen zum Kampf kommen werde, wenn die Wahrscheinlichkeit dazu auch gering war. Objektiv könnte seine Tat den Tatbestand der Fahnenflucht noch erfüllen. Subjektiv aber hat er nicht mehr damit gerechnet, dass die Verpflichtung, wie sie durch den Fahneneid hergestellt war, nach dem Tod des Führers noch weiter bestehen werde. Man wird den Zeitraum nach Bekanntwerden des Ablebens des Führers bis zur Kapitulation als Schwebezustand besonderer Art ansehen müssen, für den rechtlich die strengen Maßstäbe der Fahnenflucht nicht mehr gelten können. Das, was durch die Kapitulation von Rechts wegen eingetreten ist, nämlich das Aufhören der Kampfhandlungen, war nach dem 1. Mai schon in greifbare Nähe getreten. Man kann dem Angeklagten zwar den Vorwurf der unerlaubten Entfernung nach § 64 MStGB, nicht aber den des § 69 MStGB, der Fahnenflucht machen.«[19] Dennoch habe der Angeklagte moralisch verwerflich und für einen Soldaten unehrenhaft gehandelt, da er »sich nicht etwa von seiner Truppe entfernt (habe), um der Gefangenschaft zu entgehen, wie dies nach der Kapitulation vom 8. Mai häufig vorgekommen ist. Den Angeklagten haben viel weniger ehrenhafte Motive getrieben.« In § 64 MStGB wird das Strafmaß für unerlaubte Entfernung mit bis zu 10 Jahren Gefängnis oder Festungshaft angegeben, in minderschweren Fällen konnte die Strafe bis auf vierzehn Tage geschärften Arrests ermäßigt werden.[20] Obwohl Filbinger der veränderten Lage insoweit Rechnung trug, als er kein Urteil wegen Fahnenflucht mehr fällte, war das Gebot der »Aufrechterhaltung der Mannszucht« in seinem Denken nach wie vor fest verankert. Er kam zu folgendem Strafmaß: »Dagegen muss das Verhalten des Angeklagten in scharfer Weise gebrandmarkt werden. Er hat als Offizier und als Mann unehrenhaft, pflichtvergessen und eigennützig gehandelt. Im Strafmaß musste dies zum Ausdruck kommen, weshalb das Gericht für die unerlaubte Entfernung 1 Jahr Gefängnis, für die Urkundenfälschung 6 Wochen geschärften Arrest, beides zusammen zu 1 Jahr 1 Monat Gefängnis, erkannte. Durch seine Tat hat es der Angeklagte verwirkt, Offizier zu sein, so dass ihm der Rang aberkannt werden musste.«[21]

2

Der zweite Aufgabenbereich, mit dem Filbinger immer wieder betraut wurde, war die Vertretung der Anklage. Die Statistik, die der Historiker Heinz Hürten auf der Grundlage eigener Recherchen erstellt hat, nennt 63 Prozesse, in denen Filbinger als Ankläger auftrat. In diesen Prozessen wurden insgesamt 99 Personen angeklagt, von denen 11 freigesprochen, 25 zu Arrest bis zu sechs Wochen verurteilt wurden. 23 Personen erhielten Gefängnisstrafen von sechs Monaten, 20 Personen mussten 12 Monate verbüßen, acht Angeklagte zwei Jahre und sieben wurden zu höheren Strafen verurteilt. Bei fünf Personen wurde das Verfahren eingestellt.[22] Die verhandelten Straftaten ähneln denen, bei denen Filbinger als Vorsitzender Richter beteiligt war. An erster Stelle steht Diebstahl mit 27 Fällen, es folgen Ungehorsam und unerlaubte Entfernung mit 16 bzw. 14 und Plünderung mit 12 Fällen. Wegen Zersetzung der Wehrkraft erhob Filbinger sechsmal Anklage.[23]

Aus seiner Zeit beim Gericht des Befehlshabers der Sicherung der Nordsee in Cuxhaven und beim Gericht des Küstenbefehlshabers Deutsche Bucht kennen wir zwei Verfahren: Am 3. Juli 1943 wurde ein Urteil wegen Zersetzung der Wehrkraft und am 13. August 1943 wegen unerlaubter Entfernung gesprochen, wobei die erstgenannte Tat mit einem Jahr Zuchthaus, die zweite mit zwei Jahren Gefängnis gesühnt wurde.[24] Allerdings lässt sich dabei über Filbingers Anteil an der Urteilsfindung keine konkrete Aussage machen, da in den Strafverfahrenslisten nicht vermerkt wurde, welches Strafmaß die Anklage gefordert hat. Aus dem Jahr 1945 sollen vier Verfahren hier erwähnt werden. Am 2. Februar 1945 waren zwei Soldaten angeklagt, die ausländische Sender gehört und defaitistische Äußerungen ge-

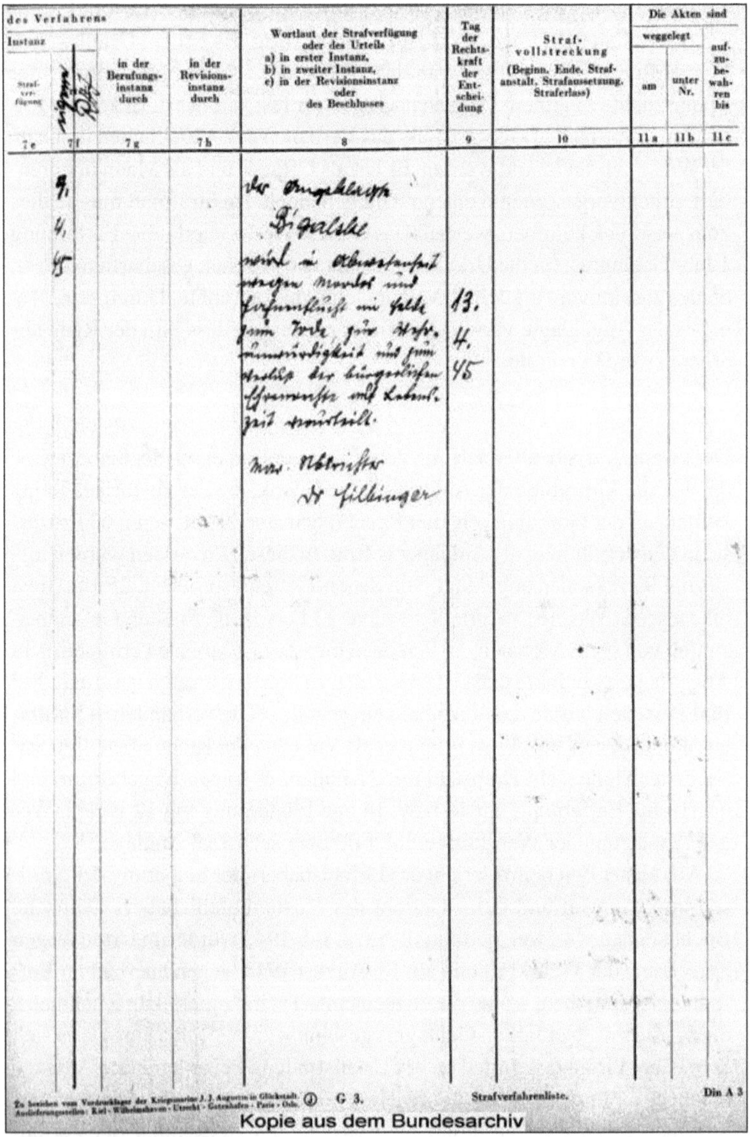

des Verfahrens

Instanz

Straf-verfügung		in der Berufungs-instanz durch	in der Revisions-instanz durch	Wortlaut der Strafverfügung oder des Urteils a) in erster Instanz, b) in zweiter Instanz, c) in der Revisionsinstanz oder des Beschlusses	Tag der Rechts-kraft der Ent-scheidung	Straf-vollstreckung (Beginn, Ende, Strafanstalt, Strafaussetzung, Straferlass)	Die Akten sind weggelegt am	unter Nr.	aufzu-bewahren bis
7e	7f	7g	7h	8	9	10	11a	11b	11c
	9. 4. 45			der Angeklagte Bigalske wird in Abwesenheit wegen Mordes und Fahnenflucht im Felde zum Tode, zur Wehrunwürdigkeit und zum Verlust der bürgerlichen Ehrenrechte auf Lebenszeit verurteilt. Mar. Oberrichter Dr Filbinger	13. 4. 45				

G 3. Strafverfahrenliste. Din A 3

Kopie aus dem Bundesarchiv

Abb. 1: Eintrag des Urteils gegen den Obergefreiten Bigalske in der Strafverfahrensliste des Gerichtes des Kommandanten der Seeverteidigung Oslofjord von 1945.

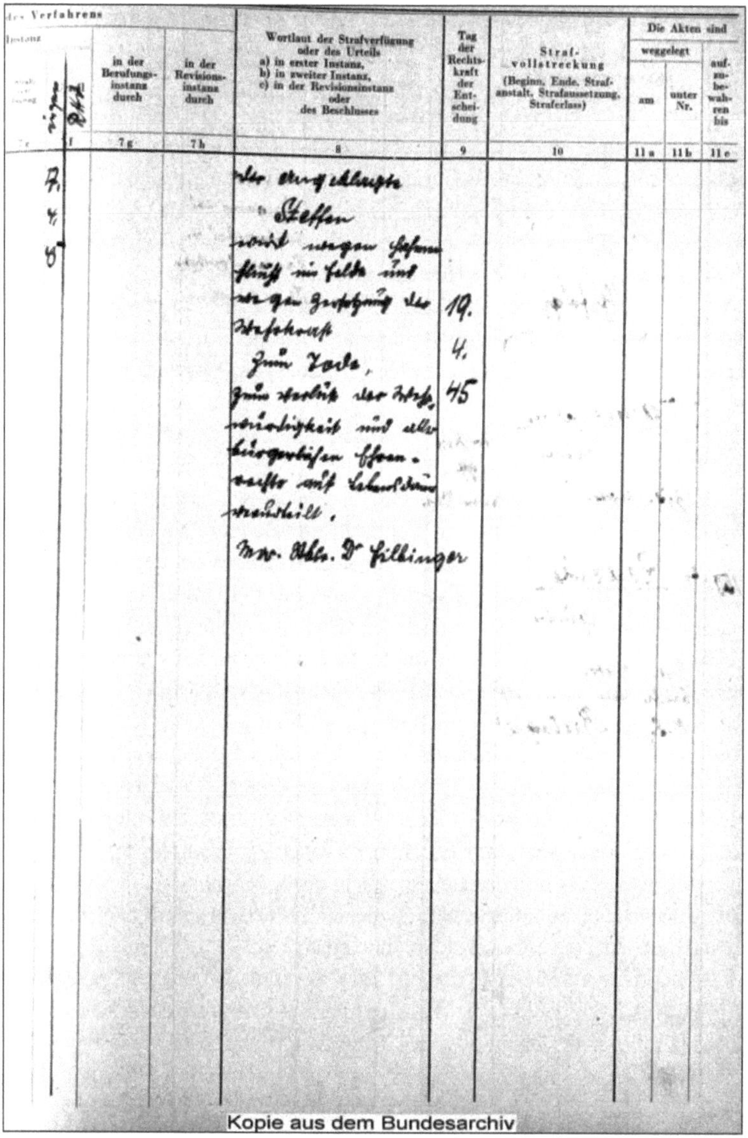

in der Berufungsinstanz durch	in der Revisionsinstanz durch	Wortlaut der Strafverfügung oder des Urteils a) in erster Instanz, b) in zweiter Instanz, c) in der Revisionsinstanz oder des Beschlusses	Tag der Rechtskraft der Entscheidung	Strafvollstreckung (Beginn, Ende, Strafanstalt, Strafaussetzung, Straferlass)	Die Akten sind weggelegt am	unter Nr.	aufzubewahren bis
7g	7h	8	9	10	11a	11b	11c
		der Steuermann Steffen wird wegen Fahnenflucht im Felde und wegen Zersetzung der Wehrkraft zum Tode, zum Verlust der Wehrwürdigkeit und der bürgerlichen Ehren. rechte auf Lebensdauer verurteilt. Mar. Obstabsr. Dr Filbinger	19. 4. 45				

Kopie aus dem Bundesarchiv

Abb. 2: Eintrag des Urteils gegen den Steuermann Alois Steffen in der Strafverfahrensliste des Gerichtes des Kommandanten der Seeverteidigung Oslofjord von 1945.

macht hatten. Nur einer der beiden wurde wegen Verstoßes gegen das Rundfunkgesetz zu 6 Monaten Gefängnis verurteilt. Vom Vorwurf der Zersetzung der Wehrkraft wurden beide freigesprochen. Über den Antrag der Anklage lassen sich auch hier keine Angaben machen.[25] Am 9. Februar 1945 stand ein Matrose vor dem Richter, der sich bei der Wache absichtlich in den Fuß geschossen hatte. Da das Gericht annahm, dass er nicht eine gänzliche Befreiung vom Wehrdienst erreichen wollte, sondern nur eine Versetzung an eine andere Dienststelle, wurde er zwar wegen Zersetzung der Wehrkraft verurteilt, aber nicht mit der Höchststrafe, der Todesstrafe, sondern mit 5 Jahren Zuchthaus bestraft. Hier hat der Ankläger dieses Strafmaß gefordert, denn das Gericht folgte seinem Strafantrag.[26] In einem Urteil vom 16. Februar 1945 wurde ein Soldat polnischer Herkunft vom Vorwurf der Zersetzung der Wehrkraft freigesprochen, weil das Gericht der Ansicht war, den Hergang der Tat nicht zweifelsfrei rekonstruieren zu können. Der Strafantrag Filbingers ist nicht bekannt.

Bekannt dagegen ist der nächste Fall, in dem der Korvettenkapitän Adolf Prößdorf wegen Zersetzung der Wehrkraft und Beleidigung eines Vorgesetzten angeklagt wurde.[27] Dieser Fall wurde von den Verteidigern Filbingers zu einer »Rettungstat« stilisiert. Prößdorf war 1915 mit 17 Jahren in die Marine eingetreten, aus der er nach dem Ende des Ersten Weltkrieges als Leutnant zur See d.R. entlassen wurde. In den 20er Jahren war er in Freikorps aktiv und absolvierte nach 1934 regelmäßig militärische Übungen. Bei Kriegsausbruch 1939 war er Batteriechef im Range eines Kapitänleutnants und übernahm dann im Laufe des Krieges verschiedene Verwaltungsaufgaben, unter anderem als Quartiermeister. Zuletzt war er beim MOK Norwegen eingesetzt. In den Beurteilungen wurden seine »überdurchschnittliche Begabung, sein Pflichtbewusstsein, sein kluges und klares dienstliches Urteil« hervorgehoben. Allein der Kommandierende Admiral der norwegischen Polarküste, Nordmann, der seine Beurteilung nach der zu verhandelnden Tat verfasste, stellte ihn negativ dar.[28]

Prößdorf hatte sich am 20. August 1944 in einem Gespräch über die politische Ausrichtung des Offizierskorps über die Attentäter des 20. Juli geäußert. Er mutmaßte über die Motive der Offiziere, und sagte, sie seien wohl »schweinemäßig behandelt« worden und seien »aus gekränktem Ehrgefühl dazu gekommen, sich in dieser Weise zu vergehen.« Außerdem hatte er nach der Nachricht, die Amerikaner hätten die Schweizer Grenze erreicht, gesagt: »Da haben wir es, jetzt ist es aus!«, weshalb ihm Schwarzseherei vorgeworfen wurde. In einem dritten Punkt hatte er sich in der Messe negativ über Vizeadmiral Nordmann geäußert, was ihm den Vorwurf der Beleidigung eines Vorgesetzten einbrachte. Mit der Untersuchung wurde Marineoberststabsrichter Rüger betraut, die Anklageschrift verfasste Marineoberstabsrichter Dr. Stelling.[29] In dem Urteil vom 4. Oktober desselben Jahres wurde Prößdorf von dem Vorwurf der Wehrkraftzersetzung freigesprochen und wegen Erregens von Missvergnügen zu zwei Wochen geschärftem Arrest verurteilt. Das Urteil wurde am 13. Oktober zur Bestätigung an den Oberbefehlshaber des MOK Norwegen gesandt, versehen mit der Bitte des Angeklagten, ob seine Tat nicht doch noch disziplinar geahndet werden könne.[30] Nach einer Intervention des Gerichtsherrn, des Kommandierenden Admirals der norwegischen Polarküste, Vizeadmiral Nordmann, beim Oberbefehlshaber des MOK Norwegen,[31] hob dieser das Urteil durch eine Verfügung auf, weil »ein Widerspruch zwischen der niedergeschriebenen Aussage der Zeugen und den tatsächlichen Feststellungen in den Urteilsgründen [bestehe], der um so mehr der Aufklärung bedürfe, als der Kommandierende Admiral Polarküste in seiner Stellungnahme zum Urteil den Angeklagten vernichtend beurteile.«[32] Das Verfahren wurde wieder aufgenommen, und Filbinger übernahm die Vertretung der Anklage. Von Ende Januar bis in den April 1945 vernahm Filbinger etliche Zeugen,[33] bis am 25. April erneut unter Anklage der Wehrkraftzersetzung verhandelt wurde. Im Verlauf der Verhandlung zeigte sich aber das gleiche Bild wie im ersten Verfahren. Am Ende beantragte Filbinger Freispruch im Falle der Wehrkraftzersetzung mangels Tatbestand und 2 Wochen Stubenarrest wegen Erregens von Missvergnügen.[34] In der Urteilsbegründung heißt es, dass die zur Verhandlung stehenden Sätze Prößdorfs »aus dem Zusammenhang gerissen« seien und im Kontext den Tatbestand der Wehrkraftzersetzung nicht erfüllten. Im Rechtsgutachten, das der Bitte um Urteilsbestätigung beigelegt wurde, bat der Verurteilte wiederum um Umwandlung in eine Disziplinarstrafe. Mit der Bemerkung: »An Vorgesetzten wird nun einmal Kritik geübt«, wurde dem Antrag entsprochen.[35]

Zuletzt soll noch der bekannteste Fall, an dem Filbinger als Ankläger beteiligt war, genauer dargestellt werden.[36] Es ist der des Matrosen Walter Gröger, der auf Antrag Filbingers zum Tode verurteilt wurde. Gröger, geboren am 27. Juni 1922, hatte bei einem Aufenthalt in Oslo, als er auf die Weiterbeförderung zu seiner Einheit warten musste, die Bekanntschaft einer jungen Norwegerin und ihrer Mutter gemacht. Unter ihrem Einfluss reiste er nicht weiter, sondern blieb, und sie schmiedeten gemeinsam Pläne, sich

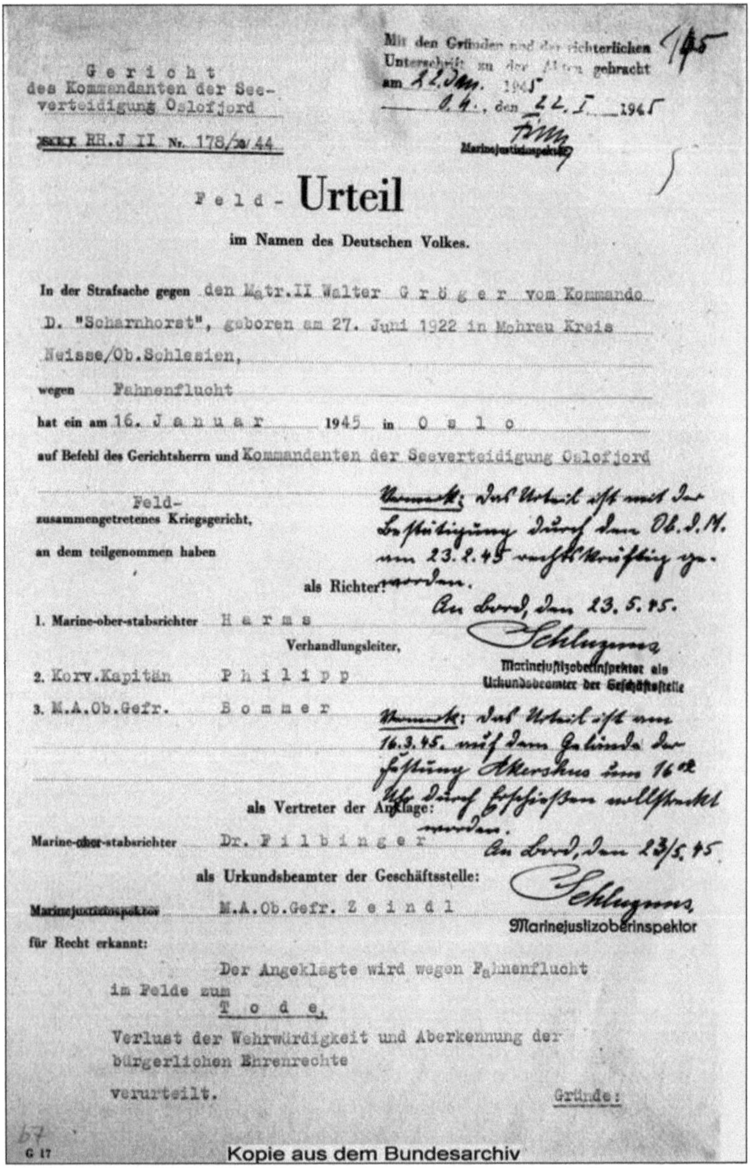

Gericht
des Kommandanten der Seeverteidigung Oslofjord

RH.J II Nr. 178/44

Mit den Gründen und der richterlichen Unterschrift zu den Akten gebracht am 22.Jan. 1945

O.U., den 22.I. 1945

Marinejustizinspektor

Feld-**Urteil**

im Namen des Deutschen Volkes.

In der Strafsache gegen den Matr.II Walter G r ö g e r vom Kommando D. "Scharnhorst", geboren am 27. Juni 1922 in Mohrau Kreis Neisse/Ob.Schlesien,

wegen Fahnenflucht

hat ein am 16. J a n u a r 1945 in O s l o

auf Befehl des Gerichtsherrn und Kommandanten der Seeverteidigung Oslofjord

Feld-
zusammengetretenes Kriegsgericht,

an dem teilgenommen haben

als Richter:

1. Marine-ober-stabsrichter H a r m s
Verhandlungsleiter,
2. Korv.Kapitän P h i l i p p
3. M.A.Ob.Gefr. B o m m e r

Vermerk: Das Urteil ist mit der Bestätigung durch den Ob.d.M. am 23.2.45 rechtskräftig geworden.
An Bord, den 23.5.45.
Marinejustizoberinspektor als Urkundsbeamter der Geschäftsstelle

Vermerk: Das Urteil ist am 16.3.45. auf dem Gelände der Festung Akershus um 16 Uhr durch Erschießen vollstreckt worden.
An Bord, den 23/5.45
Marinejustizoberinspektor

als Vertreter der Anklage:

Marine-ober-stabsrichter Dr. F i l b i n g e r

als Urkundsbeamter der Geschäftsstelle:

Marinejustizinspektor M.A.Ob.Gefr. Z e i n d l

für Recht erkannt:

Der Angeklagte wird wegen Fahnenflucht im Felde zum
T o d e,
Verlust der Wehrwürdigkeit und Aberkennung der bürgerlichen Ehrenrechte
verurteilt.

Gründe:

G 17

Kopie aus dem Bundesarchiv

Abb. 3: Feldurteil gegen den Matrosen Walter Gröger vom 16. Januar 1945.

Gericht
des Kommandanten der
Seeverteidigung Oslofjord

O.U. 15.3.45.

R H J II 178/44.

V e r f ü g u n g .

1. Die Vollstreckung der Todesstrafe an dem Matrosen II Walter G r ö g e r durch Erschiessen erfolgt am 16.3.1945, 16 Uhr auf dem Gelände der Festung Akershus.
2. Leitender Offizier für das Vollstreckungsverfahren ist Marinestabsrichter Dr. Filbinger.
3. Die zum Vollzug der Todesstrafe bestimmte Abteilung und eine weitere Abteilung in Zugstärke ist von der 1. Komp.Marine-Ersatzabteilung Oslo zu gestellen.
4. Als Sanitätsoffizier wird Marinestabsarzt B ö c k vom Kommando M.E.A.Oslo kommandiert.
5. Aks Wehrmachtgeistlicher wird zugezogen der Kriegspfarrer H o l l s t e g g e.
6. Weiter erforderlich werdende Massnahmen werden vom Untersuchungsführer getroffen.

Für den Gerichtsherrn.
Der Untersuchungsführer.
Filbinger
Marinestabsrichter.

Abb. 4: Verfügung der Urteilsvollstreckung gegen den Matrosen Walter Gröger vom 15. März 1945.

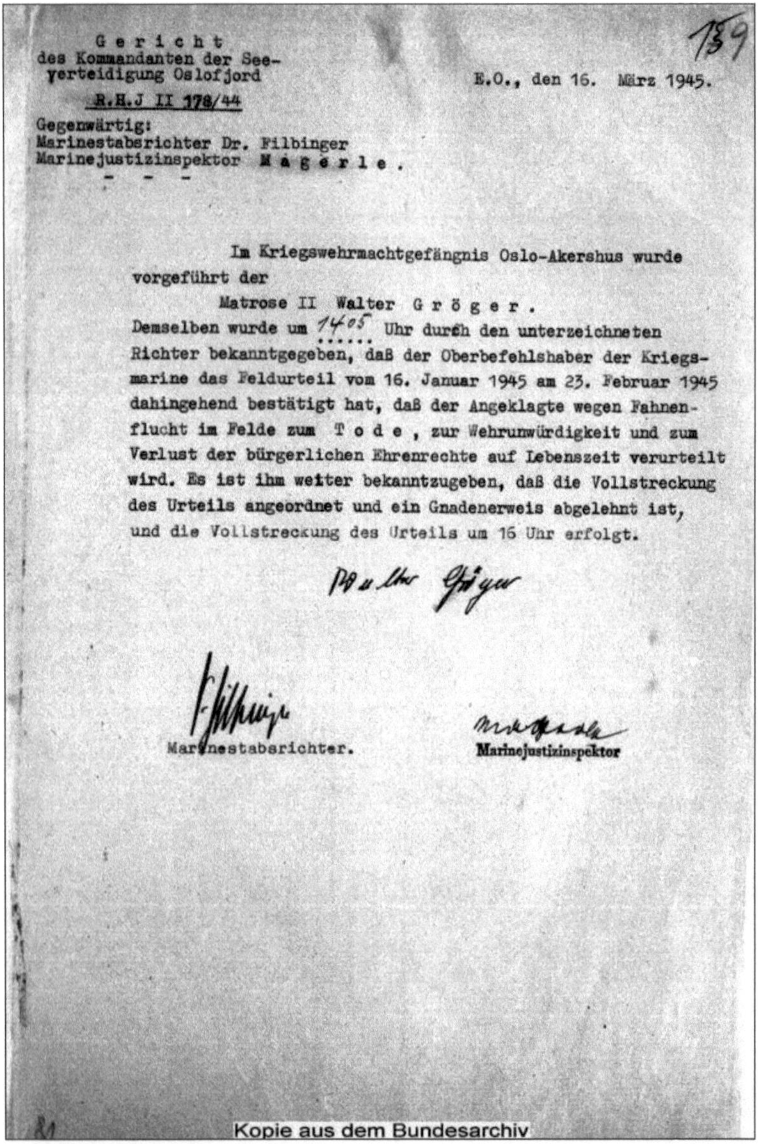

159

Gericht
des Kommandanten der See-
verteidigung Oslofjord

R.H.J II 178/44

E.O., den 16. März 1945.

Gegenwärtig:
Marinestabsrichter Dr. Filbinger
Marinejustizinspektor Mägerle.

\- - -

Im Kriegswehrmachtgefängnis Oslo-Akershus wurde vorgeführt der

Matrose II Walter Gröger.

Demselben wurde um 1405 Uhr durch den unterzeichneten Richter bekanntgegeben, daß der Oberbefehlshaber der Kriegsmarine das Feldurteil vom 16. Januar 1945 am 23. Februar 1945 dahingehend bestätigt hat, daß der Angeklagte wegen Fahnenflucht im Felde zum Tode, zur Wehrunwürdigkeit und zum Verlust der bürgerlichen Ehrenrechte auf Lebenszeit verurteilt wird. Es ist ihm weiter bekanntzugeben, daß die Vollstreckung des Urteils angeordnet und ein Gnadenerweis abgelehnt ist, und die Vollstreckung des Urteils um 16 Uhr erfolgt.

Walter Gröger

Filbinger
Marinestabsrichter.

Mägerle
Marinejustizinspektor

Abb. 5: Dokument über die Bekanntgabe des Hinrichtungstermins an den Matrosen Walter Gröger am 16. März 1945.

nach Schweden abzusetzen. Nachdem sich das Verhältnis aber nach vier Wochen abkühlte und klar wurde, dass Marie Severinsen-Lindgren nicht daran interessiert war, ihm bei der Flucht zu helfen, entschied er, sich zu stellen. Inzwischen hatte Marie einem befreundeten Polizeibeamten von Gröger erzählt, der ihn daraufhin festnehmen ließ. Am 14. März 1944 wurde Gröger von Marinegerichtsrat Neumann wegen Fahnenflucht im Felde zu 8 Jahren Zuchthaus und zum Verlust der Wehrwürdigkeit verurteilt.[37] In der Urteilsbegründung wurde ihm zugute gehalten, dass er nicht aus Furcht vor persönlicher Gefahr gehandelt habe, die Manneszucht nicht gefährdet und lediglich Vorbereitungshandlungen zur Fahnenflucht ins Ausland begangen habe. Obwohl er über erhebliche disziplinare Vorstrafen verfügte, sah der Richter in ihm nicht »einen hoffnungslosen Fall, sondern [...] einen Menschen [...], der einen guten Kern enthält.« Das war allerdings darauf zurückzuführen, dass das Führungsbuch des Angeklagten verloren gegangen war und ein EK II und eine Ostmedaille in seinem Besitz gefunden worden waren.

Aufgrund des Rechtsgutachtens des Flottenrichters vom 17. Juni 1944 wurde das Urteil nicht bestätigt. »Die gegen Gröger erkannte Strafe erscheint aber nicht ausreichend. Gröger ist erheblich disziplinar und gerichtlich vorbestraft. Er war schon bei der Kriegssonderabteilung, dem Feldsonderbtl. und der 31. S.St.A.[38] kommandiert. Er gibt zu, nach Schweden gewollt zu haben und hat sich in Norwegen von der Truppe entfernt und verborgen. Es besteht unter Berücksichtigung der Richtlinien des Führers und des Erlasses Ob.d. M.[39] über Fahnenflucht[40] kein Grund von der Todesstrafe abzusehen. Die angebliche Selbstgestellungsabsicht des Angeklagten kann nach etwa vierwöchiger Abwesenheit nicht mehr entschuldigend wirken. Jugendliche Unüberlegtheit, falsche dienstliche Behandlung oder andere nicht unehrenhafte Beweggründe lagen nicht vor. Todesstrafe ist m. E. die einzig angemessene Sühne. Ich schlage vor, das Urteil gegen die Angeklagte Lindgren zu bestätigen und es gegen den Angeklagten Gröger im Strafausspruch aufzuheben.«[41] Der Gerichtsherr schloss sich dieser Einschätzung an. In der Verfügung vom 17. Juni 1944 heißt es: »Im Strafausspruch gegen Gröger hebe ich das Urteil auf, weil auf Todesstrafe hätte erkannt werden sollen.«[42] Jetzt wurden alle Hebel in Bewegung gesetzt, um eine »ganz ausführliche Beschreibung über den militärischen Werdegang« des Beschuldigten zu bekommen. »Ehe eine neue Hauptverhandlung angesetzt werden kann, muss über die Persönlichkeit des Angeklagten restlos Klarheit geschaffen werden.«[43] Die angeforderte Stellungnahme des Kommandeurs der 31. S.St.A., Korvettenkapitän Schneider, der Gröger aus seinen Kommandierungen in den Sonderabteilungen kannte, ist vernichtend: »Seine Führung ist schlecht. [...] Die Geschichte mit dem EK II ist ein Märchen, und zwar ein schlechtes! [...] Von einer ›Bewährung‹ beim Feldsonderbataillon kann gar keine Rede sein.« Er habe sich lediglich »zusammen genommen, weil er nur noch die Wahl zwischen der Einlieferung ins Konzentrationslager und der Rückkommandierung in die 31. S.St.A. hatte.« Seine Beurteilung gipfelte in dem Satz: »Ich halte G. für einen hoffnungslosen Schwächling, der nie seine Soldatenpflichten erfüllen wird.«[44] In einem Verhör durch die Geheime Feldpolizei gab Gröger schließlich zu, in einer spontanen Lüge die in seinem Gepäck gefundenen Auszeichnungen als seine eigenen ausgegeben zu haben, weil er sich dadurch einen Vorteil versprochen hatte.[45]

Am 18. Dezember 1944 legte Gerichtsrat Stelling, der noch immer die Untersuchung führte, den Termin für die erneute Verhandlung auf den 16. Januar 1945 fest.[46] Als Richter war Marineoberstabsrichter Harms berufen, als Vertreter der Anklage taucht nun in dem Protokoll der Verhandlung erstmals der Name Filbingers auf.[47] Am Ende der Verhandlung beantragte dieser wegen Fahnenflucht im Felde die Todesstrafe, Verlust der Wehrwürdigkeit und Aberkennung der bürgerlichen Ehrenrechte. Die Verteidigung plädierte unter der Voraussetzung, dass Fahnenflucht angenommen würde,[48] auf eine zeitliche Freiheitsstrafe. Der Angeklagte schloss sich der Verteidigung an.[49]

Im Feldurteil desselben Tages wurde Walter Gröger gemäß dem Antrag der Anklage verurteilt[50] (siehe Abb. 3). Am 23. Januar 1945 schickte Filbinger eine Urteilsabschrift, die Stellungnahme und das Gnadengesuch des Verteidigers Schön zur Bestätigung an das Gericht des Führers der Kampfgruppe. Allerdings kamen die Dokumente mit dem Vermerk zurück, dass sie nicht zugestellt werden konnten, da das Gericht aufgelöst worden war bzw. die Stelle nicht bekannt war.[51] Daraufhin sandte Filbinger am 27. Januar ein Fernschreiben an den Marinechefrichter Ostsee mit der Bitte um Bestätigung des Urteils und Stellungnahme zur Gnadenfrage innerhalb einer Woche.[52] Zugleich hatte Filbinger das Urteil mit Akten und 2 Beiakten am 24. Januar 1945 dem Oberkommando der Kriegsmarine in Berlin zur Vorlage geschickt,[53] wo es am 12. Februar einging. Am 27. Februar erreichte Filbingers Dienststelle ein Fernschreiben, in dem mitgeteilt wurde, dass der Oberbefehlshaber der Kriegsmarine das Urteil bestätigt, das Gnadengesuch abgelehnt und die Vollstreckung des Urteils angeordnet habe. Am 15.

März 1945 schließlich traf die Urteilsbestätigung des OKM vom 23. Februar beim Gericht des Kommandanten der Seeverteidigung Oslofjord ein.[54] Nun ging alles sehr schnell. Alle weiteren Dokumente tragen die Unterschrift Filbingers. Noch am selben Tage legte er durch eine Verfügung den Termin der Vollstreckung der Todesstrafe auf den nächsten Tag, um 16 Uhr fest und setzte sich selbst als leitenden Offizier ein (siehe Abbildung 4).[55] Am 16. März um 14:05 Uhr verkündete er im Beisein von Marinejustizinspektor Magerle dem Verurteilten Walter Gröger, »dass der Oberbefehlshaber der Kriegsmarine das Feldurteil vom 16. Januar 45 am 23. Februar 45 dahingehend bestätigt hat, dass der Angeklagte wegen Fahnenflucht im Felde zum Tode, zur Wehrunwürdigkeit und zum Verlust der bürgerlichen Ehrenrechte auf Lebenszeit verurteilt wird. Es ist ihm weiter bekanntzugeben, dass die Vollstreckung des Urteils angeordnet und ein Gnadenerweis abgelehnt ist, und die Vollstreckung des Urteils um 16 Uhr erfolgt.«[56] (Siehe Abbildung 5) Hier der Vollstreckungsbericht:

Bericht
des Kommandanten der
Seeverteidigung Oslofjord
P451/75/44 *E.O. den 16.3.45*

Niederschrift
über den Vollzug der Todesstrafe an dem Matr. II Walter Gröger No 984/40 I vom Kommando Schlachtschiff »Scharnhorst«.
Anwesend waren:
1.) Marinestabsrichter Dr. Filbinger als leitender Offizier
2.) Marinestabsarzt Böck vom Kommando 1. M.E.A. Oslo als Sanitätsoffizier
3.) Marinejustizinspektor Magerle als Urkundsbeamter
4.) Kriegspfarrer Hollstegge vom Kriegslazarett Linten als Geistlicher ferner war ein Zug der 1. M.E.A. Oslo anwesend.
Der Verurteilte stand um 16:00 Uhr mit verbundenen Augen auf dem Richtplatz.
Die angetretene Einheit stand auf Kommando »Gewehr über« still.
Der leitende Offizier las dem Verurteilten die Urteilsformel und die Bestätigungsverfügung vor.
Der Verurteilte erklärte nichts.
Der Geistliche erhielt letztmalig Gelegenheit zum Zuspruch.

Das Vollstreckungskommando von 10 Mann war 5 Schritte vor dem Verurteilten aufgestellt.
Das Kommando »Feuer« erfolgte 16:02 Uhr.
Der Verurteilte starb um 16:04.
Der Sanitätsoffizier stellte den Tod um 16:06 fest.
Die Leiche wurde durch das Wachpersonal gesargt und zum Zwecke der Bestattung abtransportiert.
gez. Filbinger, Magerle[57]

3

Die fünf vorgestellten Fälle offenbaren vor allem die Härte und Willkür, mit der in der damaligen Zeit geurteilt wurde, wobei die Militärrichter im Unterschied zum Volksgerichtshof und den Sondergerichten in der Regel zumindest bestrebt waren, ihre Urteile juristisch genau und nachvollziehbar zu fällen und zu begründen. Dr. Hans Filbinger hat als Marinerichter im Dienste des NS-Regimes sicherlich nicht besonders hart geurteilt, er war »kein scharfer Hund«, wie Richter Harms, der in vielen Verfahren mit Filbinger zusammen zu Gericht saß, in einem Interview betonte.[58] Was aber für die damaligen Umstände der nationalsozialistischen Wirklichkeit normal oder gar milde war, ist mit unserem heutigen Rechtsverständnis unvereinbar und nur schwer nachzuvollziehen. Aufgabe der Militärjustiz war vor allem die Aufrechterhaltung der ›Manneszucht‹ in der Truppe. Dabei waren die Übergänge von soldatischen zu nationalsozialistischen Wertvorstellungen in einer durch und durch militarisierten Gesellschaft fließend. Und von den Militärrichtern wurde erwartet, dass sie die Gesetze »elastisch« auslegten, also diese Grenze bewusst überschritten.[59] Es wurden Ermessensspielräume eröffnet, die die Richter ausschöpfen sollten. Dass aber ebenso die Möglichkeit bestand, diese Spielräume gegen das Unrechtsregime und zugunsten des Angeklagten zu nutzen, zeigte sich nur sehr selten.

Bei den Verfahren gegen Bigalske und Steffen stellt sich die Sachlage klar dar. Die Verurteilung wegen Fahnenflucht und bei Bigalske wegen Mordes ist nicht in Zweifel zu ziehen. Nach den Richtlinien des Führers vom 14. April 1940[60] war die Todesstrafe geboten, weil sowohl eine Flucht ins Ausland vorlag als auch die Desertionen in engem Zusammenhang mit weiteren Fällen standen. Es handelte sich um ganze Besatzungen der Hafenschutzflottille Oslofjord, die gemeinsam den Krieg für sich beendet hatten. Filbinger aber rechtfertigte die Urteile später auch damit, dass sie in Abwesenheit gefällt wurden und daher nicht vollstreckt werden konnten. Man darf dabei jedoch nicht übersehen, dass sie, wären die Deserteure in deutsche Hand gefallen, sofort vollstreckt worden wären. Außerdem trugen sie diese Urteile, die Marinestabsrichter Filbinger noch Mitte April 1945, kurz vor Kriegsende, fällte, als Makel mit allen Nachteilen für sich und ihre Familien, bis ihre Desertionen schließlich Ende der 90er Jahre als Widerstand gegen ein Unrechtsregime und einen Unrechtskrieg rehabilitiert wurden.[61]

Der Fall Gröger stellt sich anders dar. Die Beweislage zum Tathergang hatte sich in der neu angesetzten Hauptverhandlung nicht verändert. Die untersuchungs- und verhandlungsführenden Richter verschärften das Strafmaß gemäß der Vorgabe des Gerichtsherrn und stellten in der Begründung die charakterlichen Schwächen und fehlenden soldatischen Tugenden des Angeklagten heraus. Dabei zeigt sich deutlich, wie sehr die Militärrichter vom Menschenbild der NS-Ideologie geprägt waren. Ob ein Mensch ein ›wertvolles Mitglied der Volksgemeinschaft‹ war oder nicht, entschied über Leben und Tod.

Ein Argument wurde zur Verteidigung der Urteilspraxis der Richter in der NS-Zeit immer wieder ins Feld geführt, nämlich dass gegen die Verfügung eines Gerichtsherrn, der ein in seinen Augen zu mildes Urteil aufhob, kein Widerspruch möglich gewesen wäre. So erklärte auch Filbinger seine Ohnmacht als Ankläger im Falle Gröger. In welchen Fällen dies aber sehr wohl möglich war, zeigt anschaulich der Fall Prößdorf, in dem ein ausgezeichneter Offizier und damit ein ›wertvolles Mitglied der Volksgemeinschaft‹ angeklagt war, der trotz seiner bekannten kritischen Einstellung vor allem bei den Mannschaften beliebt war. Ausschlaggebend war hierbei sicherlich, dass ein Hauptaugenmerk der Militärgerichtsbarkeit auf das Funktionieren der Hierarchien in der Wehrmacht gelegt wurde. Gab es Unstimmigkeiten oder gar Ungerechtigkeiten von Vorgesetzten – hier durch den Vizeadmiral Nordmann –, hatten die Richter keine Bedenken, auch gegen die Vorgaben des Gerichtsherrn im Sinne des Angeklagten zu urteilen.

Irritierend ist jedoch, wie zügig Filbinger die Vollstreckung des Todesurteils an dem Matrosen Gröger vorantrieb. In Anbetracht der Kriegslage und der offensichtlichen Schwierigkeiten, die Bestätigung des Urteils von dem Gerichtsherrn zu erlangen, ordnete er, nachdem er die Bestätigung des Oberbefehlshabers der Kriegsmarine in Händen hielt, unverzüglich noch am selben Tag die Vollstreckung für den nächsten Tag an und setzte sich selbst als vollstreckenden Offizier ein. Hätte Filbinger dem Matrosen Gröger durch eine Verzögerung der Vollstreckung eine Chance geben können?

Das hätte jedoch vorausgesetzt, dass Filbinger die Kriegslage realistisch eingeschätzt hätte und sein Blick nicht von der Durchhaltepropaganda der Nationalsozialisten getrübt gewesen wäre.

Genau diesen Aspekt brachte Filbinger nur wenig später in der Urteilsbegründung im Falle Höstermann ins Spiel. Der Angeklagte konnte, so begründet Filbinger sein Urteil, keine Fahnenflucht mehr begehen, weil er damit rechnete, dass die Kapitulation unmittelbar bevorstand. Zu dieser Einschätzung kam Filbinger aber erst nach dem Tod Hitlers aus der sicheren Position der Zeit nach Kriegsende. Wie wäre sein Urteil wohl ausgefallen, wenn die Verhandlung gegen Höstermann schon kurz nach der Festnahme – und damit vor der Kapitulation – stattgefunden hätte?

Filbinger war auf subtile Weise tiefer im System verwurzelt, als er wahrhaben und vor allem zugeben wollte. Der Gehorsam gegen Obrigkeiten und ein positivistisches Festhalten an den Buchstaben der Gesetze charakterisieren seine Tätigkeit als Marinerichter. Ein über dem Unrechtssystem des Nationalsozialismus stehendes Rechtsempfinden oder gar eine Risikobereitschaft, wenn es darum ging, Menschen zu helfen, die mit dem nationalsozialistischen Recht in Konflikt kamen, lassen sich aus den überlieferten Akten nicht herauslesen – und das ist das Material, auf das sich meine Einschätzung stützt. Andere Fälle, über die nur mündliche Berichte Betroffener vorliegen, sind nicht mehr überprüfbar. Aber – so wird man fragen dürfen – warum sollten ausgerechnet all diejenigen Akten, die im Hinblick auf die Nachkriegszeit entlastend gewesen wären, vernichtet worden sein?

[1] Meine Ausführungen stützen sich in den groben Linien und den statistischen Daten auf den Beitrag von Heinz Hürten: Die Tätigkeit Hans Filbingers als Marinerichter, in: Bruno Heck (Hrsg.): Hans Filbinger. Der Fall und die Fakten, Mainz 1980, S. 47–102. Zusätzlich hat Florian Rohdenburg im Bundesarchiv – Zentrale Nachweisstelle in Aachen Kornelimünster die Akten noch einmal durchgesehen und ausführliche Exzerpte und Abschriften angefertigt. Dankenswerterweise hat er mir sein Material zur Verfügung gestellt.

[2] Aus der Stellungnahme Filbingers zum Feldurteil gegen Gröger, in: DIE ZEIT vom 12. Mai 1978.

[3] Hürten, Tätigkeit (wie Anm. 1), S. 50. Er beruft sich dabei auf W. Lohmann und H. Hildebrandt: Die deutsche Kriegsmarine 1939–1945. Gliederung, Einsatz, Stellenbesetzung. Loseblattsammlung, Bad Nauheim 1956–1964.

[4] Siehe auch Abbildungen 1 und 2.

[5] Hürten, Tätigkeit (wie Anm. 1), S. 64 ff.

[6] Hürten, Tätigkeit (wie Anm. 1), 66.

[7] Hürten, Tätigkeit (wie Anm. 1), 67.

[8] Hürten, Tätigkeit (wie Anm. 1), 71.

[9] Bundesarchiv-Militärarchiv Freiburg i. Br. BA-MA, RM 45 Norwegen Oslofjord Strafverfahrensliste J I 1945, lfd. Nr. 10.

[10] Hürten, Tätigkeit (wie Anm. 1), 72.

[11] BA-MA, RM 45 Norwegen Oslofjord 3, Strafverfahrensliste J I 1945, lfd. Nr. 109.

[12] BA-MA, RM 45 Norwegen Oslofjord 3, Strafverfahrensliste J I 1945, lfd. Nr. 149. Bei diesem Urteil ist nicht »in Abwesenheit« vermerkt.

[13] Vgl. Aus der Stellungnahme Filbingers (wie Anm. 2).

[14] Bundesarchiv BA ZNS, RM 123/Fr 7104, fol. 2.

[15] Ebd.; siehe auch Abb. 3.

[16] Ebd., fol. 3.

[17] Ebd.

[18] Strafrecht der Deutschen Wehrmacht. Textausgabe mit Verweisungen und Sachverzeichnis, 6. unveränderte Auflage. München/Berlin 1943, 15 f.

[19] BA ZNS, RM 123/Fr 7104, fol. 4.

[20] Strafrecht der Deutschen Wehrmacht (wie Anm. 18), 16.

[21] BA ZNS, RM 123/Fr 7104, fol. 4.

[22] Hürten, Tätigkeit (wie Anm. 1), 66f.

[23] Hürten, Tätigkeit (wie Anm. 1), 67f.

[24] Hürten, Tätigkeit (wie Anm. 1), 70 f., 73.

[25] Hürten, Tätigkeit (wie Anm. 1), 73.

[26] Hürten, Tätigkeit (wie Anm. 1), 70 f.

[27] Siehe zu dem Fall auch Hürten, Tätigkeit (wie Anm. 1), 74 ff.

[28] Urteil vom 25. April 1945, BA ZNS RM Norwegen 53626, fol. 1. Siehe auch die Beurteilung durch Vizeadmiral Nordmann vom 8.9.44, BA ZNS Norwegen 53626, unpag.

[29] Anklageverfügung vom 2.10.44, BA ZNS Norwegen 53626, fol. 57.

[30] BA ZNS Norwegen 53626, fol. 33.

[31] BA ZNS Norwegen 53626, fol. 40.

[32] BA ZNS Norwegen 53626, fol. 1.

[33] BA ZNS Norwegen 53626, fol. 43ff.

[34] Protokoll der Verhandlung vom 25. 4.45, BA ZNS Norwegen 53626, fol. 87.

[35] BA ZNS Norwegen 53626, fol. 94 f.

[36] Siehe zu diesem Fall auch Rosemarie von Knesebeck (Hg.): In Sachen Filbinger gegen Hochhuth. Die Geschichte einer Vergangenheitsbewältigung, Reinbek bei Hamburg 1980; Horst Bieber, Joachim Holtz, Joachim Schilde, Hans Schueler, Theo Sommer: Erschießen, Sargen, Abtransportieren, in: DIE ZEIT vom 12.05.1978; sowie Hürten, Tätigkeit (wie Anm. 1) 77–81.

[37] Urteil vom 14.3.44, BA-MA, RM 50-G/42297, fol. 116 ff.

[38] Sonderstrafabteilung.

[39] Oberbefehlshaber der Marine.

[40] Richtlinien des Führers und Obersten Befehlshabers der Wehrmacht für die Strafzumessung bei Fahnenflucht vom 14.3.1940: »Die Todesstrafe ist geboten, wenn der Täter aus Furcht vor persönlicher Gefahr handelt oder wenn sie nach der besonderen Lage des Einzelfalles unerlässlich ist, um die Manneszucht aufrecht zu erhalten. Die Todesstrafe ist

im allgemeinen angebracht bei wiederholter oder gemeinschaftlicher Fahnenflucht und bei Flucht oder versuchter Flucht ins Ausland. Das gleiche gilt, wenn der Täter erheblich vorbestraft ist oder sich während der Fahnenflucht verbrecherisch betätigt hat.« Strafrecht der Deutschen Wehrmacht (wie Anm. 19), 4.

41 Rechtsgutachten vom 17.6.44, BA-MA, RM 50-G /42297, fol. 130.

42 Verfügung vom 17.6.44, BA-MA, RM 50-G /42297, fol. 130, Rückseite.

43 BA-MA, RM 50-G /42297, fol. 132.

44 Stellungnahme ohne Datum, BA-MA, RM 50-G /42297, fol. 136 f.

45 Vernehmung durch Geh. Feldpolizei 629 vom 29.12.44, BA-MA, RM 50-G /42297, fol. 139.

46 Verfügung vom 16.12.44, BA-MA, RM 50-G /42297, fol. 138.

47 Protokoll der öffentlichen Sitzung des Kriegsgerichtes des Kommandeurs der Seeverteidigung Oslofjord vom 16.1.45, BA-MA, RM 50-G /42297, fol. 141.

48 Der Verteidiger, Dr. Werner Schön, hatte versucht, den Fall als versuchte Fahnenflucht darzustellen, war mit der Deutung aber gescheitert.

49 Ebd., 143, Rückseite.

50 Feldurteil vom 16.1.45, BA-MA, RM 50-G /42297, fol. 145–147.

51 BA-MA, RM 50-G /42297, fol. 153.

52 Ebd.

53 BA-MA, RM 50-G /42297, fol. 154.

54 BA-MA, RM 50-G /42297, fol. 157.

55 BA-MA, RM 50-G /42297, fol. 158.

56 BA-MA, RM 50-G /42297, fol. 159.

57 Niederschrift über den Vollzug der Todesstrafe (handschriftlich), BA-MA, RM 50-G /42297, fol. 160.

58 Bieber u.a., Erschießen (wie Anm. 36).

59 Siehe den 2. Beitrag von Manfred Messerschmidt in diesem Band.

60 Siehe Anm. 38.

61 Siehe dazu den 2. Beitrag von Wolfram Wette in diesem Band.

MANFRED MESSERSCHMIDT

»Elastische« Gesetzesanwendung durch Wehrmachtgerichte

Wehrmachtjuristen haben nach dem Krieg ihre Unabhängigkeit in der Hauptverhandlung hervorgehoben. In der Debatte um die Rehabilitierung der Opfer der Wehrmachtjustiz vertrat der ehemalige Bundesverteidigungsminister Prof. Rupert Scholz am 16. März 1995 [1] die Auffassung, »dass die Militärgerichte der damaligen Zeit sich auch und vielfältig um Recht und um das bemüht haben, was wir auch unter heutigen Maßstäben [...] ein rechtsstaatliches Verfahren nennen. Die Militärjustiz reihte sich durchaus auch in die Reihen des deutschen Widerstandes ein. Ich nenne stellvertretend für andere und vor allem nur den Namen Karl Sack.« Führende Juristen im OKW, so Scholz, hätten noch 1944 herausgestellt: »Bei der Entscheidung des Einzelfalles muss der Richter weisungsfrei bleiben, sonst ist er kein Richter mehr.«

Weisungsfreie Anwendung des damaligen Rechts, das nach Marinerichter Hans Filbinger heute nicht Unrecht sein kann, gehört zur Argumentation der Selbstrechtfertigung ehemaliger Wehrmachtjuristen. Filbinger hat diese billige und bequeme Strategie, ohne es zu bemerken, selbst widerlegt mit seiner Bemerkung, bei Taten in den Tagen zwischen Hitlers Tod und der Kapitulation habe »ein Schwebezustand besonderer Art« geherrscht, für den die strengen Maßstäbe der Fahnenflucht nicht mehr gelten konnten.[2] Ohne Hitler mithin ein anderes Recht? Und dennoch: Was damals Recht war, kann heute nicht Unrecht sein? Nein, wir haben es nicht mit Gesetzespositivismus und Weisungsfreiheit des Richters zu tun, sondern mit richterlicher Gestaltungsfreiheit im Umgang mit dem neuen »Rechtsdenken« im Führerstaat. Der OLG-Senatspräsident Dr. Alexander Bergmann brachte den Sachverhalt – wohl 1943 – auf den Punkt: der Ausdruck »weisungsfrei« passe nicht für den Richter. Kein Richter sei weisungsfrei. Weisungen, die ihm erteilt werden, seien nur »besonderer Art«.[3] Der OLG-Präsident Freiherr von Steinaecker (Breslau) forderte auf dem Deutschen Juristentag 1936, den Führergedanken restlos und ohne Einschränkung in die Rechtsprechung einzuführen. Führende Juristen sprachen vom »neuen Sinngehalt« der Unabhängigkeit des Richters.

Die Einbindung der Justiz in das NS-Regime stellte indes nicht den alleinigen geistig-politischen Korruptionsschub dar, den man sich etwa als eine Art Fremdbestimmung vorzustellen hätte. Es ist vielmehr ein hohes Maß an Eigeninitiative der Rechtswissenschaft bei der Entwicklung des »neuen Rechtsdenkens« festzustellen. Der Wille des Führers als höchste Rechtsquelle ist durch namhafte Rechtslehrer theoretisch legitimiert worden. Aus dem Gesetz als Ausdruck der Herrschaft des Prinzips der staatsbürgerlichen Freiheit (Lorenz von Stein) wurde geradezu im Handumdrehen ein »Akt der Führung«.[4] Führerentscheidungen konstituierten nach Ernst-Rudolf Huber die »politische Grundordnung des Reiches«. Der Vorbehalt des Gesetzes wurde durch den »Vorbehalt des Führerentscheids« ersetzt.[5] Allen seinen Entscheidungen liege, so Huber, der Rechtsgedanke der »Lebensordnung der völkischen Gemeinschaft« zugrunde. Der liberale Gesetzespositivismus wurde umgewandelt in den Überpositivismus der Führerentscheidung.

Führte mithin – was nahe liegen könnte – die NS-»Revolution« zur Fesselung des Richters durch einen weit stringenteren, nicht mehr die Freiheit des Staatsbürgers intendierenden Positivismus? Einerseits ja, insoweit, als der Richter Führerweisungen umzusetzen hatte, selbst wenn sie offenkundiges Unrecht bezweckten, andererseits hatte die Bindung dynamische Elastizität. Der Richter durfte sie gestalterisch anwenden, d.h. in der Zielrichtung weitergehen. Reinhard Höhn hat dies auf dem »Großdeutschen Rechtswahrertag« 1939, bei dem auch die Wehrmachtjustizführung präsent war, so formuliert:

»Der Richter ist heute viel stärker vom Gesetzgeber in die Rechtsgestaltung mit einbezogen als früher. Das ›positive Recht‹ lässt ihm derart weite Vollmachten, dass die richtige Rechtsanwendung oft größere Bedeutung hat und in ihren Folgen weittragender ist, als der Akt der Gesetzgebung selbst. Damit zeigt der nationalsozialistische Staat das Vertrauen, das er dem unabhängigen Richter entgegenbringt.«[6]

Diese Ausführung nahm eine Regierungserklärung Hitlers im Reichstag vom 23. März 1933 anlässlich der Vorlage des »Gesetzes zur Behebung der Not von Volk und Reich« auf. Hitler hatte hier gefordert: »Der Unabsetzbarkeit der Richter auf der einen Seite muss eine Elastizität der Urteilsfindung zum Wohle der Gesellschaft entsprechen. Nicht das Individuum kann Mittelpunkt der gesetzlichen Sorge sein, sondern das Volk.«[7] Mit diesem Satz kündigte Hitler einen grundsätzlichen Abschied von der liberalen Strafrechtsdogmatik an, nach welcher die Strafrechtsnorm eine Garantiefunktion für den Angeklagten hatte. Nunmehr sollte das Volk, die Gemeinschaft, wie sie von der nationalsozialistischen Ideologie für die Zwecke des Führerstaates definiert wurden, die »Rechtsfindung« als Orientierungsmaßstab beherrschen. Am 20. August 1942 unterstrich Hitler für die neu ernannten obersten Justizfunktionäre Otto Georg Thierack und Curt Rothenberger seine Erwartungen an die Justiz im Kriege: »Wenn ich das Gute dezimiere, während ich das Schlechte konserviere, dann kommt das, was 1918 war [...].«[8] Bormann hat Hitlers Ausführungen dem neuen Justizminister Thierack bekanntlich in Form einer Niederschrift als Richtschnur für seine Amtsführung übergeben. »Richtige« Rechtsprechung war »elastische« Weiterentwicklung der Grundgedanken des Führer-Gesetzgebers.

Über die »Amtsführung« der Wehrmachtjustiz, in die er wiederholt eingriff, war Hitler durch den Chef OKW und Vorlagen des Chefs der Wehrmachtrechtsabteilung sowie des Präsidenten des Reichskriegsgerichts unterrichtet. So waren ihm, dem obersten Gerichtsherrn der Wehrmacht, die Kontroll- und Lenkungsmechanismen der Wehrmachtjustiz genau bekannt.

In der preußisch-deutschen Militärjustiz hatte es seit jeher eine perfekte Kontrolle der Rechtsprechung gegeben. Ihr wichtigster Repräsentant waren die Gerichtsherren, die nun in der Wehrmacht neben ihren hergebrachten Aufgaben zusätzlich das Funktionieren der politischen Tendenzen des »neuen Rechts« zu überwachen hatten. Hierzu schufen Justiz- und Militärjustizführung mit den planerischen Vorarbeiten für ein neues Militärstrafgesetzbuch und Militärstrafprozessrecht die Voraussetzung. Beide Vorhaben kamen nicht zum Abschluss. Während der Vorbereitungen für den Krieg sind die wichtigsten Komplexe aus diesen Vorarbeiten herausgenommen und in die neue »Kriegssonderstrafrechtsverordnung« (KSSVO) und die »Kriegsstrafverfahrensordnung« (KStVO) eingebracht worden, die bei Kriegsbeginn 1939 in Kraft gesetzt wurden.

Die Aufgaben des Gerichtsherrn wurden in den »Erläuterungen zur Verordnung über das militärische Strafverfahren im Kriege und bei besonderem Einsatz« umschrieben. Bei ihm ruhte »das Schwergewicht des militärischen Strafverfahrens«, wörtlich: »Er ist die alles beherrschende Persönlichkeit und trägt die Verantwortung dafür, dass mit der nötigen Schärfe und Beschleunigung durchgegriffen wird.«[9] Die Richter waren außerhalb der Hauptverhandlung an seine Weisungen gebunden. Er ordnete die Verfahren an, berief Ankläger und Richter, er konnte sie auch abwechselnd als Ankläger oder Richter einsetzen. Zwar sollte der Richter in der Hauptverhandlung weisungsfrei sein, aber der Gerichtsherr konnte seine Auffassung nach

Belieben schon vorher deutlich machen, wie es vom Präsidenten des Reichskriegsgerichts bezeugt ist,[10] etwa mit Besprechungen darüber, welche Strafe »auszuwerfen« sei. Mit der Unabhängigkeit der Richter passte prinzipiell nicht zusammen, dass ein Urteil erst durch die Bestätigung des Gerichtsherrn Rechtskraft erlangte. Vorher besaß der Urteilsspruch »nur den Wert eines Gutachtens«, wie es im Abschnitt VIII der Erläuterungen zur KStVO hieß.

Gerichtsherren waren im Heer meist Divisionskommandeure oder gleichgestellte Generale, als übergeordnete Gerichtsherren fungierten Armeeoberbefehlshaber, der Generalquartiermeister und der Befehlshaber des Ersatzheeres. Da es im Kriegsverfahren keine Instanzen gab und folglich keine richterliche Überprüfung von Urteilen – alle Gerichte, auch das Reichskriegsgericht (RKG), waren erstinstanzliche Gerichte –, oblag die Urteilsnachprüfung den Kommandeuren und Befehlshabern. Bei längeren Freiheitsstrafen und bei Todesurteilen hatte ein Militärjurist – der dem Gerichtsherrn unterstand – gutachtlich Stellung zu nehmen. Bei Freiheitsstrafen unter einem Jahr entschied der Gerichtsherr, ob er ein Gutachten einholen oder das Urteil sogleich bestätigen bzw. seine Aufhebung beim übergeordneten Befehlshaber beantragen wollte. Todesurteile und Urteile über mehrjährige Freiheitsstrafen waren ohnehin dem übergeordneten Befehlshaber zur Bestätigung vorzulegen. Die Vorschriften über die Begutachtung der Feldurteile waren überdies nicht zwingend.

Die Gerichte waren völlig in die militärische Hierarchie eingebaut. Die KStVO hielt, wie zuvor die Militärstrafgerichtsordnung von 1898 (MStGO), an dem Grundsatz fest, dass die Gerichtsbarkeit der Befehlsgewalt folgt. Entsprechend waren die Rechtsabteilungen der Wehrmacht und der Wehrmachtteile in die Stäbe OKW, OKH, OKL und OKM integriert. Der Präsident und Gerichtsherr des Reichskriegsgerichts unterstand dem Chef OKW. Hitler als oberster Gerichtsherr und Oberbefehlshaber der Wehrmacht konnte jedes Verfahren an sich ziehen. Er war überdies zuständig für die Bestätigung und Aufhebung von Todesurteilen gegen Offiziere und Wehrmachtbeamte mit Offizierrang.

Hitler, die Oberbefehlshaber der Wehrmachtteile und ihre Rechtsabteilungen steuerten mit Weisungen die Rechtsprechung, ebenso das *Reichskriegsgericht* mit grundsätzlichen Entscheidungen. Eines der Anwendungsgebiete solcher grundsätzlichen Lenkungen, die auch in Form von Interpretationen des Gesetzestextes erfolgten, waren die Bestimmungen über die in § 5 KSSVO geregelte »Wehrkraftzersetzung«. Aufgrund dieses von Wehrmachtjuristen maßgeblich mitentworfenen Strafinstruments haben Wehrmachtgerichte die nach der Bestrafung der Fahnenflucht zweithöchste Zahl von Todesurteilen verhängt: weit über 5 000. Das RKG hat in einer frühen Entscheidung – die sogenannten »Erfahrungen des Weltkrieges« aufnehmend – zur Aufgabe des § 5 KSSVO festgestellt: »Es handelt sich bei § 5 um den Schutz der Wehrkraft in ihren physischen und ihren seelischen Grundlagen«,[11] und die dem RKG zugeordnete Reichskriegsanwaltschaft befand: »Zersetzung der Wehrkraft ist die Störung oder Beeinträchtigung der totalen völkischen Einsatzbereitschaft zur Erringung des Endsieges in diesem Kriege.«[12]

In § 5 Abs. 1, Ziff. 1 KSSVO hieß es, mit dem Tode zu bestrafen sei, wer *öffentlich* dazu auffordere, den Dienst in der Wehrmacht zu verweigern oder sonst *öffentlich* den Willen des deutschen Volkes zur wehrhaften Selbstbehauptung zu lähmen oder zu zersetzen suche. Die Rechtsprechung aller Gerichte, auch die des Reichsgerichts, zum Begriff der Öffentlichkeit in verschiedenen Straftatbeständen hatte bis dahin eine öffentliche Äußerung nur dann angenommen, wenn sie geeignet war, auf einen unbestimmten Personenkreis einzuwirken. Diese Auffassung revidierte das RKG mit drei Entscheidungen im Februar und April 1940.[13] »Öffentlich« war danach künftig auch, was im engsten Familienkreis gesagt wurde. Diese unabhängig getroffenen Entscheidungen wurden zahlreichen Soldaten zum Verhängnis. Sie machen deutlich, dass die Richter und der Gerichtsherr des RKG einvernehmlich zusammenwirkten, wenn die Gesetzesinterpretation und -anwendung die Verschärfung von Strafen oder überhaupt ihre Zulässigkeit ermöglichen konnten. Der perfekten Anwendungsmöglichkeit von § 5 Abs. 1, Ziff. 1 KSSVO diente eine weitere Entscheidung: die amtliche Begründung hatte für § 5 einen Zersetzungswillen des Täters gefordert, um im Verhältnis zum Heimtückegesetz vom 20. Dezember 1934, das bei öffentlichen gehässigen oder hetzerischen Äußerungen über leitende Persönlichkeiten des Staates oder der NSDAP Vorsatz genügen ließ zur Verhängung der vorgesehenen Gefängnisstrafe, deutlich zu machen, dass wegen der Todesstrafdrohung bei Wehrkraftzersetzung Vorsatz nicht genüge, sondern eine Zersetzungsabsicht nachzuweisen sei. Die aber war in vielen Fällen nicht eindeutig feststellbar und somit eine Bestrafung nicht möglich. Ein solches Ergebnis wollte das RKG nicht hinnehmen. Nach seiner Auffassung genügte vorsätzliches Handeln mit dem Bewusstsein und dem Inkaufnehmen seiner zersetzenden Wirkung.[14] Ein Marinerichter hat dazu kritisch angemerkt: »Da das RKG dieses Bewusstsein von vornherein bei jedem denkenden Menschen unterstellt, ist der § 5 grundsätzlich in allen derartigen Fällen anzuwenden.«[15]

§ 5 KSSVO stellte auch die Kriegsdienstverweigerung aus religiösen Gründen als Wehrkraftzersetzung unter die Todesstrafdrohung. Bis Februar 1945 sind nach einer RKG-Statistik 251 Verweigerer zum Tode verurteilt worden. Auch hier stellte das Gericht, das für die Aburteilung ausschließlich zuständig war, die Weichen für die rigorose Praxis. In seinen »Rechtsgrundsätzen« stellte es den Grundsatz auf: »Gegen den hartnäckigen Überzeugungstäter (Bibelforscher) wird wegen der propagandistischen Wirkung seines Verhaltens im Normalfall die Todesstrafe angezeigt sein.«[16] Diese in vielen Urteilen benutzte Begründungsformel, die durch tatsächliche Feststellungen in keinem einzigen Fall belegt werden konnte, hat dazu geführt, dass bei der Strafzumessung nicht von einem minder schweren Fall ausgegangen werden konnte, was erlaubt hätte, von der Todesstrafe abzusehen. Der 3. Senat lieferte im Mai eine zusätzliche, dem NS-Denken verpflichtete »Begründung«: die Frage der Strafmilderung könne nicht von der Person des Täters aus, sondern nur vom Standpunkt der Allgemeinheit und von den Kriegsnotwendigkeiten her beurteilt werden. Damit hat das RKG Beifall vom Chef OKW, Wilhelm Keitel, erhalten: das RKG habe sich »durch sein scharfes Zupacken [...] um die Erhaltung der Wehrkraft des Volkes ein Verdienst erworben und zugleich – bewahrend und verhütend – menschlich viel Gutes getan«.[17]

Der Einfluss der Rechtsprechung des RKG gerade mit seinen Urteilen und Richtlinien zur Behandlung der Fahnenflucht und Wehrkraftzersetzung gehörte zu den Lenkungselementen innerhalb der Wehrmachtjustiz, die maßgeblich zur Verschärfung der Rechtsprechung beitrugen.

Weit häufiger als der Einfluss von Gerichtsentscheidungen auf die militärische und politische Führung (Hitler, OKW), die die dadurch bezweckte Lenkung der Rechtsprechung begrüßten, wirkten die von Befehlshabern und von ihren Rechtsgutachtern kommenden Einwirkungen auf die »Urteilsfindung« im Einzelfall. Hier ereignete sich nicht selten ein bewusstes Zusammenspiel von Gerichtsherr und Gutachter. Diese Kooperation, auf die nachfolgend eingegangen wird, stand auch im Zusammenhang mit generellen Weisungen und Befehlen von Oberbefehlshabern und Weisungen der Rechtsabteilungen, die daher zunächst beleuchtet werden sollen.

Generelle Weisungen

Hitler erließ am 14. April 1940 Richtlinien für die Strafzumessung bei Fahnenflucht.[18] Er wollte bei festgestellter »Furcht vor persönlicher Gefahr« und zur Aufrechterhaltung der »Manneszucht« die Todesstrafe angewendet sehen, hielt aber eine Zuchthausstrafe für ausreichend bei jugendlicher Unerfahrenheit, falscher dienstlicher Behandlung oder schwierigen Familienverhältnissen. Die Gerichte benutzten den Kautschukbegriff »Manneszucht« in vielen Fällen zur Begründung der Todesstrafe und legten häufig die »Furcht vor persönlicher Gefahr« sehr allgemein aus. Zwecks Unterstützung dieser Tendenz und zur Abwehr eingrenzender Auslegungen gab der Chefrichter des Heeres, Karl Sack, am 1. September 1943 den Hinweis, der Begriff der Furcht vor persönlicher Gefahr dürfe nicht zu eng ausgelegt werden. U.a. führte er beispielhaft an: »Wer sich den Unbilden der Witterung und den Beschwerlichkeiten des Landes entziehen will, handelt aus Mangel an Mut und muss dem Täter gleichgestellt werden, der sich vor der feindlichen Waffenwirkung scheut.«[19] Eine weitere Weisung Hitlers zur Strafzumessung bei Handlungen gegen die Manneszucht oder das Gebot soldatischen Mutes stand in Zusammenhang mit dem am 1. November 1939 eingeführten § 5a KSSVO.[20] Er sah bei allen Tatbeständen die Überschreitung des regelmäßigen Strafrahmens bis zur Todesstrafe vor, »wenn es die Aufrechterhaltung der Manneszucht oder die Sicherheit der Truppe erfordert.« Keitel informierte am 21. November die Oberbefehlshaber der Wehrmachtteile, den Befehlshaber des Ersatzheeres und den Präsidenten des RKG, d. h. die höchsten Gerichtsherren der Wehrmacht, über Hitlers Vorstellungen über die Anwendung dieser Strafschärfungsvorschrift.[21] Hitler habe folgende Gesichtspunkte entwickelt: er halte grundsätzlich für bestimmte schwere Verfehlungen die ausschließliche Androhung der Todesstrafe im Gesetz für angemessen. Wenn dies bei der Vielgestaltigkeit der Fälle nicht ratsam sei, »so sei es um so wichtiger, dass die Handhabung der Gesetze im Kriege in der richtigen Weise erfolge«. Im Kriege müsse mit den härtesten Mitteln durchgegriffen werden. Die Gerichtsherren und Richter müssten berücksichtigen, dass die größte Härte gegen solche Elemente (Feiglinge, Saboteure) die größte Milde sei, denn die rücksichtslose Anwendung der Todesstrafe werde eine abschreckende Wirkung haben.

Diese als Weisung aufgenommenen Sätze veranlassten die militärische Justizführung zu weiteren Maßgaben, um entsprechenden Einfluss auf Gerichtsherren und Gerichte zu nehmen. So die Heeresrechtsabteilung mit dem

7. Mobilmachungs-Sammelerlass[22], in welchem bestimmt wurde, »§ 5a KSSVO ist nicht nur anzuwenden, wenn die schwere Gefährdung der Manneszucht durch besondere Tatsachen belegt wird, die außerhalb des eigentlichen Straftatbestandes liegen, sondern auch dann, wenn sich aus den Tatbeständen selbst oder aus den persönlichen Verhältnissen des Täters eine ungewöhnliche Gefährdung der Manneszucht oder der Sicherheit der Truppe ergibt.« Der Begriff »Manneszucht« umfasste sowohl die disziplinäre wie die ideologische Zuverlässigkeit der Soldaten. Er eignete sich daher besonders für wehrmachtjustizielle und gerichtsherrliche Lenkungsbefehle. Im 10. Mob-Sammelerlass gaben der Gerichtsherr und die Rechtsabteilung des Ersatzheeres Hinweise für die Strafzumessung in Fällen von Feldpostpäckchen-Diebstählen.[23] Unter normalen Umständen hätten sie als Mundraub behandelt werden können. Nun hieß es: »Auch § 5a KSSVO wird unter Umständen in Betracht kommen. Entwendungen unter Kameraden können das kameradschaftliche Vertrauen derart untergraben, dass der Geist der Truppe darunter empfindlich leidet.« Damit war es möglich, die Entwendung eines Päckchens Zigaretten mit dem Tode zu bestrafen. Und es wurde entsprechend verfahren. Armeeoberbefehlshaber – Gerichtsherren und Admirale haben solche Urteile bestätigt, so z.B. der OB der 18. Armee, Generaloberst Georg Lindemann im Verfahren gegen den Gefreiten Friedrich M. Drei Tage nach dem Urteil, am 4. Oktober 1942, entschied Lindemann: »Ich bestätige das Urteil. Das Urteil ist zu vollstrecken.«[24] Das Gericht hatte als Gründe angeführt, der Angeklagte sei ein minderwertiger Charakter, dessen Ausscheiden aus der Volksgemeinschaft keinen Verlust darstelle.

Hitlers Ausführungen zu § 5a KSSVO und die Erlasse der Heeresrechtsabteilung wirkten nicht nur auf Gerichte ein, sie schlugen sich auch in der Kommentarliteratur zur KSSVO nieder, die von den Wehrmachtrichtern benutzt wurde. Der Ordinarius für Strafrecht und Kriegsrichter Prof. Erich Schwinge vertrat die Auffassung, § 5a KSSVO und die Volksschädlingsverordnung ließen sich nebeneinander anwenden, u.a. bei militärischem Diebstahl, militärischer Unterschlagung, falscher Meldung und Bestechung, also in Fällen, die weit über Hitlers Auffassung hinausgingen. Das Beispiel zeigt, wie sich über den »Gesetzespositivismus« die »elastische« Rechtsfindung der Juristen etabliert hat. Feldkriegsgerichtsrat Wittmack forderte im Organ der Wehrmachtjuristen, der Zeitschrift für Wehrrecht (ZWR), der Richter müsse wie die Polizei mit der Entwicklung Schritt halten und »den möglichen Zwiespalt zwischen Gesetz und Leben in der Rechtsfindung überwinden. Voraussetzung dafür ist, dass er sich frei macht von dem Gefühl der Paragraphenabhängigkeit.«[25]

§ 5a KSSVO erlaubte Richtern, »rechtsverbösernd« bei Rauschtaten und bei unerlaubter Entfernung zu scharfen Strafen zu kommen. Kriegsgerichtsrat Dr. Würfel vom Zentralgericht des Heeres (Wien), das seit 1944 für die Aburteilung von Wehrkraftzersetzungsfällen im Ersatzheer zuständig war, verhängte am 25. Mai 1944 eine zweijährige Zuchthausstrafe, weil ein Soldat im Vollrausch in einem Gasthaus gesungen hatte: »Es geht alles vorüber, es geht alles vorbei, erst geht der Führer und dann die Partei.« Richter Würfel: an dem zersetzenden Charakter des Liedes könne kein Zweifel bestehen. Es befasse sich mit der Beseitigung des Führers und der Partei. Der Strafrahmen (§ 330 RStGB – Tat im Vollrausch) reiche nicht aus, da wegen des herbeigeführten schweren Nachteils »der regelmäßige Strafrahmen nach gesundem Volksempfinden zur Sühne nicht ausreicht«. Überdies erfordere die Aufrechterhaltung der Manneszucht eine Überschreitung des regelmäßigen Strafrahmens. Das Gericht hat aus diesem Grunde unter Heranziehung des § 5a KSSVO auf eine Zuchthausstrafe erkannt.[26] Auf die Anwendung des § 5a auf Fälle unerlaubter Entfernung mit der Folge von Strafen wie bei Fahnenflucht hat der Chef der Wehrmachtrechtsabteilung, Rudolf Lehmann, schon 1942 hingewiesen. Er teilte mit, auf die Verschärfung der Strafen könne geschlossen werden, denn die Todes- und Zuchthausurteile wegen unerlaubter Entfernung hätten zugenommen.[27] Die Entwicklung hielt Schritt mit der Zunahme der Urteile wegen dieses Delikts: 4. Quartal 1943 8.681 Urteile; 1. Quartal 1944 11.200; 2. Quartal 1944 13.375. Wie hoch der Anteil geschärfter Strafen ohne Nachweis einer Gefährdung der Manneszucht war, ist statistisch nicht erfasst. Beispiele gab es viele, so das Todesurteil und neun Zuchthausurteile des Gerichts der 12. Armee gegen zehn Soldaten wegen Reifendiebstahls.[28] Besonders nachhaltig ist vom *Chef der Heeresrechtsabteilung* darauf hingewiesen worden, keine Lücken bei der Verfolgung zweifelhafter Fälle von Fahnenflucht offen zu lassen. Derartige rechtspolitische Anweisungen wurden mit Erlass- und Verfügungssammlungen (Quellensammlung für die Heeresgerichte),[29] 13 Mob.-Sammelerlassen, Sammelerlassen für die Oberstkriegsgerichtsräte, Erfahrungsberichte in Bestätigungssachen (Todes- und Zuchthausurteile) und bei Tagungen und Richterbesprechungen gegeben. Heereschefrichter Karl Sack wies im Vorwort zum 1. Erfahrungsbericht auf den Zweck hin: die Berichte sollten dazu dienen, »noch stärker als bisher eine einheitliche Rechtsanwendung und Strafzumessung zu erzielen«.

Beispiele für die Entschlossenheit des Heereschefrichters, die »Lücke« zwischen Fahnenflucht und unerlaubter Entfernung zu schließen, finden sich in den Erfahrungsberichten in Bestätigungssachen. So im Bericht Nr. 1:

»Nach der Bestätigung [eines Zuchthausurteils] gehört der Verurteilte der Wehrmacht nicht mehr an. Sein Wehrdienstverhältnis ist erloschen. Nunmehr kann seine Flucht nur noch als unerlaubte Entfernung bestraft werden [...]. Es besteht aber die Möglichkeit, wenn es die Sachlage erfordert, über § 5a KSSVO auf Todesstrafe zu erkennen.«

Als Fahnenflucht sollte künftig gewertet werden:

- die Entfernung aus Angst vor einer zu erwartenden disziplinaren oder gerichtlichen Bestrafung;
- die Flucht in der Absicht, sich der Vollstreckung einer ausgesprochenen Gefängnisstrafe zu entziehen; denn »der militärische Vollzug der Gefängnisstrafe ist Dienst in der Wehrmacht«. Der Verurteilte bleibe auch bei Aberkennung der bürgerlichen Ehrenrechte solange Soldat, bis er aus dem aktiven Wehrdienst entlassen sei;
- aus Furcht vor persönlicher Gefahr handle auch der noch nicht an der Front, ebenso der noch in der Heimat befindliche Soldat, der sich aus Mangel an Mut den Gefahren des Krieges entziehen wolle. Es reiche aus, dass er im Laufe des Krieges mit seiner Verwendung an der Front zu rechnen habe.

Dr. Sack hielt es für angebracht, die Heeresrichter zu ermahnen, der Richter dürfe »in der Aufbringung der ihn seelisch gewiss belastenden Härte nicht erlahmen. Einer im Anfang begreiflichen Scheu vor der Verhängung der Todesstrafe darf nicht nachgegeben werden.« Das sollte auch in Zweifelsfällen nicht anders sein. Sack: »Fälle unerlaubter Entfernung, die einer Fahnenflucht im äußeren Verlauf und in ihrer Wirkung nahe kommen, verdienen die gleiche Ahndung, also auch unter den bekannten Voraussetzungen der Führerrichtlinien für Fahnenflucht die Todesstrafe. Hier ist entschlossen von § 5a KSSVO Gebrauch zu machen.«[30] Sack betrieb auch entsprechende Urteilsschelte, so im Erfahrungsbericht Nr. 1: »Das Urteil von 6 Jahren Zuchthaus stellte keine angemessene Sühne dar. Hier kam in erster Linie die Todesstrafe in Betracht, nachdem der Täter im 4. Kriegsjahr grundlos seine Truppe verließ [...]«.[31]

Der Militärrichter sah sich hier mit einer Kritik konfrontiert, die zusammen mit den Kontrollfunktionen der Gerichtsherren zeigt, dass die Grenze zwischen Freiheitsstrafen und Todesstrafen willkürlich nach den Bedürfnissen der militärischen Führung gezogen wurde, deren Logik darin lag, den Verschleiß der personellen und materiellen Ressourcen durch rücksichtslose Anforderungen an die Soldaten auszugleichen.

In der Kriegsmarine zeigen sich die gleichen Strukturen und Prozeduren. Ihr Oberbefehlshaber, *Großadmiral Karl Dönitz*, charakterisierte die Fahnenflucht in seinem Erlass über die Strafzumessung bei Fahnenflucht vom 27. April 1943[32] als ein »Versagen treuloser Schwächlinge«. Er erwartete, dass die Kriegsgerichte grundsätzlich die Todesstrafe verhängten, und ging damit weit über Hitlers drei Jahre zuvor erlassene Richtlinien hinaus. Dönitz gab bekannt, er werde jeden Gnadenerweis ablehnen. In der Marinejustizhierarchie sind Dönitz' Auffassungen akzeptiert worden. Aber nicht jeder Richter hat sie befolgt. Das bot Gelegenheit, von oben nachzuhelfen. Ein besonders drastisches Beispiel zeigt Dönitz' Rolle im Verfahren gegen den Marine-Artilleriegefreiten Anton Mayer.[33] Es zeigt zugleich den ohnmächtigen Versuch dreier Gerichte, an dem Dönitz-Erlass vom April 1943 vorbeizukommen: der Soldat, nach damaliger Sichtweise jüdischer Mischling ersten Grades, war vom Gericht der Wehrmachtkommandantur Wien am 17. Januar 1944 zu zehn Jahren Zuchthaus wegen Fahnenflucht verurteilt worden. Furcht vor persönlicher Gefahr konnte nicht nachgewiesen werden. Auch die »Aufrechterhaltung der Manneszucht« erforderte nach Auffassung des Gerichts kein abschreckendes Urteil. Der Erlass-gläubige Marine-Rechtsgutachter hielt dennoch das Urteil für zu milde und schlug die Aufhebung im Strafausspruch vor. Der Gerichtsherr – OB des Marinegruppenkommandos West – stimmte zu und hob das Urteil insoweit auf. Das zweite Gericht in Wien verhängte am 13. März 1944 ein Urteil über 15 Jahre Zuchthaus. Dabei kam es zu der Feststellung, dass die besonderen Umstände für den Angeklagten sprächen, »denn der in jeder Fahnenflucht liegende Treubruch« sei hier (»jüdischer Mischling«) besonders gelagert. Dönitz, oberster Gerichtsherr der Kriegsmarine, hob auch dieses Urteil auf und verwies das Verfahren an das Gericht der Kriegsmarine in Berlin. Hier erging erneut ein Urteil über 15 Jahre Zuchthaus, das damit begründet wurde, dass der Soldat nicht zum Wehrdienst herangezogen worden wäre, wenn die zuständige Stelle seine Mischlingseigenschaft gekannt hätte. Dönitz hielt ein Todesurteil für geboten. Der Chefrichter der Marine, Joachim Rudolphi, teilte dem Vorsitzenden des vierten Gerichts mit, die nochmalige Aufhebung sei geboten, weil der Angeklagte sonst besser gestellt würde als ein deutschblütiger Soldat. Das vierte Gericht unter Vorsitz von Marinestabsrichter Keil verhängte das geforderte Todesurteil. Es befand, der Angeklagte sei aus materiellen Gründen zur Wehrmacht gekommen. Dieser Einstellung habe auch sein Verhalten im Dienst entsprochen: »Alle diese Umstände erfordern nach den Führerrichtlinien die Todesstrafe.« Das Urteil wurde am 21. August 1944 vollstreckt.

Die tatsächliche »Grundlage« dieses Richterspruchs war jedoch der Dönitz-Erlass, den die drei anderen Gerichte mit der Abstützung auf Hitlers Richtlinien und der Treubruchideologie zu umgehen versucht hatten.

Fälle dieser Art von angepasster Unabhängigkeit im Blick auf gerichtsherrliche Erwartungen beleuchten die Bedenkenlosigkeit, mit welcher Beurteilungsmaßstäbe ausgetauscht worden sind. Meist stand dabei das Zusammenspiel von Gutachter und Gerichtsherr Pate beim gehorchenden Rechtsprechen.

Dieses gehorchende Rechtsprechen fand wenig Probleme mit rechtsbeugerischem Vorgehen. Wo tatbestandsdienliche Beweise nicht ausreichten, wurde häufig ein negatives Urteil über die Täterpersönlichkeit ausschlaggebend. Dazu lieferte Schwinges wohl am häufigsten von den Gerichten benutzter Kommentar zum Militärstrafgesetzbuch die passende Handhabe: »Ergibt die Prüfung seiner Gesamtpersönlichkeit, dass sein Verhalten von staats- oder wehrfeindlicher Gesinnung diktiert war, so kommt allein Fahnenflucht in Betracht [...]. Dieser Schluss auf Fahnenflucht wird insbesondere auch dann gezogen werden können, wenn es sich um einen asozialen oder gar antisozialen Menschen handelt.«[34]

Gehorchende Rechtsanwendung im Dreiecksverhältnis Gutachter – Gerichtsherr – Gericht

Beispiele:

Der Oberschütze Paul Skowronski wurde am 16. März 1942 vom Feldkriegsgericht der 121. Infanterie-Division wegen Fahnenflucht zum Tode verurteilt, obwohl er nur unerlaubte Entfernung begangen hatte. Im Gnadenverfahren funktionierte das Zusammenspiel Gutachter – Gerichtsherr (General Lindemann, OB 18. Armee).[35] Das Gutachten eines Dozenten für Neurologie und Psychiatrie bezeichnete den Soldaten als schwachsinnig und enorm erregbar wegen Störungen im Magen-Darmtrakt. Dazu der Gutachter Kriegsgerichtsrat Plaßmann vom Gericht der 18. Armee: »Bei dem Angeklagten liegen die Voraussetzungen des § 51 Abs. 2 RStGB vor [...]. Während des Krieges ist die Tat vom Standpunkt der Allgemeinheit und von den Kriegsnotwendigkeiten, nicht aber von der Person des Täters aus zu beurteilen. Aus Abschreckungsgründen ist die Todesstrafe geboten. Der

Angeklagte bedeutet für die Allgemeinheit zudem nur eine Belastung. Er leidet an angeborenem Schwachsinn und müsste sterilisiert werden. Es besteht kein Anlass, das Leben eines solchen Menschen dadurch zu erhalten, dass seine Tat milder beurteilt wird.« Damit entsprach der Gutachter auch der bekannt rücksichtslosen Einstellung des Generals Lindemann, der das Gnadengesuch nicht befürwortete mit dem Bemerken, der Angeklagte sei ein feiger und weicher Charakter, bei dem es sehr zweifelhaft sei, ob er sich überhaupt bewähren werde.

Der 21-jährige Matrose Klasen wurde im November in Norwegen fahnenflüchtig. Landeseinwohner hatten ihm Zivilkleider beschafft. Er wurde in Oslo festgenommen. Das Gericht des Admirals der Westküste Norwegens verurteilte ihn am 4. Februar 1941 zu lebenslangem Zuchthaus. Marineoberkriegsgerichtsrat Dr. Meißner befand am 18. März in seinem Rechtsgutachten: »Der Angeklagte ist außerdem ein ausgesprochener disziplinärer Schädling schlimmster Art [...]. Aus disziplinären Gründen war daher die Todesstrafe gegen ihn geboten.«[36] Die Marinerechtsabteilung schloss sich dieser Auffassung an. Großadmiral Erich Raeder hob das Urteil auf und gab seine Erwartung für das weitere Verfahren bekannt: »[...] weil ich die Todesstrafe als angemessene [...] Strafe ansehe«. Am 26. April 1941 verurteilte das Gericht des Admirals der Westküste Norwegens den Matrosen zum Tode.

Eine besonders perfide Methode, den richtigen Richter an die richtige Stelle zu setzen, konnte darin bestehen, den Ankläger, der bei einem Zuchthausurteil die Todesstrafe gefordert hatte, im folgenden Verfahren zum Richter zu bestellen, um nun das Todesurteil verhängen zu können.[37]

Der Maschinenassistent Arthur W. wurde von einem Marinegericht zu zehn Jahren Zuchthaus verurteilt. Er hatte unter Alkoholwirkung stehend in Gegenwart von Bordflaksoldaten beim Anblick eines Bildes, das nach seiner Wahrnehmung Hitler hinter Gittern zeigte, geäußert: »Gott sei Dank, dass sie diesen Spinner hinter schwedische Gardinen gebracht haben, ihm haben wir diesen Krieg zu verdanken, er hat diesen Krieg gewollt.«[38] Das Urteil wurde vom Oberbefehlshaber Nord aufgehoben, weil die Todesstrafe erforderlich sei. Von einem Rechtsgutachten wurde abgesehen. Hierzu Generaladmiral Walter Warzecha, der Vorgesetzte der Abteilung Marine Wehr, zu der die Rechtsabteilung gehörte: Wenn auch die bisherige politische Haltung des Angeklagten nicht bekannt sei, so sei die Äußerung völlig eindeutig und nicht als gelegentlicher Alkoholversager anzusehen. Die Schlussfolgerung des Admirals: die Todesstrafe »ist gegenüber dem charakterlich minderwertigen Angeklagten erforderlich.« Das nun berufene Gericht gehorchte. Der Angeklagte wurde zum Tode verurteilt. Gerichtsherr und Richter votierten gegen einen Gnadenerweis. Dönitz ordnete am 4. Mai 1945 die Vollstreckung an. Am 9. Mai verlangte die Rechtsabteilung des OKM (Marine Wehr/R) die Meldung über die Vollstreckung.

Nach Oberstrichter Werner Hülle von der OKW-Rechtsabteilung war das Richteramt ein Lehen aus der Hand des Staatsoberhauptes, der als erkorener Führer des Volkes zugleich sein oberster Richter sei. Für die »Verwaltung des Lehens« war der Richter dem Führer verantwortlich.[39] Nach Hitlers Tod funktionierte die Justizbürokratie weiter. Ihre Prozeduren waren eingespielt und selbstverständlich geworden. Die Strafschärfungskeule des § 5a wurde bis zuletzt geschwungen mit hohen Zuchthausstrafen oder der Todesstrafe für unerlaubte Entfernung. Der Rechtsgutachter Geschwaderrichter Blumenhagen vom Marine-Oberkommando Nordsee hielt im Februar 1945 ein Urteil wegen unerlaubter Entfernung und Urkundenfälschung über zwei Jahre und vier Monate Zuchthaus für nicht ausreichend: »Ein derartiges Verhalten eines Unteroffiziers erfordert zur Erhaltung der Manneszucht unter Anwendung des § 5a KSSVO die Todesstrafe.«[40]

Selbst dieser kurze Blick auf das, »was damals Recht war«, kann zeigen, dass die Wehrmachtjustiz kein Ort »aristokratischer Emigration« (Filbinger) gewesen ist. Es ist ebenso unzutreffend, dass »man in der Marinegerichtsbarkeit nach Wegen suchte, um dort, wo es vom Rechtsgefühl her geboten war, eine schwerere Strafe zu vermeiden.«[41] Nur einzelne haben dies versucht, nicht »man«. Das Diktum ist anders zu lesen: es zeigt nämlich, wenn auch unbeabsichtigt, dass, wer nach dem Rechtsgefühl handeln wollte, »nach Wegen suchen musste« – z. B. um an § 5a KSSVO vorbeizukommen oder an den zahlreichen Weisungen und Erlassen, die verhindern sollten, dass die Lage des Angeklagten mit Verständnis gewürdigt wurde. Wer in diesem System einen Ort aristokratischer Emigration suchte oder fand, schien die Herren Dönitz, Warzecha, Rudolphi und ihre Gutachter, Gehilfen und zahlreiche Ankläger und Richter mit Freunden der Menschheit verwechselt zu haben. Wer weniger naiv eingestellt war, konnte wissen, dass seine »Unabhängigkeit« vor allem dann problemlos war, wenn er »elastisch« mit den Wölfen heulte.

1 Debatte des Deutschen Bundestages vom 16.3.1995, 13. Wahlperiode, 27. Sitzung, Drucksache S. 1910.

2 Eine vom Gericht des Kommandanten der Seeverteidigung Oslofjord im Urteil vom 1. Juni 1945 benutze Formulierung. Vorsitzender Richter war Filbinger, BA-ZNS, RM 45, Norwegen, 67; siehe auch Filbinger: Geschmähte Generation, S. 83 f.

3 Denkschrift Recht und Richter im Führerstaat, BA, R 22/40.

4 So der Staatsrechtler Reinhard Höhn: Das Gesetz als Akt der Führung, in: DR 4 (1934), S. 433–435.

5 Ernst Rudolf Huber: Der Führer als Gesetzgeber, in: DR 9 (1939), S. 275–278.

6 Reinhard Höhn: Der erste großdeutsche Rechtswahrertag, DR 9 (1939), S. 737–740 (738).

7 Wiedergegeben bei Max Domarus: Hitler. Reden und Proklamationen 1932–1945, Bd. 1, München 1965, S. 233.

8 Werner Jochmann (Hrsg.): Adolf Hitler. Monologe im Führerhauptquartier 1941–1944. Die Aufzeichnungen Heinrich Heims, Hamburg 1980, S. 349.

9 Anhang 2 zur KStVO, RGBl 1939 I, S. 1457 ff., 1477 ff., 2132 f., 2264, 2267 f. H.Dv. 3/13.

10 Admiral Max Bastian: Lebenserinnerungen, S. 26, Nachlass Bastian, BA-MA Freiburg, N 192/1; siehe auch Manfred Messerschmidt: Admiral Bastian, in: Gerd R. Ueberschär (Hrsg.): Hitlers militärische Elite, Bd. 2, Vom Kriegsbeginn bis zum Weltkriegsende, Darmstadt 1998. S. 1–11.

11 Entscheidungen des Reichskriegsgerichts, Berlin 1938 ff., Bd. 2, S. 43.

12 Grundsätze der Reichskriegsanwaltschaft I 1, in: Zeitschrift für Wehrrecht (ZWR), 8 (1942/43), S. 284 ff.

13 27. Februar 1940 (2. Senat) und 28. Februar (3. Senat), 2. April (1. Senat), Entsch. RKG I Nr. 22 u. 23, S, 60–62 ; Nr. 24, S. 62 f.

14 Entscheidung des 2. Senats vom 1. Dez. 1939, RKG 1940, I, Nr. 13, S. 41.

15 Marinekriegsgerichtsrat Dr. Bernhard Leverenz: Der Begriff der Öffentlichkeit in § 5 Abs.1, Ziff.1 KSSVO, in: ZWR 8 (1943/44), S. 399–411. Dr. Leverenz wurde nach dem Krieg Justizminister in Schleswig-Holstein.

16 BA-MA, RW 2/v. 23 D: Gesetzesdienst für die Wehrmachtgerichte, OKW/WR 1941, S. 5–15.

17 Chef OKW an Präsident RKG, 10. Juni 1940, wiedergegeben bei Norbert Haase: Das Reichskriegsgericht und der Widerstand gegen die nationalsozialistische Herrschaft. Katalog zur Sonderausstellung der Gedenkstätte Deutscher Widerstand, Berlin 1993, S. 51.

18 Wiedergegeben bei Rudolf Absolon: Das Wehrmachtstrafrecht im Zweiten Weltkriege, Kornelimünster 1958, S. 77 f.

19 Vorwort zum Erfahrungsbericht in Bestätigungssachen Nr. 1 vom 1. September 1943, hrsg. vom OKH/Chef H Rü u. B.d.E./HR, Bundesarchiv-Zentralnachweisstelle Kornelimünster (BA-ZNS), Ordner Disziplin und Rechtspflege II.

20 RGBl I 1939, S. 2131.

21 OKW/WR (Rechtsabt. des OKW) v. 21.11.1939, BA-ZNS, RH 14/30.

22 OKH-Chef H Rüst u. BdE/HR, 7. Mob.-Sammelerlaß Nr. 11. Bis November 1944 wurden 13 dieser Erlasse herausgegeben.

23 10. Mob.-Sammelerlaß v. 7. Sept. 1942, OKH, HR III a.

24 AOK 18, Abt. III, Bestät. u. Aufhebungs-Liste 245/42, BA-ZNS.

25 Wittmack: Die neue Rechtsordnung, in: ZWR VII (1942/43), S. 456–458.

26 Staatsarchiv Wien, K 174, Ma 10, siehe auch Manfred Messerschmidt: Der »Zersetzer« und sein Denunziant. Urteile des Zentralgerichts des Heeres – Außenstelle Wien – 1944, in: Wolfram Wette (Hrsg.): Der Krieg des kleinen Mannes. Eine Militärgeschichte von unten, München 1992, S. 255–278 (270).

27 Schreiben Chef WR an den Leiter des Psychiatrisch-Wehrpsychologischen Instituts, Prof. Otto Wuth v. 10.12.1942, BA-MA, RH 12–23, u. M 20/482 a.

28 Armeetagesbefehl GFM List (OB 12. Armee), BA-MA, RH 20-12/349.

29 Letzte Druckfassung Berlin 1945, Vorgänger war der Neudruck 1942.

30 2. Mob.-Sammelerlaß für die Oberstkriegsgerichtsräte, Berlin 1943 (abgeschlossen am 10.8.1943), BA-ZNS, Mob.-Sammelerlasse.

31 Erfahrungsbericht Nr. 1, S. 10. Das ist angeführt als Beispiel für eine Tat aus »wehrfeindlicher Einstellung«, obwohl keine tatsächlichen Hinweise dafür gegeben waren (siehe Anm. 19).

32 Absolon: Wehrmachtstrafrecht (wie Anm. 18), S. 78 f.

33 Vorgänge in Untersuchungsakte des Gerichts Admiral Atlantikküste, Straflisten Nr. XIV/26/1943, BA-ZNS, Archiv Nr. 35914, Bl. 56–114.

34 Schwinge: Militärstrafgesetzbuch, 6. Aufl., S. 169.

35 Vorgänge in Manfred Messerschmidt/Fritz Wüllner: Die Wehrmachtjustiz im Dienste des Nationalsozialismus. Zerstörung einer Legende, Baden-Baden 1987, S. 243–246.

36 BA-ZNS, Untersuchungsakte, Bl. 232 ff.

37 Wie im Verfahren gegen den Obergefreiten Grosser vor dem Gericht des Kommandeurs der Luftwaffe bei der Heeresgruppe Süd (Koluft Süd) im August–November 1941, mitgeteilt von Hermine Wüllner: »… kann nur der Tod die gerechte Sühne sein«. Todesurteile deutscher Wehrmachtsgerichte. Eine Dokumentation, Baden-Baden 1997, S. 129–139.

38 Vorgänge in BA-ZNS-6G8, OKM-M Wehr/R, Bestätigungslisten, Bl. 541 f.

39 Werner Hülle: Die Stellung des Wehrmachtrichters im Truppensonderdienst, in: ZWR (1944), S. 145 ff.

40 BA-ZNS, RM-34 G 81a, zit. nach Lothar Walmrath: »Justitia et disciplina«. Strafgerichtsbarkeit in der deutschen Kriegsmarine 1939–1945, Frankfurt/M. 1998, S. 539.

41 Hans Filbinger: Die geschmähte Generation, München 1987, S. 84.

JOACHIM PERELS

Die Umdeutung der NS-Diktatur in einen Rechtsstaat

Über ideologische Tendenzen in der Justiz der Bundesrepublik

1.

Nach der militärischen Niederlage des Dritten Reiches, die mit der bedingungslosen Kapitulation am 8. Mai 1945 notifiziert wurde, bildete sich – in einer bemerkenswerten Übereinstimmung von deutscher und alliierter Seite – ein rechtstaatlich fundierter Blick auf das juristische Herrschaftsgefüge der NS-Diktatur heraus. Das Hitlerregime wurde, weil es Millionen Menschen als Untermenschen behandelt und damit den Gleichheitssatz strukturell negiert hatte, als System »gesetzlichen Unrechts« (Gustav Radbruch) begriffen. Im Kontrollratsgesetz Nr. 10 vom 20. Dezember 1945 wurde dafür der Tatbestand des Verbrechens gegen die Menschlichkeit geschaffen, der insbesondere »Mord, Ausrottung, [...] Verfolgung aus politischen, rassischen und religiösen Gründen« umfasst.

Auch für die Rechtspositionen von Vertretern des politischen Widerstands und der Emigration, die die juristisch drapierten Repressions- und Terrorformen der Diktatur als »Schändung des Rechts« und als »Technik der Manipulation der Massen durch Terror«[1] charakterisierten, war es folgerichtig, dass die Negation rechtsstaatlicher Prinzipien durch die juristischen Herrschaftstechniken des NS-Regimes – bei der justiziellen Verfolgung der politischen Opposition, der Ermordung psychisch Behinderter, der Vernichtung der europäischen Juden und der terroristischen Besatzungspolitik[2] – strafrechtlich geahndet werden sollten. Diese Position war an die Delegitimierung der zentralen Materien des nationalsozialistischen Gewaltrechts geknüpft, dem gleichermaßen von den Verschwörern des 20. Juli 1944 wie auch von den vier Alliierten die rechtsstaatliche Geltungskraft abgesprochen wurde.

In der geplanten Regierungserklärung des 20. Juli hieß es im Blick auf die Unterbindung der Strafverfolgung der an Gewalthandlungen des NS-Regimes Beteiligten: »Soweit [...] der Staat durch Gesetz Handlungen seiner eigenen Organe nachträglich für straffrei erklärt hat, die in Wahrheit strafwürdig sind, werden diese [...] Bestimmungen als mit der Natur des Rechts unvereinbar aufgehoben und die Verantwortlichen zur Rechenschaft gezogen werden.«[3] Der gleiche, allgemeiner gefasste Rechtsgedanke findet sich in einer Ausarbeitung des Kreisauer Kreises von 1943, der ebenfalls die Außerkraftsetzung des despotischen Zwangsrechts des Hitler-Regimes zum Gegenstand hat: »Es ist die Schaffung einer rückwirkenden Strafbestimmung nötig, welche im ordentlichen Strafverfahren den Rechtsschänder mit Freiheitsstrafe [...] belegt.«[4] Auch der Tatbestand des Verbrechens gegen die Menschlichkeit des Kontrollratsgesetzes Nr. 10 folgt dem Grundsatz, dass nur dann, wenn die Terrornormen der Diktatur rechtstaatlichen Kriterien unterworfen werden und ihren Geltungsanspruch von Anfang an verlieren, das System »bürokratisierter Rechtlosigkeit«[5] aufgearbeitet und überwunden werden kann. Daher heißt es in dem Kontrollratsgesetz (Artikel II 1 c), dass die »Gewalttaten« Straftatbestände begründen, »ohne Rücksicht darauf, ob sie das nationale Recht des Landes, in welchem die Handlungen begangen wurden, verletzen«.

Die Außerkraftsetzung von NS-Normen zum Zwecke der Ahndung von Staatsverbrechen bestimmte die amerikanische und die höchstrichterliche deutsche Rechtssprechung nach 1945.[6] In den Nürnberger Nachfolgeprozessen Ende der 40er Jahre gegen die Funktionseliten des Nationalsozialismus – von der militärischen Führung über die Kommandeure von Einsatzgruppen bis zu Repräsentanten des Justizministeriums – wurden zentrale Normen des Nationalsozialismus wegen des Verstoßes gegen rechtsstaatliche Grundsätze aufgehoben und diejenigen, die diese Zwangsnormen geschaffen und angewendet hatten, zur Rechenschaft gezogen.

Im Prozess gegen das Oberkommando der Wehrmacht wurde eine Fülle völkerrechtswidriger juristischer Herrschaftstechniken, die im Vernichtungskrieg gegen die Sowjetunion angewandt wurden, ihrer rechtlichen Legitimation entkleidet und als Grundlage für die Verurteilung der Verantwortlichen herangezogen. Dies galt insbesondere für den Barbarrossa-Gerichtsbarkeits-Befehl vom 13. Mai 1941, in dem strafbare Handlungen von Angehörigen der Wehrmacht explizit sanktionsfrei gestellt wurden: »Für Handlungen, die Angehörige der Wehrmacht [...] gegen feindliche Zivilpersonen begehen, besteht kein Verfolgungszwang, auch dann nicht, wenn die Tat zugleich ein militärisches Verbrechen oder Vergehen ist.«[7] Im Einsatzgruppenprozess stand das durch das NS-Regime hundertausenfach beseitigte Recht auf Leben für die Juden im Zentrum. Das Gericht trat der These von Verteidigern, dass die Befehle des Staates die SS-Täter von rechtlicher Verantwortung freigestellt hätten,[8] mit einem elementaren Argument entgegen: »Sicherlich kann niemand auch nur mit einem Schein des Rechts behaupten, dass den für Mord geltenden Bestimmungen das ex post facte anhafte [...]. Es kann nicht gesagt werden, dass es vor dem Kontrollratsgesetz Nr. 10 kein Gesetz gegen den Mord gab.«[9] Die Verordnung über die Strafrechtspflege gegen Polen und Juden vom 4. Dezember 1941, vom geschäftsführenden Justizminister Franz Schlegelberger entworfen und rückwirkend in Kraft gesetzt, wurde ein direkter Anknüpfungspunkt für die Verurteilung von Schlegelberger durch das amerikanische Gericht. Die Verordnung, die ein despotisches Sonderstrafrecht für Polen und Juden zur Durchsetzung der nationalsozialistischen »Staatsnotwendigkeiten« enthält, das für Bagatelldelikte die Todesstrafe vorsieht und so gut wie keine tatbestandlichen Begrenzungen enthält, gehört, wie es im Nürnberger Juristenurteil heißt, zu dem »von der nationalsozialistischen Regierung organisierten System der Grausamkeit und Ungerechtigkeit unter Verletzung der Kriegsgesetze und der Gesetze der Menschlichkeit, begangen im Namen des Rechts, unter der Autorität des Justizministeriums und mit Hilfe der Gerichte. Der Dolch des Mörders war unter der Robe des Juristen verborgen.«[10]

Der Oberste Gerichtshof der Britischen Zone, wesentlich zusammengesetzt aus juristischen Gegnern des NS-Regimes, wurde ebenfalls vom Grundgedanken der Entlegitimierung des Repressionsrechts des Dritten Reiches und der Ahndung seiner herrschaftstechnisch organisierten Verbrechen bestimmt. In einer Entscheidung von 1949 heißt es: »Das, was das Kontrollratsgesetz unter Strafe stellt, war bereits zur Tatzeit nach der Auffassung aller sittlich empfindenden Menschen strafwürdig, blieb jedoch straflos, weil der nationalsozialistische Staat selbst solche Taten durch seine Organe und Anhänger geschehen ließ.«[11]

2.

Die umfassende rechtsstaatliche Analyse und Bewertung der Handlungen des Staatsapparats der NS-Diktatur wurde im Gefolge der Gründung der Bundesrepublik Deutschland und der fast vollständigen Übernahme der beamteten Funktionseliten des Dritten Reiches in die Verwaltung, die Justiz und die Universitäten durch das Ausführungsgesetz zu Artikel 131 des Grundgesetzes von 1951[12] in breitem Umfang zurückgedrängt. Die Kategorien gesetzlichen Unrechts bildeten fortan kaum mehr die Grundlage der rechtlichen Einordnung des Hitler-Regimes. Nur eine Minderheit von Justizjuristen und Strafrechtlern widersetzte sich der rechtlichen Neulegitimation von Kernbereichen der NS-Herrschaft.

Die erste Regierung Adenauer und die sie tragenden Koalitionsparteien führten, parallell zu zentralen Entscheidungen der Justiz der jungen Bundesrepublik, eine grundsätzliche Neubewertung der in – herrschaftstechnische – Rechtsformen gegossenen Handlungen des Hitler-Regimes herbei, die, in direktem Gegensatz zur Nachkriegsperiode, mit dem Prädikat Rechtsgültigkeit versehen wurden. Weichenstellend wirkte die Entscheidung des Deutschen Bundestages von 1951, den Antrag der SPD-Fraktion zur »Wiedergutmachung nationalsozialistischen Unrechts in der Strafrechtspflege« abzulehnen, der den Widerstand gegen die NS-Gewaltherrschaft, übereinstimmend mit der antinazistischen Normsetzung der Vereinigten Staaten nach Kriegsende, als rechtmäßiges Handeln qualifizierte und alle Strafurteile, die auf politisch und rassisch diskriminierenden Gesetzen beruhten, für nichtig erklärte.[13] 1952 schließlich bezog die Bundesregierung gegen die Geltung zentraler Normen des Kontrollratsgesetzes Nr. 10 und damit gegen zentrale Formen der rechtlichen Aufarbeitung der NS-Herrschaft explizit Stellung.

In der Europäischen Menschenrechtkonvention von 1950 war in Artikel 7 Absatz 2 der Grundsatz des Tatbestands des Verbrechens gegen die Menschlichkeit, dass er bei Verfolgung und politischer Diskriminierung auch dann erfüllt ist, wenn die Verletzungen des Rechts sich technisch juristischer Formen bedienen (vgl. Art. II 1 c KR 10), aufgenommen worden.

In der Konvention hieß es: »Durch diesen Artikel (der das Rückwirkungsgebot enthielt) darf die Beurteilung oder Bestrafung einer Person nicht ausgeschlossen werden, die sich einer Handlung oder Unterlassung schuldig gemacht hat, welche im Zeitpunkt ihrer Begehung nach den allgemeinen Rechtsgrundsätzen strafbar war.« Diese sogenannte Nürnberg-Klausel, die die Ahndung gesetzlichen Unrechts ermöglichte, wurde durch einen Vorbehalt der Regierung Adenauer nicht in die Rechtsordnung der Bundesrepublik inkorporiert.[14] Das Signal war eindeutig: Das Rechtssystem des Nationalsozialismus kann nicht unter dem Gesichtspunkt der Verletzung rechtsstaatlicher Prinzipien in Frage gestellt werden. Damit wurde die Position der Verteidiger in allierten Prozessen gegen die Verantwortlichen für die nationalsozialistischen Staatsverbrechen, die die uneingeschränkte Rechtsgültigkeit der Handlungen des Hitler-Regimes vor Gericht behaupteten, von der Bundesregierung ausdrücklich festgeschrieben. Noch vor dieser regierungsamtlichen Festlegung einer Fortgeltung nationalsozialistischen Rechts unter den Bedingungen des Grundgesetzes, das im Gegensatz zu dem juristischen Normgefüge der NS-Diktatur das Recht auf Leben und körperliche Unversehrtheit und den Ausschluß von Diskriminierungen, insbesondere aus rassischen, religiösen und politischen Gründen, gewährleistet (Artikel 2, Absatz 2 und Artikel 3, Absatz 3 GG), wurde in der Justiz die Geltung nationalsozialistischen Rechts in der Bundesrepublik ausdrücklich festgestellt. Das Landgericht München I erklärte 1951, dass das sogenannte Standgerichtsverfahren – vom April 1945 – gegen sechs Widerstandskämpfer – unter ihnen Admiral Wilhelm Canaris und General Hans Oster – rechtlich unangreifbar sei. Denn die Verurteilten hätten »nach dem damaligen Rechtszustand die Tatbestände des Hoch- und Landesverrats oder des Feindverrats erfüllt [...]. Die gegen sie ergangenen sechs Todesurteile (müsse man) für rechtmäßig halten.«[15] Die rechtsstaatlichen Kriterien zur Bewertung der NS-Terrorjustiz hatten, wenige Jahre nach Kriegsende, schon weitgehend ihre Geltungskraft verloren.

Die generelle Tendenz, das Rechtssystem des Nationalsozialismus zu normalisieren und seinen normativen Anspruch nicht in Frage zu stellen, konnte deswegen eine starke Wirkung entfalten, weil sie in der gerade konstituierten Bundesrepublik von einer breiten Abwehr der gesamten Nürnberger Verfahren begleitet wurden, deren Urteile gegen verbrecherische Funktionsträger des Hitler-Regimes von den beiden christlichen Kirchen, von starken Kräften der öffentlichen Meinung, von der Bundesregierung, von führenden, zuvor nationalsozialistischen Strafrechtlern, aber auch von erheblichen Teilen der Bevölkerung umfassend oder zu großen Teilen offensiv verworfen wurden. wurden.[16] Der Vorsitzende des Rates der EKD, Bischof Otto Dibelius, der die Repressionspraxis der souveränen Diktatur der Regierung Hitler im März 1933 in einer Predigt zur Eröffnung des Reichstags grundsätzlich gerechtfertigt hatte, erklärte in einem Gespräch mit dem amerikanischen Hochkommissar John J. McCloy, »alles, was von den Militärgerichten geschehen sei, sei ungerecht gewesen«.[17] Das heißt, dass insbesondere die rechtsstaatlich gebotene Außerkraftsetzung von NS-Normen, der Kern der Ahndung der nationalsozialistischen Staatsverbrechen, rückgängig zu machen sei.

3.

Im Zuge der weitgehenden juristischen Neubewertung des Hitler-Regimes wurde die Verfolgung des politischen Widerstands, der Juden und der Opposition gegen die deutsche Besatzungspolitik durch die NS-Justiz von den meisten Gerichten der Bundesrepublik mit dem Siegel der Rechtmäßigkeit versehen. Rechtsstaatliche Positionen in der Justiz, die sich weiter daran orientierten, das nationalsozialistische Recht an Hand der Kategorie gesetzlichen Unrechts zu überprüfen, waren nicht mehrheitsfähig, zumal die jeweiligen rechtskräftigen Endentscheidungen der Obergerichte, aber auch der Untergerichte, bis auf geringe Ausnahmen die prinzipielle rechtliche Gültigkeit der Urteile der NS-Justiz in der Bundesrepublik festschrieben. Die unterschiedlichen Linien der Rechtsprechung können exemplarisch verfolgt werden.

In mehreren Verfahren ging es um die Frage, ob der politische Widerstand gegen das Hitler-Regime als rechtmäßige Handlung anzusehen sei, legitimiert durch die Intention, das System systematischer Willkür zu stürzen, um die Geltung des auch für den Staat verbindlichen Rechts wiederherzustellen. Häufig wurde von den Gerichten die Rechtfertigung von Widerstandshandlungen dadurch vollständig ausgeschlossen, dass das nationalsozialistische Recht ohne jede Einschränkung zur Grundlage der Entscheidungen gemacht wurde. In einem über mehrere Instanzen bis zum Bundesgerichtshof durchgeführten Schlüsselverfahren gegen einen Beisitzer Roland Freislers am Volksgerichtshof, der wichtigsten Institution zur Erniedrigung und Auslöschung der politischen Opposition gegen Hitler, wurde der Richter Hans Joachim Rehse, der für über 100 Todesurteile verantwortlich war, mit der Begründung freigesprochen, dass es »bei der Prüfung der Schuld des Angeklagten« »allein auf (die) damalige […] Sicht« ankomme.[18]

Dabei hatte Rehse u.a. an der Verurteilung des katholischen Widerstandskämpfers Max Josef Metzger mitgewirkt, der wegen der Abfassung einer friedenspolitischen Denkschrift, die 1942, auf dem Höhepunkt von Hitlers Krieg, die Achtung des Lebensrechts fremder Völker im Sinne des Völkerrechts forderte, wegen Feindbegünstigung und Wehrkraftzersetzung zum Tode verurteilt und hingerichtet wurde.[19] Auf diese Weise hat das Gericht den Kampf für die Geltung des Völkerrechts unter der NS-Herrschaft auch im Nachhinein durch den Rückgriff auf die Geltung der Rechtszerstörungskompetenz des Hitler-Regimes die Legalität abgesprochen und gleichzeitig die – Kriterien für gesetzliches Unrecht der NS-Herrschaft liefernde – Bestimmung des Grundgesetzes negiert, dass »die allgemeinen Regeln des Völkerrechts« »Bestandteil des Bundesrechts« sind (Artikel 25 GG).

Der Freispruch eines führenden Richters am Volksgerichtshof der NS-Diktatur unter den Bedingungen der demokratischen Rechtsordnung ist das überdeutliche Zeichen der vorherrschenden Tendenz, die gesamte Justiz des Hitler-Regimes mit dem Prädikat der Rechtmäßigkeit zu versehen. Die zentrale letztinstanzliche und rechtskräftige Entscheidung, die den Weg für diese Entwicklung in der Rechtsprechung bahnte, stammt aus dem Jahre 1956. Der Bundesgerichtshof entschied, dass Widerstandskämpfer der vordersten Linie – wie Dietrich Bonhoeffer und Hans von Dohnanyi, die die systematischen Rechtsverletzungen des Regimes durch die Ausschaltung des Diktators beenden wollten – durch den Vorsitzenden Richter des SS-Standgerichts im Konzentrationslager Flossenbürg im April 1945 zu Recht zum Tode verurteilt worden seien. In der Begründung wurde die juristische Rechtfertigung des SS-Schergen im Talar, dem der KZ-Kommandant als »Beisitzer« diente, während den Angeklagten kein Verteidiger zur Seite stand, direkt übernommen und damit die Machtsicherungstechniken des NS-Staats uneingeschränkt für rechtens erklärt.[20] So wurde »die Unerbittlichkeit der damals geltenden Gesetze«, gegen die sich, wie es in einer negativen Wertung des Gerichts heißt, die Widerstandskämpfer »aufgelehnt hatten«, zum entscheidenden Bezugspunkt des Bundesgerichtshofs. Er ebnete damit die Unterscheidung zwischen einer die Individuen und das Recht zerstörenden Diktatur und einem demokratischen Rechtsstaat, der an die Achtung der Würde der Menschen gebunden ist, gänzlich ein.[21] Tatsächlich erklärte das Gericht, um die Ermordung Dietrich Bonhoeffers und der anderen Widerstandskämpfer in einem farcenhaften Verfahren zu rechtfertigen: »Ausgangspunkt [...] ist das Recht des Staates auf Selbstbehauptung [...]. Auch dem nationalsozialistischen Staat kann man nicht ohne weiteres das Recht absprechen, dass er solche Gesetze erlassen hat.«[22]

Parallel zur Neulegitimation von NS-Repressionsrecht durch die Justiz der Bundesrepublik wurde den Diskriminierungsgesetzen gegen die Juden und ihrer Anwendung durch die nationalsozialistische Justiz grundsätzlich Rechtsqualität zugesprochen. Um zu dieser Wertung zu gelangen, wurden, im Zuge des zeitgenössischen Ungeschehenmachens des wirklichen Geschehens, explizit antisemitische Vernichtungsvokabeln durch eine gezielte Umdeutung zum Verschwinden gebracht. Das Schwurgericht Kassel erklärte 1950 die gegen einen jüdischen Angeklagten gerichtete Vokabel von der »typisch jüdischen Frechheit« für ein möglicherweise bloß »schmückendes (!) Beiwort«, das nicht eigentlich zum Urteil gehöre.[23] Auf der Basis einer Verdrängung des zur Staatsdoktrin erhobenen Antisemitismus legitimierte das Kasseler Gericht grundsätzlich die Rassenjustiz, auch wenn es eine exzessive, auf weitere NS-Normen gestützte Entscheidung gegen einen Juden, die mit der Todesstrafe endete, als Fehlurteil qualifizierte. Der justitiellen Verfolgung der Juden auf der Basis des Blutschutzgesetzes, dessen Diskriminierungsregeln zu Lasten der Juden den Gleichheitssatz systematisch verletzten, wurde jedoch vom Kasseler Gericht die Rechtsgültigkeit – im Blick auf die Rolle eines Richters, der das Gesetz im Dritten Reich angewandt hatte – zuerkannt: »Die Gesetze, die damals galten, waren verbindlich für die Gerichte, ihre Anwendung kann für sich noch keine Rechtsbeugung darstellen. Holländer (der damalige Angeklagte) ist einmal der Rassenschande in vier Fällen für schuldig befunden worden. Die Anwendung des Blutschutzgesetzes ist damals ohne Zweifel zu Recht erfolgt.«[24] Dieser Argumentationstopos war auch für andere Entscheidungen bestimmend. Das Landgericht Nürnberg revitalisierte 1968 das gesamte juristische Interpretationsarsenal zur Anwendung des Blutschutzgesetzes, um das Verhalten des Angeklagten Katzenberger zu beurteilen. So hieß es kurz und bündig: »Der vollzogene Geschlechtsverkehr zwischen Herrn Katzenberger als Juden und Frau Seiler in der Zeit bis Sommer 1939 gestattete die Verurteilung Katzenbergers wegen eines fortgesetzten Verbrechens der Rassenschande.«[25] Die seinerzeitige Rechtssprechung des Reichgerichts und der Kommentar von Stuckart und Globke zu den Nürnberger Gesetzen wurden ausgebreitet, um an Hand der Kasuistik der »Rassenschande« zu dem Ergebnis zu kommen, dass nicht die Todesstrafe, wohl aber eine Zuchthausstrafe hätte ausgesprochen werden dürfen.[26] Das hieß: Wer sich im Rahmen der »Normalität« justizförmig betriebener Judenverfolgung bewegte, hatte paradoxer Weise auch in der Bundesrepublik das Recht auf seiner Seite. Dabei widersprach die durch die Justiz zugunsten von NS-Richtern herbeigeführte Fortgeltung der nationalsozialistischen Diskriminierungsnormen zu Lasten der Juden dem Gleichheitssatz und der Bestimmung, dass »niemand wegen seiner Rasse [...] benachteiligt« werden darf (Artikel 3, Absatz 3 GG).

Auch die juristische Bewertung der terroristischen Formen der nationalsozialistischen Besatzungspolitik und der Repressionspraxis der Militärjustiz des Hitler-Regimes bewegte sich weitgehend im Rahmen einer rechtlichen Legitimierung der machtstaatlichen Herrschaftspraxis der Diktatur.

Waren Tötungen von Alten, von Frauen und Kindern durch die deutsche Wehrmacht in Griechenland vom amerikanischen Militärgerichtshof als »glatter Mord« qualifiziert worden, weil sie die völkerrechtlich gebotene Proportionalität von Angriff und Gegenangriff im Zuge der Auseinandersetzung mit Partisanen systematisch beseitigten[27], so tendierte die deutsche Justiz in Gestalt der jeweiligen Staatsanwaltschaften dazu, Massaker dadurch Rechtscharakter zuzusprechen, dass sie in eine völkerrechtlich zulässige Repressalie umgedeutet wurden. So stellte die Staatsanwaltschaft Bochum 1972 das Verfahren gegen Verantwortliche für das Verbrechen der Wehrmacht in Kalavrita in Griechenland, bei dem nach einem Angriff auf deutsche Soldaten mit 78 Opfern schätzungsweise 1300 Griechen zur Vergeltung getötet wurden[28], mit der Begründung ein, es habe sich um sich um völkerrechtlich begründbare Repressalien gehandelt, obgleich offenkundig ein vollständiges Mißverhältnis zwischen dem Angriff und der exorbitanten Reaktion der deutschen Wehrmacht bestand.[29] Die Mordtaten wurden durch die Erzeugung eines Rechtsscheins, der die Machtkalküle der Wehrmachtführung bloß verdoppelte, entwirklicht.

Die Argumentationsfiguren der Staatsanwaltschaften stellten – derartigen Argumentationen folgend – die Wehrmacht von der rechtlichen Haftung für die Durchbrechung des Völkerrechts dadurch weitgehend frei, dass sie tausend Vorermittlungsverfahren wegen Kriegsverbrechen der Wehrmacht, welche die Ludwigsburger Zentralstelle zur Aufklärung von NS-Verbrechen nach rechtsstaatlichen Maßstäben in Gang gesetzt hatte, mit der Einstellung der Verfahren enden ließen.[30]

Das oberste deutsche Strafgericht, der Bundesgerichtshof, entwickelte 1995 eine Argumentation, die in der Linie der örtlichen Staatsanwaltschaften lag und die von politischen Vorgaben unabhängige Integrität der nationalsozialistischen Militärjustiz und damit auch die Bindung der Wehrmacht an rechtstaatliche Prinzipien behauptete. Die Taten des Leutnants Wolfgang Lehnigk-Emden, der 1943 bei Caiazzo in Norditalien gemeinsam mit anderen Soldaten der Wehrmacht 15 Zivilisten, fünf Frauen und zehn Kinder im Alter von vier und vierzehn Jahren, allesamt ohne jede Schuld, mir äußerster Gewalt, mit Handgranaten, mit Maschinenpistolen und Gewehren ermordete, galten für den Bundesgerichtshof als verjährt: weil das Massaker der deutschen Soldaten unter den Bedingungen der NS-Diktatur verfolgt worden wäre und die Verjährungsfrist mittlerweile abgelaufen sei.[31] Die Voraussetzung, die der Bundesgerichtshof seiner Entscheidung zugrunde legte, dass die Militärjustiz des Dritten Reiches völkerrechtswidrige Massentötungen zu ahnden hatte und ahndete, implizierte, dass die Gerichte der Wehrmacht nach rechtsstaatlichen Grundsätzen verfuhren, nicht aber den Machtzielen der nationalsozialistischen Führung folgten. Diese generelle These, die in der historischen Forschung vor allem durch die Arbeiten von Manfred Messerschmidt empirisch widerlegt wurde[32], ist im Blick auf das Massaker von Caiazzo angesichts der herrschaftstechnischen Vorgaben des NS-Regimes und der durchgängigen Praxis der Militärgerichte in Italien, Verbrechen an der Zivilbevölkerung nicht zu ahnden, haltlos. In der Entscheidung wird der von Hitler, dem Oberkommandierenden der Wehrmacht, erlassene Führerbefehl vom 16. Dezember 1942 zur sogenannten Bandenbekämpfung erwähnt, der ein Vorgehen wie in Caiazzo ausdrücklich legitimierte. Er berechtigte und verpflichtete die Truppe bei ihrer Bekämpfung sogenannter Banden »ohne jede Einschränkung auch gegen Frauen und Kinder jedes Mittel anzuwenden, wenn es nur zum Erfolg führt.«[33] In der Kampfanweisung des Oberkommandos der Wehrmacht vom 11. November 1942 war zuvor ein kriegsgerichtliches Verfolgungsverbot für Aktionen gegen Zivilisten festgelegt worden.[34] Dieser Aufhebung völkerrechtlicher, in der Haager Landkriegsordnung niedergelegter Schutzpositionen für Nichtkombattanten durch die politische und militärische Führung entsprach, dass »die Durchsicht von ungefähr 20000 Seiten Aktenmaterial keinen einzigen Hinweis auf eine – in der Zeit vor dem April 1944 – wegen Fehlverhaltens bei der Partisanenbekämpfung gegen deutsche Uniformierte angestrebte oder eingeleitete kriegsgerichtliche Untersuchung (erbrachte) […]. (Unter) den 1395 Feldgerichtsurteilen, darunter praktisch der gesamte erhaltene Bestand aller zwischen Anfang September 1943 und Mai 1945 in Italien durchgeführten Verfahren, (befand sich) kein einziger Fall, in dem ein Angehöriger der Wehrmacht wegen eines Übergriffs im Rahmen der Partisanenbekämpfung disziplinar- oder strafrechtlich verfolgt worden wäre.«[35]

Indem der Bundesgerichtshof die völkerrechtsfeindliche Struktur der normativen Instrumentarien der NS-Diktatur und die entsprechende Praxis der Militärgerichte für die rechtliche Bewertung des Umgangs mit den Massentötungen in Caiazzo umfassend verdrängte, konnte er an der Fiktion der rechtsstaatlich gebundenen Militärjustiz, die in Wahrheit Teil des Rechtsgarantien zerstörenden »Maßnahmenstaats« (Ernst Fraenkel) war[36], festhalten und die Justiz aus ihrer Verankerung in der Diktatur herauslösen.

Die dominante Linie in der Rechtsprechung, die Gewaltnormen des Hitler-Regimes und ihre Anwendung durch die NS-Justiz mit dem Prädikat der

Rechtsgültigkeit auch in der Bundesrepublik zu versehen, setzte sich gegen rechtsstaatliche Alternativpositionen weitgehend durch, die von Staatsanwaltschaften, Untergerichten und zum Teil auch von bestimmten Senaten des Bundesgerichtshofs entwickelt wurden. Ein kursorischer Blick auf derartige Entscheidungen kann dies zeigen. Hatte Generalstaatsanwalt Fritz Bauer im Remer-Prozeß von 1952 die Rechtmäßigkeit des Handelns der Widerstandskämpfer des 20. Juli 1944 – gegen deren Verunglimpfung als Hoch- und Landesverräter – mit der Begründung in den Mittelpunkt gestellt, dass »ein Unrechtsstaat, der täglich Zehntausende von Morden begeht, jedermann zur Notwehr (berechtigt)«[37], so war das Landgericht Berlin in seiner ersten Rehse- Entscheidung von 1967 davon ausgegangen, dass der Angeklagte das Recht im Sinne von § 336 StGB gebeugt habe, weil die verhängten Todesstrafen u. a. gegen Max Josef Metzger »in einem unerträglichen Mißverhältnis zum Unrechtsgehalt der Taten und zur Schuld der Täter standen.«[38]

Auch der Bundesgerichtshof hat in zwei Entscheidungen die Rechtsnatur von Judikaten der NS-Justiz strikt verneint. In einer Entscheidung von 1952 zum Verfahren gegen den SS-Richter, der im Konzentrationslager Flossenbürg die schon erwähnten Widerstandskämpfer Oster und Canaris zum Tode verurteilt hatte, qualifizierte der Bundesgerichtshof die KZ-Urteile – in der für eine Revisionsentscheidung üblichen Frageform – als »willkürliche Machtsprüche«, die darauf zielten, die Verhafteten »in einem gesetzlosen Verfahren rechtswidrig zu töten«.[39]

Im Blick auf die Verfolgung des Juden Katzenberger durch das Nürnberger Sondergericht deckte der Bundesgerichtshof 1959 mit rechtsstaatlicher Entschiedenheit die Zerstörung der legalen Schutzpositionen eines vom Regime Diskriminierten auf: »Sollten sich die Angeklagten dabei beruhigt haben, dass Katzenberger als Jude nach der NS-Ideologie ohnehin ein ›Nichts‹ war und sie deshalb bei einer rechtswidrigen Verurteilung kein Risiko, insbesondere keine Gefahr einer strafgerichtlichen Verfolgung liefen, so läge darin ein niedriger Beweggrund.«[40]

Die Entscheidungen des Berliner Landgerichts und des Bundesgerichtshofs bewegten sich auch dadurch jenseits des Mainstreams der Rechtsprechung, dass sie, im Unterschied zu den höchstrichterlichen Urteilen, keine Rechtskraft erlangten, während jene Urteile, die die NS-Justiz juristisch affirmierten, in der Rechtsprechung prägend wirkten. Wenn eine Entscheidung wie die des Landgerichts Braunschweig von 1952 im Gefolge der Argumentation von Generalstaatsanwalt Fritz Bauer die Diffamierung der Widerstandskämpfer des 20. Juli als Landesverräter als Verleumdung für strafbar erklärte und damit dem Kampf gegen die Diktatur das Odium der Rechtswidrigkeit nahm[41], so blieb diese Argumentation angesichts der Interpretationsmacht des Bundesgerichtshofs und seiner vielfachen Verdoppelung der NS-Justiz weitgehend folgenlos.

4.

Die Ursachen für die vielfache Verwandlung nationalsozialistischen Diskriminierungs- und Ausmerzungsrechts in gültiges Recht der Bundesrepublik durch die Justiz beruhen auf einem komplexen Faktorenbündel. Am ehesten konnte die spezifische juristische Herrschaftspraxis des Hitler-Regimes, wesentlich durchgesetzt von der Justiz, seiner konkreten politischen Repressionsfunktionen entkleidet werden, wenn es in ein vorgeblich neutrales Recht transformiert wurde, an das jedermann sich hätte halten müssen. Dem entsprach in dem 50er Jahren die in den meisten Senaten des Bundesgerichtshofs und dem ganz überwiegenden Teil der Rechtslehre die – mit der historischen Realität nicht vereinbare – Auffassung, dass die beamteten Träger des NS-Diktatur lediglich neutrale Staatsfunktionen wahrgenommen hätten.[42] Dieser Vorgang der »Derealisierung« (Alexander Mitscherlich) der auf Terror gegründeten Struktur des NS-Rechts und der entsprechenden Justizpraxis entspricht dem von großen Analytikern der Nachkriegsperiode übereinstimmend diagnostizierten Sachverhalt einer in der Gesellschaft Westdeutschlands entwickelten großen Weigerung, die Wirklichkeit des Nationalsozialismus in seiner Furchtbarkeit für Millionen Menschen wahrzunehmen.

Max Horkheimer drückte dies 1948 so aus: »Alles scheint aufs Vergessen angelegt. [...] Im Grunde sind alle Schreckenstaten nicht wahr.« Horkheimer, der es sich zur Aufgabe gemacht hatte, »daran mitzuwirken, dass das Entsetzliche [...] nicht vergessen wird«, fasste den dominierenden Umgang mit der NS-Herrschaft in den Satz: »Dem Erwürgten soll nicht einmal das Recht werden, dass es an ihm geschehen ist.«[43]

Die justizspezifischen Gründe für die Neulegitimierung der NS-Justiz liegen offen zu Tage. Die Richter, die über ihre Kollegen zu urteilen hatten, waren, sofern sie im Staats- und Justizdienst des Dritten Reiches tätig gewesen waren – das galt für nahezu drei Viertel der Richter –, dem Dilemma ausgesetzt, dass ihre vielfache lebensgeschichtliche Option für das nationalsozialistische Rechtssystem das direkte und unausgesprochene Thema der Urteilsfindung darstellte. So waren die Richter oftmals Richter in eigene Sache und tendierten dazu, dem NS-System, dem sie einst gedient hatten, eine Rechtfertigung zukommen zu lassen, die sich, wie die Judikatur des Obersten Gerichtshofs der Britischen Zone und des Bundesverfassungsgerichts im Blick auf das Normensystem des Dritten Reiches zeigt, bei einer fehlenden Mitträgerschaft des NS-Staats nicht eingestellt hätte.[44]

Nachdem der Justizapparat des Dritten Reichs weitgehend in den demokratischen Rechtsstaat der Bundesrepublik inkorporiert wurde, entstand, wenn dieser Sachverhalt Gegenstand umfassender kritischer Reflexion geworden wäre – wie es in amerikanischen Arbeiten zu Beginn der 50er Jahre der Fall war[45] –, das Problem eines Legitimationsdefizits des überwiegenden Teils der Justiz. Die Grundtatsache einer fehlenden rechtsstaatlichen Kontinuität der Justiz konnte nur verdrängt werden, wenn die Justiz und die Justizverwaltung des Nationalsozialismus »normalisiert« und als akzeptierbarer Teil eines in der Folge bisheriger staatlicher Ordnungen stehenden Systems dargestellt wurde. Sobald die gesamte Justiz – und selbst die durch die SS bestimmte – von der rechtlichen Verantwortung für die terroristische Herrschaftssicherung des NS-Staats freigesprochen wurde, war es nur konsequent, dass auch die personelle Fortführung des nationalsozialistischen Justizapparats keinerlei Fragen aufwarf. Die Legende von der – dem wertfreien Gesetz unterworfenen – NS-Justiz war die legitimatorische Voraussetzung für die Übernahme der NS-Richter in den Staat des Grundgesetzes.

Die Folgen für die demokratische Rechtsordnung waren gravierend. Mit der Reetablierung erheblicher Teile des nationalsozialistischen Rechts konnten die Grundrechtspositionen der Verfassung im Blick auf die Repressionshandlungen des NS-Regimes leer laufen. Da das NS-Recht wesentlich auf der Aufhebung des Gleichheitssatzes und der Zerstörung der Grundrechte basierte, bedeutete die weitere Anwendung der NS-Normen nichts anderes als die Negation der Bindungswirkung der Grundrechte (Artikel 1 Absatz 3 GG) durch die Justiz. In zentralen, bereits ausführlich dargestellten Entscheidungen der Justiz lief das Diskriminierungsverbot im Blick auf die rassische Herkunft ebenso leer wie das Recht auf Leben von Widerstandskämpfern und Opfern völkerrechtswidriger Massentötungen der deutschen Wehrmacht.[46]

Die Umwandlung von staatlichem Terror in Recht verändert den Blick auf die Opfer. Ihre Schuldlosigkeit, beglaubigt durch die Kategorie gesetzlichen Unrechts, wird zum Verschwinden gebracht. Die Mörder in der Robe behalten das letzte Wort. Günter Hirsch, der gegenwärtige Präsident des

Bundsgerichtshof, resümiert: Das Versagen der »Nachkriegsjustiz ist ein dunkles Kapitel in der deutschen Justizgeschichte und wird es bleiben.«[47]

5.

Dass Ministerpräsident Hans Filbinger insbesondere wegen seiner kritiklosen Legitimation des NS-Rechts und seines Handelns als Marinerichter zurücktreten musste, hat mit einem noch in der Endphase der Ära Adenauer sich anbahnenden, durch den späteren Studentenprotest verstärkten Prozeß der Veränderung des juristischen Blicks der Öffentlichkeit auf das nationalsozialistische System zu tun. Nicht nur Sozialdemokraten wie Generalstaatsanwalt Fritz Bauer, der sich an der Kategorie »gesetzlichen Unrechts« orientierte, sondern auch prominente Juristen der CDU, wie Generalbundesanwalt Max Güde, der die NS-Justiz kritisch zum Thema gemacht hatte, und der Bundestagsabgeordnete Professor Franz Böhm, der Hugo Sinzheimers im Exil erschienene, gegen Carl Schmitts ideologische Rechtfertigung des Antisemitismus gerichtete Schrift »Jüdische Klassiker der deutschen Rechtswissenschaft« wieder veröffentlicht hatte, sondern auch wichtige Rechtstheoretiker stellten die Legitimation des NS-Rechtssystems und seiner Justiz von Grund auf in Frage. Güde gab der 1959 zuerst in Karlsruhe gezeigten Ausstellung des Sozialistischen Deutschen Studentenbundes »Ungesühnte Nazijustiz« dadurch ein analytisches Gewicht, dass er die Dokumente, die ganz überwiegend aus dem Ostblock stammten, für echt befand. Böhm eröffnete die Ausstellung 1962 in Frankfurt am Main mit einem Vortrag, der die Bedeutung der Dokumente für die Erkenntnis der Inhumanität der juristischen Herrschaftstechnik des NS-Regimes in den Mittelpunkt stellte. Bauer übernahm den Titel der Ausstellung –»Ungesühnte Nazijustiz« – für einen Aufsatz im theoretischen Organ der Sozialdemokratie.[48] Gleichzeitig lösten wenige Jahre später die großen, nun auf Deutsch publizierten Emigrationsanalysen der juristischen Herrschaftstechniken der NS-Diktatur, aber auch neuere Arbeiten von bundesdeutschen Rechtswissenschaftlern zur Beseitigung der Normschranken im Dritten Reich[49], die lange wirksame Fiktion mehr und mehr auf, dass das Nazi-Regime, gegründet auf die Durchbrechung des Gleichheitssatzes, den Prinzipien des Gleichheitssatzes entspreche. Unter den Bedingungen einer zunehmenden öffentlichen Wahrnehmung, dass die NS-Herrschaft ein System gesetzlichen Unrechts war, konnte der Fall des zum Ministerpräsidenten aufgestiegenen Marinerichters im Dienst des Hitler-Regimes eine andere Wendung nehmen als in der Zeit der anti-rechtsstaatlichen Umdeutung nationalsozialistischen Rechts in der Frühgeschichte der Bundesrepublik.

1 Deutsche Beteiligung an der Bestrafung von Schandtaten (1943). In: Ger van Roon: Neuordnung im Widerstand. Der Kreisauer Kreis innerhalb der deutschen Widerstandsbewegung. Dokumentenanhang. München 1967, S. 554; Franz Neumann: Behemoth. Struktur und Praxis des Nationalsozialismus (1942). Hrsg. v. Gert Schäfer. Köln 1977, S. 530.

2 Vgl. Joachim Perels: Wahrnehmung und Verdrängung von NS-Verbrechen durch die Justiz. In: ders., Entsorgung der NS-Herrschaft? Hannover 2004, S. 148.

3 20. Juli 1944, bearbeitet von Hans Royse, neu bearbeitet und ergänzt von Erich Zimmermann und Hans-Adolf Jacobsen. Bonn o. J. (1960), S. 167; Lore-Maria Peschel-Gutzeit (Hrsg.): Das Nürnberger Juristenurteil (1947), Baden-Baden 1996, S. 192.

4 Roon, Neuordnung (wie Anm.1), S. 554.

5 Ernst Fraenkel: Der Doppelstaat (1941), Frankfurt/M. 1974, Widmung.

6 Vgl. Joachim Perels: Die Konzeption der Nürnberger Prozesse, in: ders., Entsorgung (wie Anm. 2), S. 93 ff.; Ulrike Homann: Die verleugnete Alternative. Der Oberste Gerichtshof für die Britische Zone, in: Recht und Politik 2001, H. 4, S. 210 ff.

7 Fall 12. Das Urteil gegen das Oberkommando der Wehrmacht (1948), Militärgerichthof V der Vereinigten Staaten von Amerika, Berlin 1961, S. 97.

8 Fall 9. Das Urteil im Einsatzgruppenprozeß (1948), Militärgerichtshof II der Vereinigten Staaten von Amerika, Berlin 1963, S. 87 ff., 90 ff.

9 Ebd., S. 84.

10 Heribert Ostendorf/Heino ter Veen: Das »Nürnberger Juristenurteil«, Frankfurt/M. 1985, S. 140.

11 Oberster Gerichtshof der Britischen Zone 1949, in: Justiz und NS-Verbrechen, Bd. XIII. Hrsg. v. Christian Frederic Rüter, Amsterdam 1975, S. 512 f.; Martin Broszat: Siegerjustiz oder strafrechtliche Selbstreinigung?, in: Vierteljahrshefte für Zeitgeschichte 1981, H. 4, S. 477 ff.

12 Joachim Perels: Die Übernahme der Beamtenschaft des Hitler-Regimes, in: Entsorgung (wie Anm.2), S. 137 ff.

13 Norbert Frei: Vergangenheitspolitik. Die Anfänge der Bundesrepublik und die NS-Vergangenheit, München 1996, S. 319 f.; Gustav Radbruch: Gesetzliches Unrecht und übergesetzliches Recht (1946), in: ders., Der Mensch im Recht. Ausgewählte Vorträge und Aufsätze über Grundfragen des Rechts, Göttingen 3. Aufl. 1969, S. 121.

14 Bekanntgabe über das Inkrafttreten der Konvention zum Schutz der Menschenrechte und Grundfreiheiten, in: Bundesgesetzblatt II, 1954, S. 1, Ziff.1.

15 Zit. in: BGH 1952, in: Justiz und NS-Verbrechen (wie Anm. 11), S. 330 f.

16 Frei, Vergangenheitspolitik (wie Anm.13), passim.

17 Ingo Müller: Nürnberg und die deutschen Juristen, in: Gegen die Barbarei. Essays Robert M. W. Kempner zu Ehren, hrsg. v. Rainer Eisfeld und Ingo Müller, Frankfurt/M. 1989, S. 257 ff.; Hans Grabert: Die Kirche im Jahre der deutschen Erhebung, Stuttgart 1934, S. 2.

18 Landgericht Berlin 1968, in: Jörg Friedrich: Freispruch für die Nazi-Justiz, Reinbek 1983, S. 485.

[19] Ebd., S. 469 ff; Max Josef Metzger: Memorandum (1942), abgedruckt in: Das Gewissen steht auf, hrsg. v. Annedore Leber in Zusammenarbeit mit Willy Brandt und Karl Dietrich Bracher, Berlin 1954, S. 184 f.

[20] BGH 1956, in: Justiz und NS-Verbrechen (wie Anm.11), S. 352.

[21] Ebd.; vgl. auch Joachim Perels: Die schrittweise Rechtfertigung der NS-Justiz, in: ders., Das juristische Erbe des »Dritten Reiches«, Frankfurt/M. 1999, S. 181 ff.

[22] BGH 1956, in: Justiz und NS-Verbrechen (wie Anm.11), S. 352.

[23] Klaus Moritz/Ernst Noam (Hrsg.): NS-Verbrechen vor Gericht 1945–1955. Dokumente aus hessischen Justizakten, Wiesbaden 1958, S. 314.

[24] Ebd., S. 310.

[25] Friedrich, Freispruch (wie Anm.18), S. 284.

[26] Ebd., S. 289; Wilhelm Stuckart/Hans Globke: Reichsbürgergesetz v. 15.9.1935, Gesetz zum Schutz des deutschen Blutes und der deutschen Ehre v. 14.9.1935, Gesetz zum Schutz der Erbgesundheit v. 18.10.1936, München 1936.

[27] Fall 7. Das Urteil im Geiselmordprozeß 1948, Militärgerichtshof V der Vereinigten Staaten von Amerika 1948, Berlin 1965, S. 261 f.

[28] Ebd.

[29] Eberhard Rondholz: Rechtsfindung oder Täterschutz, in: Loukia Droulia/Hagen Fleischer (Hrsg.): Von Lidice nach Kalavryta. Widerstand und Besatzungsterror. Studien zur Repressionspraxis im Zweiten Weltkrieg, Berlin 1999, S. 253.

[30] Alfred Streim: Saubere Wehrmacht? Die Verfolgung von Kriegs- und NS-Verbrechen in der Bundesrepublik und der DDR, in: Hannes Heer/Klaus Naumann (Hrsg.): Vernichtungskrieg. Verbrechen der Wehrmacht 1941 bis 1944, Hamburg 1995, S. 569 ff.

[31] BGH 1995, in: Neue Juristische Wochenschrift (NJW), S. 1297 ff.

[32] Manfred Messerschmidt: Die Wehrmachtsjustiz 1933–1945, Paderborn 2005.

[33] BGH 1995, hektographierter Urteilsausdruck, S.17 f.

[34] Ebd., S. 18.

[35] Gerhard Schreiber: Vortrag als historischer Sachverständiger anlässlich der Hauptverhandlung in der Strafsache gegen Wolfgang Lehnigk-Emden beim Landgericht Koblenz, 2. große Strafkammer, am 13. Januar 1994, Manuskript, S. 142 f.; vgl. auch ders., Deutsche Kriegsverbrechen in Italien. Täter, Opfer, Strafverfolgung, München 1996, S. 141–148. Die Entscheidung des Bundesverfassungsgerichts von 2006 zur rechtlichen Bewertung des Kriegsverbrechens der deutschen Wehrmacht in Distomo verlässt nicht den Bezugsrahmen des Bundsgerichtshofs und verkennt die strukturelle Herrschaftsfunktion des Besatzungsterrors im nationalsozialistischen System. Siehe: BVerfG , http: //www.bverfg.de/entscheidungen/ rk 2oo6o215 2vvr1476o3.html.

[36] Bundessozialgericht, 1992, Neue Juristische Wochenschrift 1992, H. 14, S. 935.

[37] Fritz Bauer: Eine Grenze hat Tyrannenmacht. Plädoyer im Remer-Prozeß (1952), in: ders., Die Humanität der Rechtsordnung, hrsg. v. Joachim Perels/Irmtrud Wojak, Frankfurt/M. 1998, S. 177.

[38] Jörg Friedrich, Freispruch (wie Anm.11), S. 459.

[39] BGH 1952, in: Justiz und NS-Verbrechen (wie Anm.2), S. 330.

[40] Jörg Friedrich: Freispruch (wie Anm.11), S. 317.

[41] Landgericht Braunschweig 1952, in: Herbert Kraus: Die im Brauschweiger Remerprozeß erstatteten moraltheologischen und theologischen Gutachten nebst Urteil, Hamburg 1953, S. 105 ff.

42 Michael Kirn: Verfassungsumsturz oder Rechtskontinuität?, Berlin 1972.

43 Max Horkheimer: Gesammelte Schriften, Bd. 17: Briefwechsel 1941–1948, hrsg. v. Gunzelin Schmid Noerr, Frankfurt/M. 1996, S. 708; Max Horkheimer: Nachgelassene Notizen 1949–1969, in: Gesammelte Schriften, Bd. 14: 1949–1972, hrsg. v. Gunzelin Schmid Noerr, Frankfurt/M. 1988, S. 66.

44 Homann: Alternative (wie Anm. 6); Kirn: Verfassungsumsturz (wie Anm. 42); Hubert Rottleuthner: Krähenjustiz, in: Staatsverbrechen vor Gericht. Hrsg. v. Dirk W. Wildt, Amsterdam 2003, S. 259 ff.

45 Vgl. Perels: Rechtfertigung (wie Anm. 21), S. 19 f.

46 Ebd., S. 187 ff.

47 Günter Hirsch: Die deutche Justiz im Unrechtssystem und bei der Aufarbeitung von Justizunrecht, in: Deutsche Richterzeitung 2002, H. 6, S. 229.

48 Fritz Bauer: Die »Ungesühnte Nazijustiz« (1969), in: ders.: Grenze (wie Anm. 37), S.119 ff.; siehe auch Fritz Bauer: Das »gesetzliche Unrecht« des Nationalsozialismus und die deutsche Strafrechtspflege (1968), in: ebda., S. 53 ff.; Max Güde: Justiz im Schatten der Vergangenheit, in: Juristenzeitung 1960, H. 5/6, S. 184 ff.; Hugo Sinzheimer: Jüdische Klassiker der deutschen Rechtswissenschaft. Mit einem Vorwort von Franz Böhm, Frankfurt/M. 1953; Stephan Alexander Glienke: Die Ausstellung Ungesühnte Nazijustiz (1959–1962). Zur Geschichte der Aufarbeitung nationalsozialistischer Justizverbrechen, Phil. Diss. Universität Hannover 2006.

49 Fraenkel: Doppelstaat (wie Anm. 5); Neumann: Behemoth (wie Anm.1); Bernd Rüthers: Die unbegrenzte Auslegung (1968), Frankfurt/M. 1973.

HELMUT KRAMER

Karrieren und Selbstrechtfertigungen ehemaliger Wehrmachtjuristen nach 1945

Im Jahre 1947 bat Curt Staff, als Sozialdemokrat im Dritten Reich aus dem Justizdienst entlassen, nun Generalstaatsanwalt in Braunschweig, den Vorsitzenden des Braunschweiger Strafsenats, Dr. Hans Meier-Branecke um Hilfe: Ob er ihm für die Besetzung noch vakanter Stellen unbelastete Juristen vorschlagen könne.[1] Meier-Branecke wusste Rat. Da sei doch die große Gruppe der Militärjuristen. Die hätten sich völlig aus der NS-Politik herausgehalten. Sie seien nicht einmal der Partei beigetreten.

Im letzten Punkt hatte Meier-Branecke recht. Die Militärgesetzgebung (§ 34 WehrG von 1933) beließ es bewusst bei der früheren Regelung, wonach den Soldaten die politische Betätigung und die Zugehörigkeit zu politischen Vereinen untersagt war. Die »Lebenslüge des Obrigkeitsstaates« (Gustav Radbruch), mit der Vorstellung der Überparteilichkeit des Staates, wurde im Militär selbst unter Hitler gepflegt. Meier-Branecke[2], seit 1932 Amtsgerichtsrat in Schöppenstedt, meldete sich sofort nach der Wiedereinführung der allgemeinen Wehrpflicht im Jahre 1935 zum Heeresjustizdienst. Das angebliche Motiv, auf diese Weise den politischen Einflussnahmen auf die Ziviljustiz entgehen zu können – ein »Akt der inneren Emigration« –, hinderte den schon 1939 zum Oberkriegsgerichtsrat Beförderten nicht daran, in einer Schlüsselposition an dem Unrechtssystem der Wehrmachtkriegsgerichtsbarkeit mitzuwirken. Im September 1939, sofort nach Kriegsbeginn, wurde er zur Heeresrechtsabteilung (HR) einberufen. Die Aufgabe dieser Behörde, einer Art Justizministerium für die Kriegsgerichtsbarkeit, bestand u. a. in der Militärgesetzgebung, in der Personalverwaltung, später auch in dem rechtlichen Aufbau des Systems der Bewährungseinheiten, also der berüchtigten Strafbataillone, der Bestätigung von Urteilen und mit der Dienstaufsicht darin, den Heeresrichtern »den Kurs aufzuzeigen, den die Heeresjustizführung steuert«. Um die Kriegsrichter vor Ort auf eine harte Linie einzuschwören, hielt Meier-Branecke sich seit April 1941 in Polen bereit, um sogleich nach Beginn des Angriffskrieges gegen die Sowjetunion als »Fliegender Armeerichter« nach Russland einzumarschieren und die Kontrolle über die zahlreichen Kriegsrichter vieler Divisionen auszuüben. Zwischendurch und nach seiner endgültigen Rückkehr zur Heeresrechtsabteilung, nun zum Ministerialrat, im Jahre 1944 zum Oberstkriegsgerichtsrat befördert, lag in seinen Händen als Leiter der Gnadenabteilung u. a. die Bestätigung Tausender von kriegsgerichtlichen Urteilen, darunter vieler Todesurteile.[3] Dazu muss man um das Kalkül der Militärjustiz wissen, eine besonders rigorose Todesstrafenpraxis mit einer relativ hohen Umwandlung der Todesstrafe in eine Abkommandierung zu einer der Bewährungs- oder Strafeinheiten zu verbinden.

Im Entnazifizierungsverfahren wurde Meier-Branecke automatisch als »unbelastet« eingestuft. In einer unter seiner Beteiligung geführten Podiumsdiskussion am 8. November 1980[4] erklärte er, er selbst habe doch niemanden verurteilt. Als Leiter der Gnadenabteilung habe er sogar seinen ganzen Einfluss aufgeboten, »um Milde und Menschlichkeit walten zu lassen«. Entschieden über die Dinge hätten Hitler, Keitel und der Befehlshaber des Ersatzheeres, Generaloberst Friedrich Fromm. Die Militärjustiz habe die Verantwortung gehabt, für die Aufrechterhaltung der Manneszucht und dafür zu sorgen, dass die deutsche Armee, »die uns vor dem Ansturm der Russen im Osten schützen sollte«, nicht überrollt und das deutsche Volk zermalmt würde. Wäre der Vormarsch der Russen ein Jahr früher erfolgt, wäre Europa bis zum Atlantik überrollt und kommunistisch geworden.

Seine autoritäre und militaristische Grundhaltung behielt Meier-Branecke auch nach 1945 unverändert bei. Nachdem er, in Braunschweig alsbald zum Senatspräsidenten und Vorsitzenden des Strafsenats des Oberlandesgerichts und Vorsitzenden des Senats für Entschädigungssachen aufgestiegen, wiederholt die Verurteilung von Richtern der nationalsozialistischen Sondergerichte und die Wiedergutmachung von Opfern der Sondergerichte verhindert hatte, wurden unter seinem Vorsitz in den Jahren 1959–1965 viele Kommunisten wegen bloßer staatsfeindlicher Meinungsäußerungen verurteilt. Im Jahre 1962 bestätigte Meier-Branecke die Mehrfachverurteilung von Zeugen Jehovas wegen Wehrdienstverweigerung. In einem der von ihm gutgeheißenen Urteile heißt es: »Eine Grundanschauung, die solche Zwecke (den ›dem Gebote der christlichen Nächstenliebe‹ entsprechenden Zivildienst) missbilligt, muss als staatsfeindlich, asozial und unchristlich bezeichnet werden.«[5] Als Totalverweigerer lehnen die Zeugen Jehovas den Zivildienst in seiner Funktion als Ersatzwehrdienst ab, nicht etwa, weil sie karitative Betätigung mißbilligen. In Zeitschriftenaufsätzen und durch seine Mitwirkung an dem von dem ehemaligen Kriegsrichter Prof. Erich Schwinge herausgegebenen und überarbeiteten Buch von Otto Peter

Schweling[6] betätigte Meier-Branecke sich als apologetischer Chronist seiner eigenen Funktion im Dritten Reich.

In Podiumsdiskussionen und in Zeitungskommentaren[7] forderte er eine Verschärfung von Strafrecht und Strafvollzug. Verfehlt seien die »Liberalisierung und Humanisierung der Strafrechtspflege« und das »Resozialisierungsprinzip« in einer Zeit, in der die Täter immer brutaler und unmenschlicher planten und handelten. Meier-Branecke beklagte den in der Bundesrepublik fortschreitenden »Freiheitsverlust von Millionen von Mitbürgern durch die riesig angeschwollene Kriminalität« im Unterschied zu einer Zeit, in der die Sicherheit in Parks und Wäldern sowie abends auf der Straße hoch gewesen sei. Meinte er damit die Sicherheit und Freiheit der Jahre von 1933 bis 1945?

»Die Anderen mochten sich mit der großen Politik befassen«

Auch ein Meier-Branecke in enger Zusammenarbeit verbundener Kollege hatte sich, jedenfalls nach eigener Einschätzung und der seiner Sekretärin, aus der Politik herausgehalten: »Wenn Sie anlässlich der Weihnachtsfeiern oder Kameradschaftsabende der Dienststelle mit warmer Stimme Goethe und andere Gedichte vortrugen, da verstummte alles Lärmen, aller Trubel. Das war und ist Ihre Welt, schöne geistige Literatur und ein glückliches Familienleben. Die Anderen mochten sich mit der großen Politik befassen.«[8] »Seiner kosmopolitischen Denkungsart und seinem humanistischen Bildungsideal lag das nationalsozialistische Denken vollkommen fern«, bescheinigte ihm einer seiner damaligen Untergebenen in einem weiteren »Persilschein« vom 9. Juli 1946. Er sei ein Jurist gewesen, »der ausschließlich seinem Beruf sowie seinen wissenschaftlichen und schöngeistigen Neigungen gelebt hat, abhold jedem politischen Treiben, in welchem er eine Gefahr für die Überparteilichkeit seines Amtes sah«.[9]

Wer war es, der in politischer Enthaltsamkeit »sich in seiner rein fachlichen Arbeit vergrub« und worin bestand diese rein fachliche Arbeit? Welche Texte diktierte er in seinem Dienstzimmer in Berlin seiner Sekretärin? Das Beispiel des Dr. Werner Hülle zeigt, dass die Illusion eines politikfernen Rechts und politische Willfährigkeit durchaus Hand in Hand gehen können, ja dass ein Jurist, der seine Arbeit als bloße Rechtstechnik begriff, zum Schreibtischtäter und Massenmörder werden konnte.

So unpolitisch, wie er und seine Kameraden sich sehen wollten, war Hülles Handeln schon vor Kriegsausbruch nicht gewesen. In dem gemeinsam mit Heinrich Dietz im Jahre 1935 veröffentlichten Kommentar zur Militärgerichtsordnung lobte er die »nationalsozialistische Revolution«: »Sie gab der Wehrmacht binnen kurzem das zurück, was blinder Hass und Unverstand ihr geraubt hat [...]. Die neue Ordndung ist kraftvoll, straff und volkshaft.« Die Einrichtung des »Gerichtsherrn«, der jedes kriegsrichterliche Urteil auch zu Ungunsten eines Angeklagten aufheben konnte, war für Werner Hülle die Konsequenz der selbstverständlichen »Erkenntnis, dass die militärische Befehlsgewalt ihrer alles umfassenden Natur nach unteilbar und die Verantwortung des Befehlshabers für die Aufrechterhaltung der Mannszucht unbegrenzt ist«.[10] Mit dem Zitat »Der Führer ist des Deutschen Volkes Oberster Gerichtsherr« berief er sich ausdrücklich auf die berüchtigte Rede Adolf Hitlers vom 3. Juli 1934 mit dem Anspruch, sich ohne Bindung an Gesetz und unabhängigen Richterspruch zum Herren über Leben und Tod, damals über die Leben der beim vorgeblichen »Röhm-Putsch« Ermordeten, aufschwingen zu dürfen. In seinen zahlreichen Aufsätzen in der Zeitschrift für Wehrstrafrecht forderte Hülle eine einheitliche geistige Ausrichtung aller Militärjuristen auf eine »Rechtsfindung [...], geboren aus einer geheimnisumwobenen Schau unserer Seele«. Allein die aus dem »gesunden Volksempfinden« abzuleitende Überzeugung, »von der Wirklichkeit eine zutreffende Vorstellung gewonnen zu haben«, gebe »jenen bluthaften Kräften, die die Weltanschauung des Soldaten bewegen, eine weitere [...] Einwirkungsmöglichkeit auf die Rechtsanwendung«.[11]

Dem mit solcher Art von Sprachbegabung Begnadeten eröffneten sich im NS-System große Aufstiegschancen. Hülle stieg im Reichskriegsministerium, später umgewandelt in die Rechtsabteilung des Oberkommandos der Wehrmacht (WR), zum Leiter der wichtigsten Abteilung, nämlich der Gesetzgebungsabteilung auf. Damit und zugleich als Vertreter des Chefs von WR Rudolf Lehmann, war Hülle maßgeblich an Hunderten von militärischen Unrechtsgesetzen, Verordnungen und Erlassen beteiligt. Was auf den ersten Blick als abstrakte, trockene Juristenmaterie erscheint, war die Grundlage für tausendfaches, im Fall des von der Wehrmachtrechtsabteilung mitzuverantwortenden Barbarossa-Erlasses sogar millionenfaches Unrecht.

Der bereits im Frühjahr 1941 auf Veranlassung der Obersten Wehrmachtführung in der Rechtsabteilung des Oberkommandos der Wehrmacht von Rudolf Lehmann mitformulierte Barbarossa-Kriegsgerichtsbarkeitserlass[12] entzog die Verfolgung von Straftaten der deutschen Truppe gegen sowjetische Zivilisten ebenso wie die Verfolgung der gegen die deutsche Truppe gerichteten brutalen Aktionen von »Partisanen« und anderen Zivilisten der Zuständigkeit der Kriegsgerichte. Mit dieser für die Massenverbrechen vorab gewährten Amnestie machte man große Teile der sowjetischen Zivilbevölkerung, darunter Juden sowie Zigeuner und psychisch Behinderte, zu ungeschützten Opfern des einkalkulierten Massenmordes. Die durch das Feindbild vom »sowjetisch-bolschewistischen Untermenschentum« zunehmend indoktrinierte Wehrmacht konnte gemeinsam mit den NS-Einsatzgruppen unter dem Deckmantel der »Partisanenbekämpfung« Millionen sowjetischer Bürger straflos umbringen. Schwerpunktmäßig über Jahre hinweg hatte Werner Hülle auch an der Formulierung und Durchführung des völkerrechtswidrigen »Nacht- und Nebel«-Erlasses[13] mitgewirkt.

Ein Oberlandesgerichtspräsident in ungewohnter Rolle: Dr. Werner Hülle vor dem Schwurgerichtssaal in München am 5. Oktober 1957 als wegen des Verdachts der Beteiligung am Totschlag unvereidigt bleibender Zeuge. Foto: Georg Fruhstorfer.

Nicht anders als alle anderen Militärjuristen ist Werner Hülle nach dem Krieg nie mit Erfolg zur Rechenschaft gezogen worden. Seine steile Karriere konnte er sogar noch fortsetzen. Schon im Jahre 1950 hatte er es zum Richter am Bundesgerichtshof gebracht, 1955 zum Präsidenten des Oberlandesgerichts Oldenburg. Nur einmal wurde das Wirken dieses Schreibtischtäters in einem kleinen Ausschnitt Gegenstand der öffentlichen Aufmerksamkeit: In dem Schwurgerichtsverfahren gegen den Generalfeldmarschall Ferdinand Schörner wurde Werner Hülle als Zeuge vernommen. Um die Jahreswende 1944/1945 hatte er die rigorosen standrechtlichen Gesetzesnormen entworfen, die zur Erschießung ungezählter Soldaten in den letzten Kriegsmonaten führten. In jenem Schwurgerichtsverfahren gegen Schörner blieb Werner Hülle unvereidigt, weil »der Beteiligung (an den Erschießungen) selbst verdächtig«. Ein Strafverfahren gegen Werner Hülle wurde eingestellt. Hülle wollte am Tage der Herausgabe des in Wochen vorbereiteten Schießbefehls eine fiebrige Grippe gehabt haben.[14]

Werner Hülle war wohl wirklich kein politisch bewusster Mensch, auch kein überzeugter Nationalsozialist. Zu solch wolkigen Höhen wie in den oben wiedergegebenen Textstellen hat er sich in seinen vielen Schriften vor und nach 1945 sonst selten aufgeschwungen, ein so unklarer Kopf er auch war. Er war ein Formalist mit einer nur schwach ausgeprägten Fähigkeit, die sozialen Zusammenhänge des Rechts in der einen oder anderen Richtung zu durchschauen. Ihn schauderte auch nicht angesichts einer schuldbeladenen Vergangenheit, an der er selbst maßgeblich mitgewirkt hatte. Im Gegenteil wusste er in seinen zur älteren Rechtsgeschichte gehaltenen Vorträgen, die er vor der ihn verehrenden Oldenburger Richterschaft bis kurz vor seinem Tod im Jahre 1992 hielt, in der Beschäftigung mit der Geschichte »nichts Angenehmeres (zu sehen), als mich des Vergangenen zu erinnern [...]. Goethe hat davon gesprochen, es breite sich unter den Zuhörern ein wohliges Behagen aus, wenn man ihnen die Geschichte in Erinnerung bringe; sie freuten sich dann an den Tugenden ihrer Vorfahren und belächelten deren Schwächen, die sie längst überwunden zu haben glaubten.«[15] Seine Worte am Grabe seines ehemaligen Vorgesetzten, des Generaloberstabsrichters Dr. Rudolf Lehmann, im Sommer 1955 mochte er wohl auch auf sich selbst beziehen: »Gerechtigkeit und Menschlichkeit, das waren die hohen Ziele, um die er mit echter männlicher Leidenschaft gerungen hat.«[16]

Von der Wehrlosigkeit der Gerichte gegen das Eindringen staatlichen Unrechts

Ein Fall von besonderer Komplexität ist die Tätigkeit des Militärjuristen Eberhard Schmidt. Schon im Jahre 1921 auf einen Lehrstuhl für Strafrecht berufen, bekleidete er im Nebenamt ab etwa 1936 den Posten eines Kriegsrichters, ab 1941 im Rang eines Oberkriegsgerichtsrats.

Über die Tätigkeit des Oberkriegsgerichtsrats Eberhard Schmidt ist für die Jahre bis 1944 wenig bekannt geworden. Als wissenschaftlicher Autor nahm Eberhard Schmidt an dem von der Führung vorgegebenen harten Kurs nicht teil. So wandte er sich gegen die extensive Ausweitung des Begriffs der »öffentlichen Äußerung« bei dem Tatbestand der Wehrkraftzersetzung (§ 5 Abs. 1 Ziff. 1 Kriegssonderstrafrechtsverordnung), gegen die Berücksichtigung lügnerischen Tatbestreitens bei der Strafzumessung und gegen die Versagung von Schuldminderungsgründen bei sogenannten »Psychopathen«, überhaupt gegen die Zerstörung der verfahrensrechtlichen Garantien durch die verschärften Kriegsgesetze und -entwürfe, eine »höchst gefährliche Tendenz, (die uns) um sechs Jahrhunderte zurückwerfen« würde.[17] Solche kritischen Äußerungen mochten auch einer Einstellung geschuldet sein, die bei grundsätzlicher Billigung der Praxis der Militärgerichtsbarkeit dem Zweck diente, wissenschaftliche und richterliche Unabhängigkeit zu demonstrieren. Ihr Vorhandensein zeigt aber zumindest den großen Handlungsspielraum an, in der sich die Militärjuristen bewegen konnten.

Für die Endphase des Zweiten Weltkrieges steht Eberhard Schmidt wohl nur auf den ersten Blick in Zwielicht. Unter anderem in Nordbaden wurden unter dem Kommando des Generalrichters Dr. Hans Boetticher mit rasch herbei beorderten Kriegsrichtern besetzte »Fliegende Standgerichte« zur Bekämpfung der »Auflösungserscheinungen« eingesetzt. Von der Feldgendarmerie oder der SS aufgegriffene desertierte oder sonst »versprengte« Soldaten wurden in Schnellverfahren ohne reguläre Anhörung meist zum Tode verurteilt. Die Vollstreckung erfolgte sogleich, in der Regel durch Erhängung an Straßenbäumen. Über solche Hinrichtungen von vier oder fünf Soldaten am 27. oder 28. März 1945 am Rande von Handschuhsheim bei Heidelberg berichtet Alexander Mitscherlich.[18] Einer der verantwortlichen Kriegsrichter, die in der Nacht vom 24. zum 25. März 1944 in einer Gaststätte in Heidelberg von dem Generalrichter Boetticher unter Androhung eines eigenen standrechtlichen Verfahrens auf eine harte Gangart eingeschworen worden waren, war nach dem Bericht von Alexander Mitscherlich nach dem Krieg in seinem Hauptamt geblieben, und zwar als Professor des Strafrechts in Heidelberg, einer, der keineswegs ein Nazi gewesen sei.[19] Später, am 12. Juli 1946, nannte jener Strafrechtsprofessor und Oberfeldrichter jene Urteile empörend, ebenso wie die Art ihrer Vollstreckung. Auch der Umstand, dass Eberhard Schmidt als Rechtwissenschaftler nur wenig Konzessionen an die nationalsozialistische Ideologie gemacht hatte, spricht dafür, dass er gegen die Verhängung der Todesstrafe gestimmt hatte. In einem anderen Fall, am 27. März 1945, rettete Eberhard Schmidt dagegen einen jungen Soldaten im Range eines Unterfeldarztes dadurch, dass er das Verfahren bis nach Kriegsende aussetzte.

Von noch größerem Interesse ist das Wirken Eberhard Schmidts nach 1945. Zur Exkulpation der Militärjuristen, überhaupt aller Juristen des Dritten Reiches, trug er maßgeblich bei. Eine besondere Rolle spielte hier die sogenannte Positivismus-These. Danach soll der den Juristen in der Ausbildung eingeimpfte Grundsatz, Gesetze seien unbesehen, ohne Prüfung ihres Gerechtigkeitsgehaltes anzuwenden, die Ursache für gewisse Entgleisungen gewesen sein. Der »extreme Gesetzespositivismus (habe) den Rechtsstand und vor allem die Gerichte rechtlich wehrlos (gemacht) gegen das Eindringen staatlichen Unrechts in den Raum des Rechts«. Eberhard Schmidt war der Hauptpropagandist dieser Exkulpationsstrategie: »Das in Gesetzestreue geschulte und bewährte Richtertum stand damit vor einer mit richterlichen Mitteln nicht mehr lösbaren Problematik. Aber nicht die Justiz, sondern ganz allein der Gesetzgeber hatte die Fahne des Rechts verlassen. Und mit der Verantwortung für die Folgen dürfen heute weder Rechtswissenschaft noch Justiz beladen werden, da diese ganz allein den um jeden rechtlichen Halt gekommenen Gesetzgeber trifft.«[20] Damit stellte er die Dinge nahezu auf den Kopf. Mit der Gesetzesunterworfenheit der Richter hatte es nichts zu tun, wenn Richter weit über den Wortlaut von Gesetzen hinaus gingen und die gesetzlichen Spielräume extensiv zu Lasten von Angeklagten nutzten. Insbesondere die Militärgesetzgebung bot genügend Freiräume, um einigermaßen menschliche Urteile zu ermöglichen.[21] Keine einzige dieser Gesetzesnormen sah die Todesstrafe zwingend vor. Selbst bei »Zersetzung der Wehrkraft« konnte das Gericht es in »minder schweren Fällen« (§ 5 Abs. 2 Kriegssonderstrafrechtsverordnung) bei einer Freiheitsstrafe bewenden lassen. Und wann lag überhaupt »Zersetzung der Wehrkraft« vor? Bei einem solch schwammigen Begriff war eine einengende Auslegung geboten. Viele Todesurteile wegen »Zersetzung der Wehrkraft« kamen erst aufgrund einer missbräuchlich grenzenlosen Auslegung zustande.

Wer es allerdings gewagt hätte, auf solche Widersprüche der Nachkriegswissenschaft aufmerksam zu machen und den mittels pompöser Juristensprache belegten Nebel zu lichten, gar auf die inflationäre Todesstrafenpraxis der in der Bundesrepublik weiteramtierenden Juristen zu erinnern, hätte bis in die Siebziger Jahre hinein seine berufliche Zukunft aufs Spiel gesetzt. Diejenigen, die die Verantwortung allein auf die Gesetzgeber abschieben wollten, hatten auch verdrängt, dass es Juristen wie Werner Hülle und Meier-Branecke waren, die an der Gesetzgebung selbst mitgewirkt hatten.

Auch hier meinte man aber, die Verantwortung an andere weiterreichen zu können: Der Generaloberstabsrichter Rudolf Lehmann sei doch vom US-Militärgerichtshof »nur wegen Beteiligung an der Formulierung als völkerrechtswidrig bezeichneter Befehle« verurteilt worden.[22] Dass die spezifische Funktion der Justiz in einem totalitären System gerade darin besteht, Unrecht bis hin zum Massenmord mit dem Schein des Rechts zu versehen, vor dem Terror eine Legalitätsfassade zu errichten, wollte den Apologeten nicht in den Sinn kommen. Ganz ähnlich hatte schon Generalfeldmarschall Wilhelm Keitel, der Chef des Oberkommandos der Wehrmacht, sich im Nürnberger Kriegsverbrecherprozess damit verteidigt, »wir«, also das OKW, hätten nicht selbst entschieden, sondern die von Hitler gefällten Entscheidungen nur »in eine Form gebracht« und weitergegeben.

Eberhard Schmidt verhinderte eine selbstkritische Gewissensprüfung der deutschen Justiz, indem er ein ungebrochenes richterliches Selbstverständnis pflegte. Dass Richter irren, gar am Unrecht mitwirken könnten, erschien ihm undenkbar: »Richterliche Haltung in Gestalt unbedingter Intention auf Wahrheit und Gerechtigkeit und als Folge strenger Berufspflichten und ständiger Berufsübung, als Folge auch gerade der wissenschaftlichen Geistesbildung, darf beim Berufsrichter als gewährleistet angesehen werden.«[23] Diese Eigenschaft habe sich der Richterstand »durch zwei Weltkriegskatastrophen, durch unerhörte wirtschaftliche Niederbrüche und Vermögensverluste und durch eine ganze Serie von die Welt verändernden Umwälzungen bewahrt«, weiterhin »von einem aufs höchste zu preisenden Berufsethos durchdrungen«.[24] Mit einem solchen Unfehlbarkeitsdogma, unfähig zwischen Anspruch und Wirklichkeit zu unterscheiden, teilte auch ein kluger Kopf wie Eberhard Schmidt das bis heute tradierte Berufsverständnis der Juristen, das nicht nur in der Frühzeit der Bundesrepublik eine selbstkritische Auseinandersetzung mit der Justizgeschichte behinderte und das Fortwirken der Funktionseliten der Jahre 1933 bis 1945 sicherte, sondern es auch in Ausbildung und Fortbildung der Juristen erschwert, kritische Fragen an die Justiz zu richten und über verhängnisvolle Denkstrukturen nachzudenken. Im Gegenteil sah Schmidt in jeder »unsachlichen« Kritik an Gerichtsentscheidungen oder an der Vergangenheit eines Richters eine schwere Bedrohung der richterlichen Unabhängigkeit. Zum Schutz der Richter müssten Presseberichte unter Gefängnis- oder Geldstrafe gestellt werden, »die geeignet sind, das Gericht oder einen Richter verächtlich zu machen, sein Ansehen herabzusetzen oder Zweifel an seiner dienstlichen oder politischen Eignung hervorzurufen«.[25] Deshalb verwahrte Eberhard Schmidt sich auch gegen jede grundsätzliche Kritik an den nationalsozialistischen Juristen. Bei aller Bedenklichkeit des Gesetzespositivismus dürfe man nicht von einer positivistischen »**Ver**bildung« des Richterstandes sprechen. In der am Positivismus orientierten Gesetzestreue habe in der Militärjustiz eine »entsagungsvolle, echte und ernsthafte berufsethische Haltung gewirkt«.[26]

Angesichts einer so unterstellten richterlichen Integrität hielt er es für bedenklich, einen Richter für eine aufgrund eines Unrechtsgesetzes verhängte Todesstrafe haftbar zu machen, auch mit Rücksicht auf die ihm drohende »Lebensgefahr«, die er durch die Nichtanwendung eines solchen Gesetzes »über sich heraufbeschworen« hätte. Darüber, dass in den Jahren 1933 bis 1945 keinem Richter aus einer politisch missliebigen Entscheidung ein wesentlicher Nachteil erwachsen ist, sah er hinweg. Die Möglichkeit, dass ein Richter sich von rechtsfremden Erwägungen wie Aufstiegsbedürfnis oder bloße Bequemlichkeit leiten lassen könne, geriet ihm nicht in den Blick.

»Seine mehrjährige Tätigkeit am Reichskriegsgericht dürfte ihn für den Bundesgerichtshof besonders qualifizieren«

Nach 1945 galt die mörderische Vorbelastung der Militärjuristen nicht als Makel. Man sah sie durch ihre Vergangenheit sogar für die Beförderung in Schlüsselpositionen in der Justiz besonders ausgewiesen. Dr. Erich Lattmann ist nur eins von vielen Beispielen. Dr. Erich Lattmann trat wie viele andere 1934 in den Heeresjustizdienst ein. Bis zum Jahre 1944 brachte er es bis zum Generalrichter. Das war der höchste Rang in der Wehrmachtgerichtsbarkeit.

Als Vorsitzender des 4. Senats des Reichskriegsgerichts wirkte er an 23 Todesurteilen mit. Als todeswürdig galt auch die Verweigerung des Kriegsdienstes eines Zeugen Jehovas aus religiöser Überzeugung und die Unterstützung der »Roten Hilfe« mit geringfügigen Spenden. Zu den Opfern Lattmanns gehörte auch Dr. Mildred Harnack, Mitglied der sogenannten Roten Kapelle. Viele Urteile umfassten gerade eine halbe Schreibmaschinenseite.[27] Doch war dies nur der kleinere Teil der von Lattmann zu verantwortenden Morde. Als Chef der Heeresrechtsabteilung (HR) wirkte er an der Bestätigung von Todesurteilen mit, darunter an der Bestätigung der 38 Todesurteile gegen die »Verteidiger der Danziger Post«.[28] Wer den Roman »Die Blechtrommel« von Günter Grass gelesen hat, weiß um das Schicksal der hingerichteten polnischen Patrioten. Die mit den kriegsgerichtlichen Urteilen vom 8. und 29. September 1939 begangene Rechtsbeugung ist erst im Jahre 1998 festgestellt worden.

An dem rasseideologischen Vernichtungskrieg wirkte Lattmann in vielfältiger Hinsicht mit. Schon bei der Planung des Angriffskrieges hatte er vehement für ein Zurücktreten des »Rechtsempfindens hinter den Kriegsnotwendigkeiten« plädiert und den Kommissarbefehl mit entworfen. Danach waren die sogenannten politischen Kommissare der Sowjetarmee »unauffällig [...] zu erschießen«.[29] Auf einer Besprechung im Kreis von Heeresführern am 19. Mai 1941 erläuterte Lattmann den Kommissarbefehl und den Barbarossa-Kriegsgerichtsbarkeits-Erlass mit der darin praktisch gewährten Straffreiheit für Verbrechen gegen Landeseinwohner und Kriegsgefangene. Aus Ortschaften, aus denen geschossen würde, seien »30 Mann zu erschießen«.[30]

Im Jahre 1949 fand Lattmann eine Anstellung als Amtsgerichtsrat, dann als Oberamtsrichter in Clausthal-Zellerfeld. Das war natürlich weit unter seinem Rang als Generalrichter. Diese Selbsteinschätzung seiner Qualifikation teilten seine neuen Dienstvorgesetzten: »Für Strafsachen ist er dadurch besonders qualifiziert, dass er seit dem 1. März 1934 bis zum Zusammenbruch in der Heeresjustiz beschäftigt war, und zwar seit 1. Oktober 1942 als Reichskriegsgerichtsrat. Diese seine mehrjährige Tätigkeit am Reichskriegsgericht dürfte ihn für ein Mitglied des Strafsenates des Bundesgerichtes besonders qualifizieren.« Er habe sich als Strafrichter in Clausthal-Zellerfeld »erneut bewährt«. Dr. Lattmann sei »eine saubere, eindrucksvolle Persönlichkeit, die nicht nur durch gründliche juristische Durchbildung, sondern durch hohe menschliche Qualitäten, insbesondere Zuverlässigkeit und Charakterstärke und Entschlussfreudigkeit ausgezeichnet ist.«[31]

Ordensauszeichnung für einen Protagonisten des NS-Massenmords

Lattmann ging dann doch nicht zum Bundesgerichtshof. Freilich war die Militärjustiz dort auch ohne ihn zahlreich vertreten. Zu den zehn allein in der Zeit bis zum 30. Juni 1953 zu Richtern am Bundesgerichtshof ernannten ehemaligen Wehrmachtjuristen gehörte auch Ernst Mantel. Als er sich am 31. August 1959 vorzeitig pensionieren ließ, verlieh ihm Bundespräsident Theodor Heuss das Große Verdienstkreuz des Verdienstordens der Bundesrepublik Deutschland. Dies geschah in Kenntnis der Taten Mantels in der Zeit bis 1945.

Mantel hatte sich den Nationalsozialisten frühzeitig angedient. Um sich im Sinne der NS-Ideologie zu qualifizieren, ließ er sich in den Jahren 1933 und 1934 zum Sondergericht München, danach als Untersuchungsrichter des Volksgerichtshofs abordnen. Beim Ausfüllen seines Personalfragebogens brüstete er sich damit, dass er 1920 wegen Groben Unfugs, begangen durch »Ankleben von Zetteln antisemitischen Inhalts« mit einer Geldstrafe belegt worden war. Nach seinem Übertritt zum 1. Juni 1937 in den Heeresjustizdienst wechselte er 1938 in die Heeresrechtsabteilung (HR), wo er es an führender Stelle bis zum Generalrichter brachte. Auch er wirkte an der Durchsetzung der Todesurteile gegen die Verteidiger der Danziger Post mit. Als engster Mitarbeiter des HR-Leiters Eugen Müller steht Mantel in dringendem Verdacht, an der Ausarbeitung des Kommissarbefehls mitgewirkt zu haben. Jedenfalls schworen er und Eugen Müller schon am 10. Juli 1941 auf einer Kommandeurbesprechung die noch widerstrebenden Generale auf den Kommissarbefehl ein.[32]

Ein schwer durchlebtes Richterschicksal

Zu den vielen nach 1945 in Schlüsselpositionen weiterwirkenden Militärjuristen gehörte auch ein Kollege Ernst Mantels, Dr. Ernst Kanter. Angeblich um dem Einfluss der Parteidienststellen auf die Ziviljustiz zu entgehen, wechselte Kanter zur Wehrmachtjustiz über.[33] Nach einer Tätigkeit in der Heeresrechtsabteilung ließ er sich als Reichskriegsgerichtsrat zum Reichskriegsgericht versetzen. Unter seiner Mitwirkung ergingen dort auch mehrere Todesurteile gegen Kommunisten und Zeugen Jehovas, die den Kriegsdienst verweigert hatten. Nach Hubert Schorn trug er »die Last seines richterlichen Amtes nur deshalb weiter, weil er hoffte, mit dem ganzen Einsatz seiner Persönlichkeit Ungerechtigkeiten begegnen und harte, unbegründete Strafen abwenden zu können«.[34] Weil er dazu schließlich »keine Möglichkeit mehr sah«, ließ er sich im Februar 1943 vom Reichskriegsgericht wegversetzen. Was nach seinem Apologeten Hubert Schorn in der damaligen Zeit ein Ausdruck »höchsten Mutes« war, war tatsächlich die Beförderung zum Generalrichter und Einsetzung als Chefrichter der deutschen Truppen in Dänemark. Zu seinen Aufgaben gehörte nun neben der allgemeinen Dienstaufsicht auch die Bestätigung der zahlreichen Todesurteile gegen dänische Widerstandskämpfer und deutsche Soldaten. In den Ernst Kanter unterstellten Gefängnissen sind ungefähr 402 Dänen ermordet worden. Mit dem Dienstantritt Kanters nahm die bisher milde Praxis der Kriegsgerichte ein rasches Ende. In enger Zusammenarbeit mit dem Reichskommissar Werner Best wurden unter Kanter 103 dänische Widerstandskämpfer zum Tode verurteilt.[35] Was nach Kriegsende Anlass für ein Strafverfahren wegen Mordes und andere Verbrechen hätte sein müssen, war nach Hubert Schorn »ein schwer durchlebtes Richterschicksal, nur tragbar im Vertrauen auf Gott und auf die Gewissheit, dem richterlichen Eide im Kampfe für Recht und Gerechtigkeit die Treue gehalten zu haben [...]. Das geschlossene Bild einer Richterpersönlichkeit, eines wirklich königlichen Richters.« Im Jahre 1950 trat Kanter, bald zum Ministerialdirigenten befördert, in das Bundesjustizministerium ein. Dort war er maßgeblich mit der Prüfung der gegen NS-Juristen erhobenen Vorwürfe und dem Entwurf des ersten Amnestiegesetzes befasst. Gleichzeitig versuchte er im Sinne der Wünsche von Werner Best auf eine weitgehende Straffreiheit für NS-Gewaltverbrechen hinzuwirken.[36] Dagegen widersetzte er sich im Jahr 1957 einer Amnestie für im Rahmen der politischen Justiz verurteilte Kommunisten.[37] Im Jahre 1958 gelangte er endlich an den Bundesgerichtshof als Präsident des für politische Strafsachen zuständigen und insbesondere mit Strafverfahren gegen Kommunisten befassten Dritten Strafsenats. Erst auf massiven öffentlichen Druck hin ließ Kanter sich im September 1959 »aus gesundheitlichen Gründen« in den Ruhestand versetzen.

Von der »segensreichen« Tätigkeit der Wehrmachtjustiz

Die meisten Kriegsrichter verlegten sich hinsichtlich ihrer Vergangenheit auf Schweigen und überließen ihre Rechtfertigung anderen. Zu den Ausnahmen gehörte der spätere Marburger Landgerichtspräsident Otfried Keller.[38] In seinen Lebenserinnerungen[39] berichtet er mit unverhohlener Genugtuung über seine Tätigkeit als Divisionsrichter und damit in einer gehobenen Position, die neben vielen eigenen Urteilen auch die Überprüfung und Bestätigung der Urteile der Keller unterstellten Kriegsrichter umfasste. Diese Tätigkeit stellte er in den Mittelpunkt seiner Erinnerungen, »zum einen weil ich mit Freude, Stolz und Dankbarkeit an diese Jahre zurückdenke, zum anderen um damit eine gerechtere Beurteilung einer Zeit zu ermöglichen, deren Darstellung augenblicklich in erschreckendem Umfang von ideologisch indoktrinierten und Pseudo-Wissenschaftlern, Hobbyforschern und Enthüllungsjournalisten betrieben wird.« Folgt man seiner Darstellung, bestand die Tätigkeit eines Divisionsrichters und überhaupt der allermeisten anderen Kriegsrichter nahezu ausschließlich in der Verhängung maßvoller Freiheitsstrafen, die mit extrem seltenen Ausnahmen, auch in Fällen von Wehrkraftzersetzung, Selbstverstümmelung usw. zur Bewährung ausgesetzt wurden. Unter welchen lebensgefährlichen und grausamen Bedingungen die »Bewährung« erfolgte, erfährt man nicht.

Vom militärischen Denken lösen konnte Keller sich auch nach Kriegsschluss nicht. Als das Bundesverteidigungsministerium für den damals möglich erscheinenden Dritten Weltkrieg eine neue Kriegsgerichtsbarkeit nach altem Muster installieren wollte[40], meldete er sich sofort freiwillig. Als Major der Reserve wurde er in den Jahren 1958 bis 1962 »auf dem Höhepunkt seiner Laufbahn [. . .] noch einmal, was ich zu dem Beginn über fast ein Jahrzehnt und im Grunde wohl auch geblieben war: Richter und Soldat«.

Einem solchen Verteidiger der Wehrmachtjustiz musste denen, die eine Aufhebung der Todesurteile gegen Kriegsdienstverweigerer und Deserteure als unerträglichen Traditionsbruch ansahen, hoch willkommen sein. Von der CDU/CSU-Fraktion zum Gutachter bestellt, verteidigte Keller am 29. November 1995 vor dem Rechtsausschuss des Bundestages die Wehrmachtjustiz als »echtes Organ der Rechtspflege« mit einem »rechtsstaatlichen Verfahren«, das sich für die Angeklagten »segensreich« ausgewirkt habe.[41] Während des Hearings musste man Keller an seine eigenen Todesurteile erinnern.

Im Weltkrieg liegt die Geburtsstunde des Führertums

Keinen Anlass, über seine Vergangenheit als Kriegsrichter zu schweigen, sah auch Carl Friedrich Ule. Ule, der im Jahre 1940 von der Ziviljustiz zur Marinekriegsjustiz übergetreten war, von Anfang 1943 bis 1945 als Geschwaderrichter Vorgesetzter des Marinekriegsgerichts in Trondheim, zwischendurch auch am Kreiskriegsgericht amtiert hatte, beschreibt sich in seinen Lebenserinnerungen selbst als idealen Richter, der nur »Gutes« bewirkt, jedenfalls immer das »Schlimmste« verhindert hat.[42] Auch er möchte »keinen einzigen Abschnitt« seiner Tätigkeit im Dritten Reich »missen«. Die Behauptung einer Willfährigkeit der Wehrmachtjustiz ist für ihn eine bloße Legende. Von irgendwelchen Einwirkungen der Justizverwaltung auf die Rechtssprechung sei nichts zu bemerken gewesen. Der Verfasser erinnert sich an keinen einzigen Fall, in dem eine neue politische Lage eine Rolle gespielt habe.

Zu seiner Tätigkeit, »an die er gern zurückdenkt«, rechnet Ule ersichtlich auch seine schriftstellerischen Aktivitäten. Mit einer Fülle von Schriften hatte er sich zum nationalsozialistischen Führerstaat und zur Volksgemeinschaftsideologie bekannt. Der Schluss seiner Habilitationsschrift[43] bot dem im Jahre 1940 vorsichtshalber erst im Abordnungsverhältnis zur Marinejustiz Übergetretenen die Gelegenheit zu einem Doppelbekenntnis: »Im Krieg gilt nicht der bloße Befehlshaber, sondern der Führer. Deshalb liegt auch im Weltkriege die Geburtsstunde des nationalsozialistischen Führertums.« Für Ule war »das schlichte Geheimnis aller Führung [...], dass einer vorausgeht, aber vorausgeht mit einer Art vorauszugehen, dass die anderen nicht anders können als nachfolgen«.

Während mit wenigen Ausnahmen ihm aus seiner Kriegsrichtertätigkeit kein Fall in Erinnerung geblieben ist, »der mich als Mensch, Richter oder Jurist besonders berührt hat«, erfahren wir immer wieder von den von Ule in Frankreich und anderen Orten besuchten Restaurants und dort verzehrten Köstlichkeiten und den anderen Annehmlichkeiten und Privilegien, die den einfachen Soldaten allerdings nicht zur Verfügung standen. Seine Mitwirkung an der Aburteilung eines »Sabotageaktes« durch das Reichskriegsgericht in Eckernförde erschien Ule nicht bemerkenswerter als der ihm bei dieser Gelegenheit ermöglichte »Abstecher« nach Kiel. Den im Jahre 1942 gefassten Entschluss, aus dem bloßen Abordnungsverhältnis nun wieder in den aktiven Marinejustizdienst einzutreten, bezeichnete er als »Flucht in die Wehrmacht«, »nach Gottfried Benn [...] die aristokratische Form der Emigration«. Ihm sei klar geworden, dass für einen unabhängigen Menschen wie ihn nach dem Kriege kein Platz mehr in der Ziviljustiz sein würde. Nach dem Desaster in Stalingrad hielt er es wiederum für opportun, seine Aktivierung in das Abordnungsverhältnis eines Reserverichters zurückzuverwandeln (was an der tatsächlich ausgeübten Funktion als Kriegsrichter nichts änderte). Die Erkenntnis der bevorstehenden Niederlage hinderte ihn nicht, noch in den letzten Apriltagen des Jahres 1945 an der Verurteilung von zwei nach einem Fluchtversuch wegen Zersetzung der Wehrkraft verurteilten Matrosen und an der Hinrichtung mitzuwirken. Ein Wort des Bedauerns fand er dafür später nicht. Als »bedrückend« empfand er nur die im Winter in Nordnorwegen herrschende Dunkelheit. »Eine schwere Zeit« war es ja nur für ihn. Die Lebenserinnerungen Ules kennzeichnen ihn als einen selbstbezogenen, selbstgerechten Menschen, für den die berufliche Karriere immer im Vordergrund gestanden hat.

Nach dem Krieg avancierte Ule zum Vizepräsidenten des Oberverwaltungsgerichts Lüneburg. Als seine Erwartung, zum Präsidenten dieses Gerichts befördert zu werden, fehlschlug, wechselte er als Professor und langjähriger Rektor an die Hochschule für Verwaltungswissenschaften in Speyer. Regelmäßig, zum sechzigsten, siebzigsten und achtzigsten Geburtstag, ließ er sich mit Festschriften ehren. Dissonanzen gab es erst 1993, als sein Nachfolger und früherer Schüler Professor Helmut Quaritsch zum fünfzigsten Jahrestag des 30. Januar 1933 den Emeritus zu einem Festvortrag eingeladen hatte. Als einer der bedeutendsten Juristen der Bundesrepublik und als Zeitzeuge sei Ule wie kaum ein anderer dazu geeignet. Auf den Protest der Hörerschaft der Hochschule musste der Vortrag abgesagt werden.[44] Der Gedanke, dass Tausende von Juristen ihre verwaltungsrechtliche Prägung durch Juristen von der Mentalität eines Carl Friedrich Ule erhalten haben, berührt merkwürdig. Allerdings war Ule unter den Juristen der NS-Zeit nicht der einzige, der in den Jahrzehnten nach 1945 die Ausbildung der Juristen maßgeblich mitgestaltet hatte.

Schlussbemerkung

Von den ca. 2.500 bis 2.800 Kriegsrichtern des Zweiten Weltkrieges haben fast alle den Krieg wohlbehalten überstanden. So lebensbedrohlich ihre Tätigkeit für ihre Angeklagten war, so ungefährlich war ihre fernab von der Front verrichtete Tätigkeit für sie selbst. Der bloße Hinweis eines Frontsoldaten auf die ungleich höhere Lebenserwartung von Generälen und Kriegsrichtern hätte diesen allerdings selbst vor das Kriegsgericht gebracht.

Zu ihrer Rechtfertigung bemühten die Militärjuristen und ihre Apologeten ein ganzes Bündel von Entlastungsstrategien. Ein wahrheitswidriges Bild ihrer Tätigkeit konnten die Militärjuristen umso leichter zeichnen, als der allergrößte Teil der kriegsgerichtlichen Akten bei einem Bombenangriff auf das Militärarchiv in Potsdam im April 1945 vernichtet worden war. Die noch an den einzelnen Gerichtsorten befindlichen Akten hatten sie mit wenigen Ausnahmen bei »Feindannäherung« selbst verbrannt. Für das methodische Vorgehen bei der Wahrheitsfindung nahmen sie das Prinzip des »Dabeigewesenen« in Anspruch. Niemand könne urteilen, der nicht »dabeigewesen« sei.

Auch in der Geschichtswissenschaft ergriffen die Militärjuristen die Deutungshoheit, sogar mit amtlicher Hilfe: Über viele Jahre hinweg war das Bild der Militärjustiz beherrscht von dem ursprünglich als Gutachten des Instituts für Zeitgeschichte in Auftrag gegebenen, in Zusammenarbeit mit den führenden Militärjuristen erarbeiteten und nach dem Tod des Verfassers von Erich Schwinge herausgegebenen Buch von Otto Peter Schweling.[45]

In der Argumentation der Militärjuristen spielte der Begriff der »inneren Emigration« eine große Rolle. Danach hatten sie sich für den Übertritt zur Wehrmachtjustiz entschlossen, um der in der Ziviljustiz zunehmenden Einwirkung der NSDAP zu entgehen. Wie sehr die Politik, vor allem in den Schnittstellen von nationalkonservativer und nationalsozialistischer Ideologie, sie längst erfasst hatte, und wie sehr ihr Handeln vom Karrieredenken beherrscht war, konnten sie in ihrer Selbstgewissheit nicht reflektieren. Tatsächlich konnte die Justiz deshalb so gut innerhalb des NS-Systems funktionieren, weil ihre Richter mit dem Bewusstsein leben konnten, dass irgendwelche parteipolitischen Gesichtspunkte in ihrer Tätigkeit keine Rolle spielten. Weil sie gewissermaßen mit der »Schere im Kopf« im vorauseilenden Gehorsam handelten, bedurfte es keiner massiven Einwirkung von außen, um die Justiz auf die nationalsozialistischen Ziele auszurichten.

In ihrer scheinbar unpolitischen Grundauffassung lebten die Militärjuristen in einer Scheinwelt von Paragraphen und Begriffen, ohne zu bemerken, wie sehr sie die Rechtsanwendung den Wünschen der Machthaber angepasst hatten. Der gelegentlich durchsickernden Wahrheit mit den vielen Todesurteilen versuchten sie mit der sogenannten Positivismus-Theorie zu begegnen. Was angeblich bloßer Gesetzesgehorsam war, war aber tatsächlich eine Gesetzauslegung im Sinne einer herrschenden Meinung. »Was damals Recht war« (Hans Filbinger), hatten sie selbst mitgestaltet.

Konnte man ihnen, wie bei den in den Rechtsabteilungen (WR, HR usw.) tätigen Juristen, die Mitarbeit an den Unrechtsnormen nachweisen, versuchten sie, die Verantwortung auf Hitler, Keitel und andere Weisungsgeber abzuwälzen. Ähnlich wie der Generalfeldmarschall Wilhelm Keitel zogen sie sich darauf zurück, dass sie die höherenorts gefällten Entscheidungen »nur in eine Form« gebracht hätten. Gerade dadurch, dass sie die zunächst nur mündlich geäußerten Machtsprüche Hitlers mit dem Schein juristischer Korrektheit versahen, unterstützen sie ihn besonders wirksam.

Zu dem Rechtfertigungsarsenal gehörte auch die Behauptung, man habe mitgemacht, um Schlimmeres zu verhüten. Sie seien im Amt geblieben, um die Eigenständigkeit der Kriegsgerichtsbarkeit zu wahren, um »zu retten, was zu retten war«. Dazu, dass Rudolf Lehmann, der Chef von WR, angesichts der immer größeren Zumutungen Hitlers sein Amt nicht zur Verfügung stellte, heißt es: »Sein Schicksal war es, die schwere Last dieses Amtes im Kriege zu tragen.«[46] In die gleiche Richtung geht der Versuch, eindeutig nationalsozialistische Äußerungen in Veröffentlichungen als bloße Maßnahme der »Tarnung« hinzustellen. Letztlich erklärten die Militärjuristen sich selbst zu Opfern des Nationalsozialismus, in einer »seelischen Not- und Leidenszeit der Richterschaft«.[47]

Gott als Anrufungsinstanz

Wiederholt bemühten die Militärjuristen und ihre Apologeten Gott als Anrufungsinstanz, um die Reinheit ihres Gewissens zu beweisen. Nach dem unter Mitwirkung des ehemaligen Oberstrichters Ernst Mantel ergangenen Huppenkothen-Urteil waren durch die Aufgabe, über die Strafbarkeit von Todesurteilen gegen Widerstandskämpfer zu entscheiden, »die Grenzen dessen berührt, was mit den Mitteln irdischer Rechtssprechung entschieden werden kann«.[48]

Ähnlich hatte im Zusammenhang mit den Prozessen gegen die »Euthanasie-Ärzte« der Strafrechtsprofessor Hellmut von Weber dafür plädiert, die Angeklagten einer strafrechtlichen Beurteilung gänzlich zu entziehen. Sie hätten sich in einer »tragischen Pflichtenkollision« befunden: »Die Lösung derartiger Konflikte kann nur vom Absoluten her im Gewissen gefunden werden; sie muss der Einzelne mit seinem Gott ausmachen. Die Rechtsordnung gibt für ihre Lösung keinen Maßstab.« Deshalb nahm von Weber einen »Mangel der Zuständigkeit der Strafgerichte an.[49]

In ähnlich diffusen Erwägungen erging sich das Landgericht Hamburg in dem Verfahren gegen die Marinerichter Petersen und Holzwig wegen der am 9. Mai 1945, also nach der endgültigen Kapitulation, in der Geltinger Bucht ergangenen Todesurteile. Das freisprechende Urteil vom 27. Februar 1953 beginnt mit der an den Römerbrief von Paulus anknüpfenden Überlegung, dass das göttliche Gesetz allen Menschen ins Herz geschrieben und dass die Unterscheidung zwischen Recht und Unrecht eine Gewissensentscheidung sei, um dann den Freispruch mit der Aussage des als Zeugen vernommenen Chefs der Marinerechtsabteilung, des Admiralstabsrichters Joachim Rudolphi, zu begründen, es sei gelungen, den Einfluss der Partei von der Marinejustiz ganz fernzuhalten. Zu einer Überbewertung der Disziplin innerhalb einer Kriegsjustiz könne es auch aus rein militärischen, nicht nationalsozialistischen Gründen gekommen sein. Das zeigten Beispiele aus der römischen und der preußischen Geschichte in aller Deutlichkeit, so etwa der Fall des Prinzen von Homburg oder die Tat des Konsuls T. Manilius Torquatus im lateinischen Krieg, der seinen eigenen Sohn wegen Ungehorsams hinrichten ließ.[50]

Ebenso wie kein einziger Wehrmachtoffizier wegen noch so schwerer Verbrechen verurteilt worden ist, sind auch sämtliche Militärjuristen straffrei davongekommen. Die wenigen vor deutschen Gerichten eingeleiteten Verfahren gegen Kriegsrichter endeten sämtlich mit Freispruch.[51] In den Urteilsbegründungen übernahmen die Gerichte unreflektiert die Perspektive der Angeklagten. Als Argument für die Notwendigkeit harter Strafen erscheinen immer wieder der Krieg und das Erfordernis, »die Disziplin unbedingt zu wahren«, ohne Rücksicht auf die Völkerrechtswidrigkeit des Angriffskrieges und die unter seinem Deckmantel verübten Verbrechen, ohne Rücksicht auch auf das bereits eingetretene Kriegsende.

Gegen die Spitzenjuristen der Wehrmachtjustiz ist in der Bundesrepublik nie ernsthaft ermittelt worden. Dass eine ohnehin desinteressierte Öffentlichkeit überhaupt etwas über die Tätigkeit der Wehrmachtrechtsabteilung erfahren hat, haben wir allein dem amerikanischen Militärgerichtshof zu verdanken, der den Chef von WR Lehmann zu 7 Jahren Haft verurteilt hat.[52] Darin hatten die amerikanischen Juristen in vorbildlicher Klarheit erkannt, dass Abschwächungen mehr kosmetischer Art, die die Beamten von WR in die von Hitler und anderen Stellen gewünschten Unrechtsnormen eingebracht hatten, den Schuldvorwurf nicht entkräften konnten. Diesen Vorschriften sei ihre Bösartigkeit nicht dadurch genommen worden, dass man ihnen »mittels einer verkrampften Rechtskonstruktion [...] einen Anschein von Rechtmäßigkeit geben und sie somit zur Veröffentlichung geeignet machen könnte [...]. Die Strafbarkeit besteht in der grundsätzlich unerlässlichen Arbeit, die ein Stabsoffizier dadurch leistet, dass er das rechtswidrige Ganze in eine praktisch wirksame Form fasst.«

Die Staatsanwaltschaft Kassel, die das einzige deutsche strafrechtliche Ermittlungsverfahren gegen hohe Wehrmachtjustizbeamte geführt hat[53], stellte die Dinge auf den Kopf: »Die höchst komplexe Arbeitsweise der Wehrmachtjustiz macht es unmöglich, heute noch einen kausalen, historisch erkennbaren ›Tatbeitrag‹ einzelner Mitarbeiter des Oberkommandos der Wehrmacht [...] zu den Erlassen und Befehlen Hitlers zu ermitteln.« Die kritisierten Unrechtsnormen seien »eindeutig dem Gehirn Hitlers entsprungen«. Soweit man diesen Befehl überhaupt als völkerrechtswidrig ansehen dürfe, seien allein Hitler oder Himmler dafür verantwortlich zu machen. Die Mitarbeiter der Wehrmachtrechtsabteilung seien »bestrebt gewesen, alles in ihrer Macht Stehende zu unternehmen, um den Erlass abzumildern«. Ihnen sei es zu verdanken, das der »Nacht- und Nebel-Erlass« zumindest als zulässige Repressalie gelten könne. Mit diesem juristischen Kopfstand hat die Staatsanwaltschaft Kassel die besondere Mitwirkung der Juristen in einem Unrechtsstaat in eine widerständige Handlung umgedeutet. Der spezifische Tatbeitrag der Juristen besteht aber gerade darin, dass sie mittels ihrer Sprachgewalt Unrecht gewissermaßen »verrechtlichen«, vor dem Unrecht eine Legalitätsfassade errichten. Die Tatsache, dass kein Staat, auch kein Unrechtsstaat, ohne ein arbeitsteiliges Zusammenwirken aller Institutionen funktionieren kann, überstieg das Vorstellungsvermögen der Kasseler Juristen. Ohnehin stützten sie sich anstelle eigener Gedankenarbeit ausdrücklich auf eine bei dem reaktionären militaristischen Würzburger Rechtsprofessor Friedrich August Wilhelm von der Heydte entstandene Doktorarbeit.[54] Um zu ihren befremdlichen Ergebnissen zu kommen, brauchte die Staatsanwaltschaft Kassel für das in den Jahren 1965 bis 1972 von der Zentralstelle der Landesjustizverwaltungen in Ludwigsburg bereits gründlich vorbereitete Verfahren mehr als 11 Jahre (1972–1983). So konnte sie das Verfahren gegen den inzwischen im 90. Lebensjahr stehenden Erich Lattmann zusätzlich wegen Verhandlungsunfähigkeit infolge »allgemeiner körperlicher Hinfälligkeit« einstellen.

Es blieb nicht nur bei der Straflosigkeit der Militärjuristen. Die meisten von ihnen fanden alsbald auch wieder eine Anstellung in der Justiz. Das bestärkte sie in ihrem unbeschwerten Gewissen. Die »Tatsache, dass unverhältnismäßig viele ehemalige Wehrmachtrichter recht bald in Schlüsselstellungen aufgerückt sind, zeige doch, dass in der Wehrmachtjustiz gute Kräfte sachliche Arbeit geleistet haben.«[55]

1 Persönliche Mitteilung Dr. Hans Meier-Branecke an den Verfasser am 22.2.1980.

2 Geb. 4.7.1900, gest. 10.04.1981.

3 Eigene Angaben von Dr. Hans Meier-Branecke bei einer Podiumsdiskussion im Deutschen Theater Göttingen am 8.11.1981, Westdeutscher Rundfunk 3 v. 10.11.1981, im Originalton abzuhören unter www.forumjustizgeschichte.de/Tondokumente.1.62.O.html.

4 Siehe ebda.

5 Vgl. Helmut Kramer/Wolfram Wette (Hrsg.): Recht ist, was den Waffen nützt. Justiz und Pazifismus im 20. Jahrhundert, Berlin 2004, S. 290.

6 Otto Peter Schweling: Die deutsche Militärjustiz in der Zeit des Nationalsozialismus, Marburg 1977. Vgl. dazu Detlef Garbe: »In jedem Einzelfall bis zur Todesstrafe«. Der Militärstrafrechtler Erich Schwinge, Hamburg 1989, S. 64 ff.

7 U. a. Braunschweiger Zeitung v. 6.6.1972 und 20.7.1977.

8 Im Entnazifizierungsverfahren des Dr. Werner Hülle vorgelegtes Schreiben von Elisabeth Korte vom 25.4.1947, Entnazifizierungsakten im Niedersächsischen Staatsarchiv Wolfenbüttel, Best. 351, Karton 198 Ost 12144.

9 Bescheinigung Rechtsanwalt Dr. Rust v. 9.7.1946, bei den Entnazifizierungsakten, wie Anm. 8.

10 Vgl. Heinrich Dietz/Werner Hülle: Die Militärstrafgerichtsordnung für das Deutsche Reich, Berlin 1935, S. 13 f.

11 Vgl. Werner Hülle: Die Stellung des Militärrichters und seine Aufgaben im künftigen Verfahrensrecht, in: Zeitschrift für Wehrstrafrecht 1937/1938, S. 3 f.

12 Zur Entstehungsgeschichte des Barbarossa-Befehls vgl. Christian Streit: Keine Kameraden, Stuttgart 1978, S. 33–44.

13 Vgl. Helmut Kramer: Die versäumte juristische Aufarbeitung der Wehrmachtjustiz, in: Kramer/Wette: Recht (wie Anm. 5), S. 220.

14 Vgl. ebda., S. 222 f.

15 Werner Hülle: Oldenburgs Weg in den Rechtsstaat. Festvortrag am 1. Oktober 1979, Oldenburg 1980, S. 10.

16 Zit. nach Norbert Haase: Generaloberstabsrichter Dr. Rudolf Lehmann, in: Gerd R. Ueberschär (Hrsg.): Hitlers militärische Elite, Bd. 1: Von den Anfängen des Regimes bis Kriegsbeginn, Darmstadt 1998, S. 154–161, hier: S. 154.

17 Vgl. Fritz Wüllner: Die NS-Militärjustiz und das Elend der Geschichtsschreibung, 2. Aufl. Baden-Baden 1997, S. 350 ff., 542 ff., 549 ff.; Richard Lange: Eberhard Schmidt, in: Zeitschrift für die gesamte Strafrechtswissenschaft, 1977, S. 875.

18 Alexander Mitscherlich: Ein Leben für die Psychoanalyse. Anmerkungen zu meiner Zeit 2. Aufl. Frankfurt/M. 1983, S. 128 ff.; Frank Moraw: Warum der Terror bis zum letzten Tag funktionierte, in: Rhein-Neckar-Zeitung Nr. 70 v. 24.3.1995, S. 21. Akten der Staatsanwaltschaft Heidelberg 1 Js 7133/48 im Generallandesarchiv Karlsruhe, Sign. 309/6093.

19 Eberhard Schmidt übernahm im Jahre 1948 den Lehrstuhl von Gustav Radbruch in Heidelberg.

20 Vgl. Eberhard Schmidt, Unabhängigkeit in der Rechtspflege, in: Tagung deutscher Juristen Bad Godesberg 30. September / 1. Oktober 1947, Hamburg 1947, S. 231.

21 Siehe dazu auch den Beitrag von Manfred Messerschmidt über »elastische« Gesetzesanwendung in diesem Band.

22 Vgl. Schweling, Militärjustiz (wie Anm. 6), S. 92. Zu Lehmann vgl. Haase (wie Anm. 16), S. 154 ff. Das OKW-Urteil ist abgedruckt in: »Fall 12«. Das Urteil gegen das Oberkommando der Wehrmacht, Berlin 1960, S. 283 ff.

23 Vgl. Eberhard Schmidt: Justiz und Publizistik, Tübingen 1968, S. 53.

24 Vgl. Eberhard Schmidt: Berufsjurist und staatliche Rechtspflege, in: Monatsschrift für Deutsches Recht 1948, S. 382.

25 Vgl. Eberhard Schmidt: Unabhängigkeit der Rechtspflege (wie Anm. 20), S. 236, 245, 248 f.

26 Vgl. Eberhard Schmidt: Lehrkommentar zur Strafprozessordnung Teil I, Göttingen 1952, S. 220.

27 Vgl. Otto Gritschneder: Furchtbare Richter. Verbrecherische Todesurteile deutscher Kriegsgerichte, München 1998, S. 52 f.; Hermine Wüllner (Hrsg.), »… kann nur der Tod die gerechte Sühne sein«. Todesurteile deutscher Wehrmachtsgerichte, Baden-Baden 1997, S. 201 ff.

28 Vgl. Dieter Schenk: Die Post von Danzig. Geschichte eines deutschen Justizmordes, Reinbek 1995, S. 92–95, 100, 103 ff., 161, 230, 246.

29 Vgl. Streit: Keine Kameraden (wie Anm. 12), S. 44 ff., 316.

30 Vgl. ebda., S. 42, 49.

31 Beurteilung des Vizepräsidenten des OLG Celle am 02.08.1951, Personalakten des niedersächsischen Justizministeriums 4 L 22.

32 Vgl. Kramer: Aufarbeitung (wie Anm. 13), S. 225.

33 Ernst Kanter, geb. 8.8.1895, gest. 20.11.1979. Zu Ernst Kanter vgl. Ernst Klee: Das Personenlexikon zum Dritten Reich. Wer war was vor und nach 1945, Frankfurt/M. 2005, S. 298.

34 Vgl. Hubert Schorn: Der Richter im Dritten Reich, Frankfurt 1959, S. 315, S. 313.

35 Vgl. Ausschuss für Deutsche Einheit (Hrsg.): Wir klagen an. 800 Nazi-Blutrichter – Stützen des Adenauer-Regimes, Berlin 1959, S. 169 ff; Michael Greve: Der justitielle und rechtspolitische Umgang mit den NS-Gewaltverbrechen in den Sechziger Jahren, Frankfurt 2001, S. 115 f. Zu Werner Best vgl. Klee, Personenlexikon (wie Anm. 33), S. 45, sowie die Biographie von Ulrich Herbert: Biographische Studien über Radikalismus, Weltanschauung und Vernunft 1903–1989, Bonn 3. Aufl. 1996.

36 Vgl. Norbert Frei: Vergangenheitspolitik. Die Anfänge der Bundesrepublik und die NS-Vergangenheit, München 1996, S. 115.

37 Vgl. Autorenkollektiv (Hrsg.): Staat ohne Recht. Des Bonner Staates strafrechtliche Sonderjustiz in Berichten und Dokumenten, Berlin 1959, S. 545.

38 Otfried Keller, geb. 28.4.1911, Präsident des Landgerichts Marburg 25.10.1957–30.4.1976.

39 Otfried Keller: Richter und Soldat. Ausschnitte aus einem Leben in bewegter Zeit, Marburg 1989. Das Vorwort begann Keller mit einem Zitat Goethes: »Nach der Arbeit wüsste ich nichts Angenehmeres, als mich des Vergangenen zu erinnern.«

40 Vgl. Ulrich Vultejus: Kampfanzug unter der Robe. Kriegsgerichtsbarkeit des zweiten und dritten Weltkrieges, Hamburg 1984, S. 115 ff, 141 ff; Garbe: Einzelfall (wie Anm. 6), S. 96 ff.

41 Vgl. Otto Gritschneder: Rechtsbeugung. Die späte Beichte des Bundesgerichtshofs, in: Neue Juristische Wochenschrift 1996 (Heft 19), S. 1240.

42 Carl Friedrich Ule: Beiträge zur Rechtswirklichkeit im Dritten Reich, Berlin 1987.

43 Carl Friedrich Ule: Herrschaft und Führung im nationalsozialistischen Staat, in: Verwaltungsarchiv Jahrgang 46 (1941), S. 143 ff. und Jahrgang 47 (1942), S. 1 ff.

44 Vgl. Peter v. Feldmann: »Angelegenheiten der Gestapo sind der Nachprüfung durch die Verwaltungsgerichte entzogen«, in: Kritische Justiz 1983, S. 83 ff.

45 Vgl. Schweling: Militärjustiz (wie Anm. 6); zur Entstehungsgeschichte vgl. Garbe: Einzelfall (wie Anm. 6), S. 58 ff.

46 Vgl. Schweling: Militärjustiz (wie Anm. 6), S. 87, 90.

47 Vgl. Schorn: Richter (wie Anm. 34), S. 14.

48 Urteil des BGH v. 19.06.1956, in: C. F. Rüter: Justiz und NS-Verbrechen. Bd. 13, Amsterdam 1975, S. 320 f.

49 Hellmut von Weber: Die Pflichtenkollision im Strafrecht, in: Festschrift für Wilhelm Kisselbach, Hamburg 1947, S. 233 ff., 250.

50 Urteil des LG Hamburg v. 27.2.1953, bei Jörg Friedrich: Freispruch für die Nazi-Justiz, Hamburg 1983, S. 162 f.

51 Vgl. die ebda., S. 133–185, dargestellten Verfahren.

52 Vgl. »Fall 12«, Das Urteil gegen das Oberkommando der Wehrmacht, Berlin 1960, S. 25 ff., 283 ff., 291.

53 Verfahren der Staatsanwaltschaft Kassel 3 a J s 373/72 gegen Werner Hülle, Erich Lattmann und andere.

54 Herrmann Dieter Betz: Das OKW und seine Haltung zum Landkriegsvölkerrecht im Zweiten Weltkrieg, Jur. Diss. Würzburg 1970. Zu von der Heydte vgl. Klee: Personen-

lexikon (wie Anm. 33), S. 253. Betz hat seiner Dissertation eine ehrfürchtige Widmung an den General der Flieger Heribert Fütterer vorangestellt. Ähnlich apologetisch im Hinblick auf den Nacht- und Nebel-Erlass, darüber hinaus auf die gesamte Wehrmachtjustiz, die gleichfalls bei von der Heydte entstandene Dissertation von Just Lock: die Ausschaltung und Beschränkung der deutschen ordentlichen Militärgerichtsbarkeit während des Zweiten Weltkrieges, Jur. Diss. Würzburg 1967.

55 Erich Lattmann nach Norbert Haase: Das Reichskriegsgericht und der Widerstand gegen die nationalsozialistische Herrschaft, Berlin 1993, S. 264.

ANTON MAEGERLE

Studienzentrum Weikersheim

Autonummern aus unterschiedlichen Bundesländern waren vom 19. bis 21. Mai 2006 in dem hohenlohischen Städtchen Weikersheim an der Romantischen Straße im lieblichen Taubertal unweit von Würzburg zu sehen. Zum Jahreskongress ins idyllisch gelegene Renaissance-Schlösschen hatte das »Studienzentrum Weikersheim« (SZW), eine Art think tank im Vorfeld der Unionsparteien, geladen. Zwecks geistig-moralischer Erneuerung erörterten die TeilnehmerInnen in der Orangerie im Schlosspark Themen, die Konservative bewegen. Angesagt war in diesem Jahr »Europa auf der Suche nach einer eigenen Identität«. Auf die Suche in der ehemaligen fürstlichen Residenz der Hohenlohe begaben sich unter anderem Matthias Rössler, CDU-MdL im Sächsischen Landtag, Siegbert Alber, Ex-CDU-MdEP sowie Peter Schallenberg von der Hochschule der Katholischen Kirche in Fulda.

Lothar Bossle

Für Wirbel sorgte im Vorfeld der Tagung die angekündigte Gedenkstunde zu Ehren von Lothar Bossle im Sitzungssaal des Rathauses der Stadt Weikersheim: denn der im Dezember 2000 verstorbene Würzburger Soziologieprofessor, den der Bossle-Gönner Franz Josef Strauß gegen breiten Widerstand im Jahre 1977 als »Traumkandidaten« und »Zierde für jede bayerische Universität«[1] auf den Lehrstuhl der Julius-Maximilians-Universität gehievt hatte, galt als der »Professor mit dem schlechten Ruf«.[2]

In einer Pressemitteilung (15. Mai 2006) erinnerte die baden-württembergische SPD-Landtagsfraktion daran, dass Bossle sowohl zum Unterstützerkreis und festen Referentenstamm der rechten Psychosekte »Verein zur Förderung der psychologischen Menschenkenntnis« (VPM) gehörte, als auch Kontakte zur rechtsextremen deutschen Folterkolonie »Colonia Dignidad« in Chile hatte und diese auch besuchte sowie an einem Kongress der Mun-Sekte in Südkorea teilgenommen hatte. Bossle, einer der Vordenker des SZW und langjähriger wissenschaftlicher Leiter bei dessen Tagungen, unterhielt ebenfalls Verbindungen zu verschiedenen Organisationen der MUN-Sekte wie zur »Professors World Peace Academy« und zur »Conference for the Unity of Science«. Zusammen mit dem Präsidenten von »Professors World Peace Academy«, Gerhard Radnitzky, gab Bossle unter dem Titel »Selbstgefährdung der offenen Gesellschaft« den Extrakt eines MUN-Kongresses als Buch heraus. Als Autor griff Bossle für die rechtsextreme »Verlagsgemeinschaft Grabert/Hohenrain« und die rechtsextreme Zeitschriftenreihe »Deutsche Geschichte« zur Feder. Dem geschichtsrevisionistischen Verein »Zeitgeschichtliche Forschungsstelle Ingolstadt« (ZFI) unter Führung von Alfred Schickel stand er als Referent zur Verfügung. Freundschaftlich verbunden fühlte er sich dem rechtsextremen »Schulverein zur Förderung der Rußlanddeutschen in Ostpreußen«, der seit seiner Gründung im Visier des Landesamtes für Verfassungsschutz in Schleswig-Holstein steht. Bossle gehörte dem »Ritterorden vom Heiligen Grab«, einer elitären Vereingung strenggläubiger Katholiken, an und war seit 1984 leitender Komtur dieses Ordens. Als Präsident des Würzburger »Instituts für Demokratieforschung« erlangte Bossle in den 80er Jahren mit seiner so genannten »Doktorfabrik« bundesweit zweifelhafte Berühmtheit, weil man, so die SPD-Pressemitteilung, »mit entsprechender Brieftasche und rechter Gesinnung dort schnell zum Titel kommen konnte.« Die Dissertationen trugen Titel wie »Stiftungskindergärten im Regierungsbezirk Unterfranken«, »Die Soziologie der Möbelstühle« oder »Zersetzen, Zersetzen, Zersetzen. Zeitgenössische Deutsche Schriftsteller als Wegbereiter für Anarchismus und Gewalt«. Nachprüfungen ergaben 1989, dass bei zwei Dutzend Promotionen seit 1978 lediglich eine einzige Doktorarbeit, wie üblich, durch einen Koreferenten vom Fach begutachtet worden war. In allen anderen Fällen stammte das notwendige Zweitgutachten von fachfremden Koreferenten. Wiederholt musste sich deshalb der bayerische Landtag mit dem »Fall Bossle« beschäftigen.

Günter Rohrmoser

Sauer stieß der SPD-Landtagsfraktion und ihrem Extremismusexperten Stephan Braun in der Pressemitteilung auch auf, dass sich das SZW nicht von seinem Hofideologen Günter Rohrmoser trennen kann. So habe sich der Sozial- und Religionsphilosoph Rohrmoser regelmäßig in der neurechten Wochenzeitung »Junge Freiheit« zu Wort gemeldet und sich zu seinem 70. Geburtstag vom Antisemiten Horst Mahler als Laudator ehren lassen. In seiner Laudatio führte Mahler, heute weltweit einer der übelsten Holocaustleugner, unter anderem aus: »Deutschland ist noch ein besetztes Land. Es ist das wichtigste Territorium, das Reich des Geistes, das fremder

Herrschaft unterworfen ist. ... Das deutsche Volk ... wird auch noch 50 Jahre nach dem Zusammenbruch von äußeren Mächten gegen die Vernunft im Zustand des zerstörten Nationalbewußtseins festgehalten.«[3]

Gefeiert wurde Rohrmosers Geburtstag am 1. Dezember 1997 im noblen Stuttgarter »Waldhotel«, unweit des Staatsministeriums. Unter den Gästen waren auch Hans Filbinger, SZW-Gründungsinitiator und Ehrenvorsitzender des baden-württembergischen CDU-Landesverbandes, sowie Albrecht Jebens, letzter Persönlicher Referent von Filbinger und langjähriger SZW-Geschäftsführer (1982–1997). Rohrmosers erneuter Auftritt als Redner beim Jahreskongress 2006, der zentralen Veranstaltung des SZW, sei »eine Schande«, findet Braun. Rohrmoser wurde 1976 mit massiver Unterstützung des damaligen Ministerpräsidenten Filbinger zum Ordinarius für Sozialphilosophie an der Universität Stuttgart-Hohenheim ernannt. Eigens für ihn wurde gegen den Widerstand der SPD-Landtagsfraktion ein neuer Lehrstuhl geschaffen. Wie Bossle pflegte auch das einstige SZW-Präsidiumsmitglied Rohrmoser Kontakte zu der rechten Psychosekte »Vereinigung zur Förderung der psychologischen Menschenkenntnis« (VPM) und zur MUN-Sekte. Er war mehrfach Referent bei VPM-Kongressen und Gastredner beim MUN-Ableger »Confederation of the Association and Unity of Society of the Americas« (Causa). Mit Bossle teilt Rohrmoser die Sympathie für den rechtsextremen »Schulverein zur Förderung der Rußlanddeutschen in Ostpreußen«. Beide entsandten Grußbotschaften bei dessen Jahreshauptversammlungen.

Schon kurz nach dem Regierungsantritt Helmut Kohls 1982 beklagte Rohrmoser die aus seiner Sicht ausgebliebene »geistige Wende«. Die Unionsparteien fordert er seit Jahrzehnten auf, sich von der angeblichen Umklammerung durch den Geist der Sozialdemokratie und des Liberalismus zu lösen. Rohrmosers Ansinnen gilt dem Kampf gegen die von der Studentenbewegung von 1968 ausgelöste »Kulturrevolution«. Die »Frankfurter Schule« (Habermas, Adorno, Marcuse) ist ihm ein Gräuel. Stattdessen gelte es Utopien zu bekämpfen und die nationale Identität als stabilisierende Kraft wiederzuentdecken. Rohrmoser reduziert die Idee des Sozialismus auf das gescheiterte Modell des Marxismus-Leninismus. Andere, differenziertere Sozialismusmodelle nimmt er nicht zur Kenntnis. Überall sieht Rohrmoser gesellschaftlichen Verfall, Dekadenz und Apokalypse. Dennoch spart Rohrmoser bei seiner Kritik an der Moderne die kapitalistische Ökonomie weitgehend aus. Transportiert wird Rohrmosers Gedankengut unter anderem durch die »Junge Freiheit«. Rohrmoser »sieht sich«, so die »Burschenschaftlichen Blätter«, das Sprachrohr der »Deutschen Burschenschaft« (DB), »in der Nachfolge Martin Luthers, der mit der Kraft des klaren Wortes für einen inhaltlich fundierten Freiheitsbegriff gekämpft hat und dessen reformatorische Begriffe die damalige Welt revolutionierten.«[4] 2005 stand Rohrmoser als Interviewpartner der rechtsextremen österreichischen Zeitschrift »Der Eckart« Rede und Antwort. Den LeserInnen des Blattes gab er kund, dass es das deutsche Volk »bald nicht mehr« gäbe; »es wird als Souverän ausgetauscht gegen eine inhaltlich ausgehöhlte Mehrheitsgesellschaft.« Dies, so Rohrmoser, bedeute, »daß das, was heute Mehrheit ist, morgen Minderheit sein kann. Der Verfassung werde inzwischen in völliger Verkennung ihres Sinnes und Zweckes die Wirklichkeit aufgezwungen und auf diesem Wege politisch, moralisch, kulturell, geistig und religös abgeschafft.«[5]

Deutliche Worte sprach Rohrmoser im Sommer 1991 auf einer Veranstaltung des rechtsextremen »Stuttgarter Freundeskreises«. Anwesend waren Funktionäre diverser rechtsextremer Parteien, Organisationen und Gruppierungen; darunter Rolf Schlierer (REP-Bundesvize), Lothar Basler (Ex-NPD-MdL) und Rüdiger Schrembs (Bundesvorstandsmitglied der »Vereinigten Rechten«). Rohrmosers Rede, so ein Bericht in der rechtsextremen Zeitung »Deutsche Rundschau«, »geriet zu einer Generalabrechnung mit der Union«. Rohrmoser »konstatierte, daß die Union … einer verfaulenden Anarcho-Ideologie hinterherstolpere«. Rohrmosers Vision sei »die Gründung vieler patriotischer Gruppen von lokaler Ausstrahlung im Lande und deren Vernetzung. Aus ihnen soll … die neue politische Kraft entstehen.«[6]

Stefan Winckler

Kritik übte die SPD-Landtagsfraktion in ihrer Pressemitteilung daran, dass im SZW-Führungsgremium der Publizist Stefan Winckler vertreten ist. Winckler ist Buchautor des ultrarechten österreichischen Leopold-Stocker-Verlages und Gelegenheitsautor der »Jungen Freiheit«. Gemeinsam mit Hans-Helmuth Knütter, Referent bei der von ehemaligen SS-Offizieren und NSDAP-Funktionären gegründeten »Gesellschaft für freie Publizistik« (GFP), der größten rechtsextremen kulturpolitischen Vereinigung in der Bundesrepublik, fungiert er als einer der Herausgeber des Sammelbandes »Der Verfassungsschutz«. Dem Verfassungsschutz unterstellt Winckler quasi, dass dieser »konservative Kritik« mit Rechtsextremismus gleichsetze. »Wenn dies (..) der Verfassungschutz mittels der geistig-politischen Auseinandersetzung gegen ›rechts‹ suggeriert, wirkt er verhetzend auf die Öffentlichkeit und beleidigt ehrenwerte, demokratische Konservative.«[7] Zu den Autoren des Bandes zählen unter anderem Klaus Kunze, Josef Schüsslburner und Bernd Kallina. Kunze, ehemals Landtagskandidat der Republikaner, vertrat die Reps im Mai 2000 vor dem Stuttgarter Verwaltungsgericht gegen das baden-württembergische Landesamt für Verfassungsschutz. Schüsslburner hielt als Referent beim konspirativ organisierten Jahreskongress der GFP 1995 die »heldenhaft kämpfenden deutsche Soldaten« hoch und lamentierte über das »Befreiungsgequatsche«. Im Jahr 2001 gab die damalige Bundesregierung auf Anfrage bekannt, dass Schüsslburner »seit 1993 regelmäßig Beiträge in rechtsextremistischen Publikationen« verfasst.[8] Kallina ist Alter Herr der Münchner Burschenschaft Danubia und war ehemals Pressereferent im Bundesvorstand der »Jungen Nationaldemokraten« (JN), der NPD-Jugendorganisation. 2005 veröffentlichte Winckler das Buch »Die demokratische Rechte – Entstehung, Positionen und Wandlungen einer neuen konservativen Intelligenz«.[9] Winckler regt in seinem Buch an, so eine Rezension Knütters in der »Preußischen Allgemeinen Zeitung« (zuvor: »Das Ostpreußenblatt«), dem Sprachrohr der rechtslastigen Landsmannschaft Ostpreußen, »die zahlreichen, aber nonkonformistisch zersplitterten rechten Intellektuellen zusammenzuführen. Den Linken die Wortführerschaft zu entringen ist denkbar, auch möglich«,[10] so Knütter. In einem Interview, das Kallina mit Winckler für die »Burschenschaftlichen Blätter« führte, jammerte dieser, dass die von ihm in seinem Buch beschriebene »demokratische Rechte« durch »eine Art vorbeugender Denunziation … ausgegrenzt« und »diskreditiert« werde: »der Ungeist der 68er Bewegung hat die Selbstbehauptungsfähigkeit der Deutschen im Zeitalter der Globalisierung nicht gestärkt, sondern substantiell geschwächt.«[11]

Feindbild von Winckler ist das ARD-Politmagazin PANORAMA, das in den vergangenen Jahren mehrfach über Personen und politische Strömungen in der Grau- und Braunzone zwischen Rechtskonservatismus und Rechtsextremismus berichtet hat. Zum Thema »Inquisitoren von heute. Die Wandlungen des Fernsehmagazins ›Panorama‹« referierte Winckler bei den 11. Internationalen Studientagen des SZW im Jahr 2002. Über Veranstaltungen des SZW berichtete Winckler in der »Jungen Freiheit«.

Die Fälle Bossle, Rohrmoser und Winckler, so die Pressemitteilung der baden-württembergischen SPD-Landtagsfraktion, zeigen auf, dass das SZW »weder willens noch fähig« ist, »sich klar gegen … rechte Sektierer abzugrenzen.« Geworben wurde für den SZW-Jahreskongress 2006 über mehrere Ausgaben hinweg in der »Jungen Freiheit«.

»Geistig-moralische Erneuerung«

Das »Studienzentrum Weikersheim« wurde im September 1979 zur »geistig-moralischen Erneuerung« auf Initiative von Filbinger im Schloß Weikersheim als Antwort auf die sogenannte Kulturrevolution der 68er und den Einfluß der Kritischen Theorie der Frankfurter Schule gegründet. Ziel des SZW, das sich bei der Gründungskonzeption an neokonservativen think tanks in den USA und neurechten Polit-Clubs in Frankreich orientierte, lag in der Durchbrechung der Ende der 70er Jahre angeblich herrschenden Tabuisierung des Konservatismus. Auf dem Stundenplan des SZW standen die Rückkehr zur geschichtlichen Kontinuität und die Rekonstruktion des Christentums. Als Ideologiezentrum am Rande der Union wollte man diese neu als »christlich-nationale-konservative« Partei profilieren. Das SZW, so Rohrmoser, wollte mit seiner Programmatik auf dem aufbauen und anschließen, »was ursprünglich die CDU als ihren Geist erfüllt«[12] hat: dazu zähl(t)en der Kampf gegen den »Ausverkauf der Deutschen Nation«, gegen Werteverfall und Wertezerstörung, gegen eine Selbstbezichtigungskultur, deren Träger die Deutschen als »verhinderte Triebtäter« ansehen, gegen Randgruppen, die sich in den Mittelpunkt drängen, gegen die Zügellosigkeit der Medien und für verlorengegangene Tugenden und Leitbilder. Kurzum: Filbinger und Rohrmoser sehnten sich nach einer geistig-moralischen Wende, die an die Zeit vor dem Sturm auf die Bastille 1789 anknüpfen sollte. Eine Welt ohne Autonomie und Emanzipation des Individuums, Humanismus als Selbstzweck (ein vom Sakralen entzaubertes Dasein) und Universalität, die sich in unantastbaren Menschenrechten und mithin im Gleichheitsgebot ausdrückt.

Am 12. Oktober 1979 wählte eine erste SZW-Mitgliederversammlung Filbinger zum Präsidenten und Rohrmoser sowie Brigadegeneral Heinz Karst, zuvor Vorstandsvorsitzender der stramm national ausgerichteten »Deutschland-Stiftung« und vormals »Zugführer« beim deutschen Angriffskrieg gegen Polen und Kompaniechef beim Krieg gegen Rußland, zu Vizepräsidenten. Ein Jahr zuvor musste Filbinger vom Amt des baden-württembergischen Ministerpräsidenten zurücktreten, nachdem seine Vergangenheit als NS-Marinerichter publik wurde. Sein Satz »Was damals Rechtens war, kann heute nicht Unrecht sein« wurde zum »geflügelten Wort, Inbegriff eines unheilbar gesunden Gewissens, das keine Schuld kennt und von Sühne nichts wissen will.«[13]

Zehn Jahre lang ließ sich das SZW in den Medien als freiheitlich-konservativ feiern, patriotisch und doch weltoffen, christlich und tolerant. Spitzenpolitiker wie der frühere Bundespräsident Carl Carstens (CDU) und der baden-württembergische Ministerpräsident Lothar Späth gaben sich und dem SZW immer wieder die Ehre, und solche Namen waren wie eine Rückversicherung für die Denkfabrik. Selbst einige Sozialdemokraten wie der ehemalige Juso-Chef Gerhard Schröder hatten keine Scheu, sich vom SZW instrumentalisieren zu lassen. Unbekannt waren in der Öffentlichkeit dagegen die Namen und Zusammenhänge von Referenten wie dem Geschichtsrevisionisten und Entlastungshistoriographen Alfred Schickel. Schickel kam in dem Aufsatz »Die umstrittenste Zahl der Zeitgeschichte. Das ungeklärte Ausmaß der jüdischen Opfer« für eine rechtsextreme Zeitschrift zum Ergebnis, dass die Zahl von sechs Millionen ermordeter Juden in der NS-Zeit »heute in der zeitgeschichtlichen Wissenschaft nicht mehr ernsthaft vertreten« wird.[14] Wegen dreister Geschichtslügen wie dieser galt der CSU-Mann Schickel in rechten Kreisen als »Legendenkiller«. Als der damalige SPD-Bundestagsabgeordnete Heinz Rapp im Mai 1985 von Schickels Referentenaktivitäten für das SZW erfuhr, sagte der Sozialdemokrat, der sonst keine Berührungsängste mit Konservativen hatte, postwendend empört seine Zusage beim SZW-Jahreskongress ab.

Kritiker des SZW wurden als »linke Desinformanten« diffamiert, wenn sie auf Verbindungen des SZW zu ultrarechten Kreisen hinwiesen. Öffentlich wurden diese Verbindungen im Sommer 1989. Am 6. Juli 1989 erschien ein Artikel im Magazin STERN, in dem Rolf Schlierer, Pressesprecher des baden-württembergischen Landesverbandes der Republikaner und zuvor Pressesprecher der Deutschen Burschenschaft (DB), als Funktionär des SZW geoutet wurde. Schlierer war im Juni 1987 ins Kuratorium des Studienzentrums Weikersheim berufen worden. Filbinger, der von Schlierers Sprüchen beeindruckt war, verschaffte diesem darüber hinaus noch einen Sitz im Präsidium. Daß Filbinger die rechtsextreme Gesinnung von Schlierer nicht auffiel, kennzeichnet dessen Einstellung. Zwei Wochen brauchte Filbinger, um die Affäre, die bundesweit für Schlagzeilen sorgte, zu bereinigen. Noch am 19. Juli 1989 drängte der ehemalige Ministerpräsident den Republikaner zum Verbleib bei den Weikersheimern. In einem Gedächtnisprotokoll schrieb Filbinger über das Vier-Augen-Gespräch: »Als eigentliches Anliegen dieser Unterredung bezeichnet Filbinger den

Wunsch, Schlierer möge seine Bindung zu den Republikanern lösen und die Zusammenarbeit mit dem SZW fortsetzen. Die politischen Ziele, um die es Schlierer gehe, könne er im SZW viel besser verfolgen, das Einfluß auf die Parteien der Mitte nähme.«[15] Mit diesem Papier hatte Filbinger die Strategie des »Studienzentrums Weikersheim« offenbart: Unter dem Deckmantel der politischen Mitte sind auch Radikale willkommen. Schlierer entschied sich bei dem Vier-Augen-Gespräch für die Republikaner und wurde aus dem SZW ausgeschlossen. Fortan musste das SZW-Kuratorium, darunter die baden-württembergischen CDU-Spitzenpolitiker Innenminister Dietmar Schlee (CDU), Justiz-Staatssekretär Eugen Volz (CDU), der Biberacher Landrat sowie CDU-Landtagsabgeordnete Wilfried Steuer und Ministerpräsident Lothar Späth (CDU), ohne Schlierer tagen. Kurz nach dem Rauswurf von Schlierer erklärte Filbinger: »Nicht die CDU ... war Auslöser für die Abberufung eines unserer Kuratoriumsmitglieder, sondern der Aufsatz in einer Zeitschrift ... Wir identifizieren uns nicht mit einer Partei; das SZW ist überparteilich und unabhängig. Wir treffen auch keine Aussage darüber, ob die Republikaner als extremistisch oder verfassungsfeindlich einzustufen seien.«[16]

Im November 1991 wurde in Giengen die Jugendgruppe »Junges Weikersheim« gegründet; dahinter stand die »Erkenntnis, daß die politischen Parteien wegen ihres Ansehensschwundes in der Öffentlichkeit immer weniger in der Lage sind, die Jugend für die Pflichten und Aufgaben in Politik und Kultur zu gewinnen.«[17]

Der vierköpfigen Führungsspitze der SZW-Jugendorganisation gehörte bis 1995 der Berliner Neonazi Ulli Boldt an. Während seiner Tätigkeit für das »Junge Weikersheim« war Boldt zeitweilig als Vorsitzender des »Berliner Kulturgemeinschaft Preußen«, eines – so das Berliner Landesamt für Verfassungschutz – Sammelbeckens für das gesamte rechtsextreme Spektrum Berlins, aktiv. Zuvor war Boldt Kader der 1992 bundesweit verbotenen Neonazi-Truppe »Nationalistische Front« (NF). »Oberstes Ziel politischer Arbeit«, muss, so Boldt in der holocaustleugnenden Szene-Schrift »Sleipnir«, die »Destabilisierung des Systems sein. ... Wer das Ziel hat, grundlegende Veränderungen zu bewirken, der muß die Ghetto-Mauern einreißen. Das bedeutet, Aufgabe politischer Arbeit muß die Schaffung von geistigen Grauzonen, einer Atmosphäre des geistigen Austausches sein. In diesen Räumen kann das Gespräch der offenen Verfassungsgegner mit den systemkritischen Konservativen stattfinden.«[18]

Als ein ideologischer Kopf der »Jungen Weikersheimer« galt Hans-Ulrich Kopp, Gründungsmitglied der REP-Studierendenorganisation »Republikanischer Hochschulverband« (RHV), Referent bei der rechtsextremen »Gesellschaft für freie Publizistik« und Alter Herr der Münchner Burschenschaft Danubia, die in der Vergangenheit die gesamte bundesrepublikanische extreme Rechte mit intellektuellem Nachwuchs versorgt hat.

Bei der ersten Veranstaltung der »Jung-Weikersheimer« war als Gastreferent Wolfgang Strauss, ein vielgefragter Referent (»Gesellschaft für freie Publizistik«) und Autor (»Nation & Europa«) in rechtsextremen Zusammenhängen geladen.

Das SZW bediente sich in den Jahren nach der Schlierer-Affäre einer geschickten Kombination von demokratischen bis rechtsextremen Kräften. Wie vor 1989 traten bundesweit bekannte CDU-Politiker wie Heinrich Lummer oder die baden-württembergischen Landesminister Erwin Vetter (CDU) und Gerhard Mayer-Vorfelder (CDU) beim SZW als Gastredner in Erscheinung. Einen Auftritt hatte auch Matthias Kleinert, Mitglied des Direktoriums von Daimler-Benz. Daneben standen dem SZW als Gastredner unter anderem Hans-Dietrich Sander, Herausgeber der rechtsextremen Zeitschrift »Staatsbriefe«, Karlheinz Weißmann, Chefideologe der Neuen Rechten und der Anti-Antifa-Aktivist Hans-Helmuth Knütter zur Verfügung. Auf einer SZW-Veranstaltung betonte Knütter: »Ich erwarte, dass das, was ich sage, im Kampf gegen den Antifaschismus umgesetzt wird!«[19] Gern gesehen bei SZW-Veranstaltungen war Tomislav Sunic, damals Leiter der Informationsabteilung des kroatischen Außenministeriums und Autor in rechtsextremen Zeitschriften wie »Europa Vorn« oder »The Scorpion«. »Scorpion«-Herausgeber war der Brite Michael Walker, einst Funktionär der neonationalsozialistischen »National Front«. Nach Erkenntnissen des Untersuchungsausschusses Rassismus und Ausländerfeindlichkeit des Europäischen Parlaments veranstaltete »The Scorpion« mindestens zwei internationale Versammlungen pro Jahr und bemühte sich intensiv um Verbindungen zu ultra-nationalistischen und antisemitischen Gruppen in Osteuropa.[20] Der SZW-Jahreskongress, bei dem Walker als Referent zugegen war, wurde seitens des Presse- und Informationsamtes der Bundesregierung mit 32.700 Mark gesponsert. Gesponsert wurden Kongresse und Veranstaltungen des SZW auch mit finanziellen Mitteln der Bundeszentrale für politische Bildung, dem Land Baden-Württemberg und der Industrie, unter anderem von Daimler-Benz. Allein in den Jahren von 1988 bis 1993 wurden Veranstaltungen des SZW von der Bundeszentrale für politische Bildung, dem – zwischenzeitlich aufgelösten – Bundesministerium für innerdeutsche Beziehungen und dem Bundespresse- und Informationsamt mit knapp 400.000 Mark bezuschusst.

Eine besonders enge Beziehung baute das SZW in der Filbinger-Ära zum VPM auf. Die rechte Psychosekte, zwischenzeitlich aufgelöst, galt als »Orden mit Absolutheits-Anspruch«. Kritik an ihren Praktiken setzten die VPM-Jünger, die eine obskure Aids-Aufklärung betrieben, mit der Diffamierung der Juden zur NS-Zeit gleich. Mit Schreiben vom 7. September 1993 wandte sich SZW-Geschäftsführer Albrecht Jebens an die Mitglieder des SZW. Er teilte mit, dass vom 24. bis 26. September der VPM in Bregenz/Vorarlberg einen Kongresss durchführt. Das SZW habe am Programm dieses Kongresses mitgewirkt und sei durch mehrere seiner »prominenten Mitglieder« vertreten; darunter Bossle und Rohrmoser. Jebens abschließend: »Wir unterstützen diesen Kongreß und lassen Ihnen hiermit die Einladung zukommen. Es ist auch in unserem Sinne, wenn Sie an dieser wirklich anspruchsvollen Tagung teilnehmen, die Ihnen erhellende wegweisende Gedanken und Erkenntnisse vermitteln wird.«

Im Mai 1997 trat Filbinger vom Amt des SZW-Vorsitzenden zurück und wurde zum Ehrenpräsidenten gewählt. Politisch blieb er dennoch rührig. Er unterzeichnete eine Erklärung, in der VPM bescheinigt wurde, dass der obskure Verein »nicht das Geringste mit einer Sekte zu tun hat« und verschickte Grußbotschaften an die geschichtsrevisionistische »Zeitgeschichtliche Forschungsstelle Ingolstadt« von Alfred Schickel und den rechtsextremen »Schulverein zur Förderung der Russlanddeutschen in Ostpreußen«.

Freundschaftlich verbunden fühlte sich Filbinger mit dem zwischenzeitlich verstorbenen Kurt Ziesel, dem Geschäftsführer der »Deutschland Stiftung«. In einem Gratulationsschreiben zum 90. Geburtstag Ziesels 2001 ließ Filbinger diesen hochleben: »Die Political Correctness ist erkannt und widerlegt worden, und Sie haben daran keinen geringen Anteil.«[21] Der Journalist Ziesel (NSDAP-Mitglied seit 1931) begann seine publizistische Laufbahn als Redakteur der nationalsozialistischen »Deutsch-Österreichischen Tageszeitung«, war dann Volontär beim »Völkischen Beobachter«, Mitarbeiter des NSDAP-Organs »Hakenkreuzbanner« und vor 1945 zuletzt bei der NSDAP-Gauzeitung »Westdeutscher Beobachter« tätig. Nach 1945 war Ziesel wie Filbinger in der politischen Mitte angekommen.

Im Mai 2004 lieferte Filbinger zuletzt bundesweite Schlagzeilen. Die CDU schickte ihn trotz öffentlichen Protestes als ältesten Wahlmann in die Bundesversammlung zur Wahl des Bundespräsidenten.

Hans Filbinger Stiftung

Ideelle und finanzielle Unterstützung erfährt das SZW aus den Reihen der Hans Filbinger Siftung. Die gemeinnützige Stiftung (Finanzamt Stuttgart, Körperschaften, St.-Nr. D 43/G 1732) zur »Förderung christlichen, vaterländischen und humanistischen Gedankengutes in Wissenschaft, Wirtschaft, Kunst und Politik« wurde anlässlich des 80. Geburtstages von Filbinger im September 1993 im Stuttgarter Neuen Schloß gegründet. Zu den Gründungsmitgliedern zählte neben altgedienten SZW-Funktionären auch ein gewisser Paul Schmidt-Carell. Der 1997 in Rottach-Egern verstorbene erfolgreiche Schriftsteller mit Millionenauflage Paul Schmidt-Carell wurde 1911 als Paul Karl Schmidt in Kelbra am Kyffhäuser geboren. Von NS-Reichsaußenminister Joachim von Ribbentrop wurde SS-Obersturmbannführer Schmidt (alias Carell), NSDAP-Mitglied seit 1931 und Träger des »Winkels für alte Kämpfer«, noch vor seinem 29. Geburtstag zum Pressesprecher der Presse- und Nachrichtenabteilung des Auswärtigen Amtes in Berlin ernannt. Massgeblichen Einfluß hatte Schmidt, jüngster Ministerialdirigent im NS-Regime, auf die Auslandsillustrierte »Signal«, die 1943, auf dem Höhepunkt ihrer Verbreitung, in zwanzig Sprachen in einer Auflage von 2,5 Millionen Exemplaren erschien. Journalistisch trat er als Herausgeber der Antikomitern-Pakt-Monatsschrift »Berlin – Rom – Tokio« hervor, die das Bündnis zwischen Deutschland, Italien und Japan festigen sollte. Am 27. Mai 1944 schrieb Schmidt in einer »Notiz für Herrn Staatssekretär«: »Aus einer recht guten Übersicht über die laufenden und geplanten Judenaktionen in Ungarn entnehme ich, dass im Juni eine Grossaktion auf die Budapester Juden geplant ist. Die geplante Aktion wird in ihrem Ausmass im Ausland grosse Beachtung finden und sicher Anlass zu einer heftigen Reaktion bilden. Die Gegner werden schreien und von Menschenjagd sprechen und unter Verwendung von Greuelberichten die eigene Stimmung und auch die Stimmung bei den Neutralen aufzuputschen versuchen. Ich möchte deshalb anregen, … dass man äussere Anlässe und Begründungen für die Aktion schafft, z. B. Sprengstoffunde in jüdischen Vereinshäusern und Synagogen, Sabotageorganisationen, Umsturzpläne, Überfälle auf Polizisten.«[22]

Unter dem Pseudonym Paul Schmidt-Carell begann der NS-Propagandist Paul Karl Schmidt ab 1950 seine Laufbahn als erfolgreichster deutscher Autor kriegsgeschichtlicher Bücher. Seine Bücher, die die deutsche Historie wieder in die rechten Bahnen lenkten, wurden in 15 Sprachen übersetzt und erreichten eine Auflage von mehr als drei Millionen Exemplaren. Paul

Schmidt-Carell, Mitglied der Burschenschaft Arminia (Kiel) und der Hamburger Burschenschaft Hansea, war Gründungs- und Vorstandsmitglied der »Deutschlandstiftung« sowie Förderer des extrem rechten Vereins »Die Deutschen Konservativen«.

SZW-Geschäftsführer Jebens schrieb nach dem Tod des einstigen fanatischen Nationalsozialisten in der »Jungen Freiheit«: »Der außergewöhnliche Erfolg Paul Carells lag in der Mischung von klarem, scharfem Verstand und brilliantem Stil einerseits und in der menschlichen Wärme und Toleranz andererseits … Mit Paul Schmidt-Carell ist ein Edelmann vom Scheitel bis zur Sohle verstorben, eine bewegende, gestaltende Persönlichkeit von seltenem Format. Seine Werke über den deutschen Soldaten bilden ein unzerstörbares Denkmal; sie sind darüberhinaus Fundamentalbausteine für eine Wiederbesinnung, für einen Wiederaufstieg des deutschen Volkes zu Würde, Selbstbewußtsein und angemessener Größe im Kranz europäischer Brudervölker. Paul Schmidt-Carell hat sich um sein Vaterland verdient gemacht. Im geistigen Erbe unseres Volkes lebt er fort.«[23]

Albrecht Jebens

Maßgeblich verantwortlich für den politischen Kurs des SZW während der Filbinger-Ära war Albrecht Jebens, der von 1982 bis 1997 als Geschäftsführer des SZW fungierte. In der »Jungen Freiheit« huldigte der »Junge Weikersheimer« Hans-Ulrich Kopp seinem Geschäftsführer: »Anders als viele Konservative, denen man … Schüchternheit und Verzagen gegenüber einer Journaille vorwerfen muß, kämpft er mit offenem Visier«.[24] Der langjährige Vertraute von Filbinger baute Brücken zwischen extrem rechten Netzwerken und unionsnahen Einrichtungen. Jebens war es, der das SZW zu einem Treffpunkt von (rechts-)konservativen Kreisen, Neuen und Alten Rechten machte. 1985 mahnte Jebens in »Zehn Thesen zur Wiederfindung deutscher Identität« eine »Rückkehr zur Nation« an, und zwar als eine Gegenwehr gegen jene, die, seiner Meinung nach, die Deutschen demütigen: »Die Servilität und Dienstbeflissenheit gegenüber den Siegern von 1945 und ihren Verbündeten ist auf Dauer unerträglich« (These 2). Und seine 10. These lautete: »Bekennen wir uns schließlich frei und froh und ganz ungezwungen … zu unserem Volk und seinen überkommenen Symbolen. Pflegen wir unser eigenes Liedgut … singen wir ›das Lied der Deutschen‹ als ganze Nationalhymne mit allen drei Strophen«.[25] Als Autor griff Jebens neben der »Jungen Freiheit« auch für »Das Ostpreußenblatt« (später: »Preußische Allgemeine Zeitung«), das »Deutschland Magazin« und die »Burschenschaftlichen Blätter« zur Feder. Seit seinem Ausscheiden aus dem SZW agitiert der schmiß-bewehrte Jebens, Mitglied der waffenstudentischen Korporation »Corps Franconia Tübingen 1970«, ungeniert in rechtsextremen Kreisen, die vom Verfassungsschutz intensiv beobachtet werden; so publiziert er unter anderem in den Vierteljahresheften »Deutschland in Geschichte und Gegenwart«, die ihren Stammplatz in den Jahresberichten des baden-württembergischen Landesamtes für Verfassungsschutz haben. In den rechtsextremen »Staatsbriefen« ergriff Jebens Partei für den NPD-Barden Frank Rennicke, vormals Mitglied der zwischenzeitlich verbotenen »Wiking-Jugend«, einer Imitation der Hitler-Jugend: »Ein nachdenklicher junger Liederschöpfer wird von medialen und politischen Tugendwächtern« verfolgt.[26] Rennicke vertritt in seinen Liedern offen fremdenfeindliche und rassistische Ansichten. Zeitweilig war Jebens Vorstandsmitglied der rechtsextremen »Gesellschaft für freie Publizistik«. Im Sommer 2000 zählte Jebens zu den maßgeblichen Initiatoren bei der Gründung der »Deutschen Studiengemeinschaft« (DSG). In Texten der DSG, so der Verfassungsschutz, werden »typisch rechtsextremistische (zum Beispiel gebietsrevisionistische) Positionen vertreten.«[27]

Sein CDU-Parteibuch hat Jebens zwischenzeitlich abgegeben. Vorstandsvorsitzender der Hans Filbinger Stiftung ist er weiterhin.

Wolfgang Freiherr von Stetten

Mit hohen Vorschusslorbeeren wurde das langjährige SZW-Kuratoriumsmitglied Wolfgang von Stetten, damals Bundestagsabgeordneter der CDU, am 23. Mai 1997 zum Nachfolger von Filbinger im Amt des SZW-Präsidenten gewählt. Die Führungscrew verstärkten unter anderem Otto Esser, Ehrenpräsident der »Bundesvereinigung der Deutschen Arbeitgeberverbände« (BDA), Sozialminister Erwin Vetter (CDU), Manfred Rommel (CDU), ehemaliger Stuttgarter Oberbürgermeister, und der Privatbankier (Bankhaus Delbrück & Co., Köln) Peter von der Heydt. Prominente Redner auf dem Jahreskongress waren Erwin Teufel (CDU), Ministerpräsident des Landes Baden-Württemberg und die Kultusministerin Annette Schavan (CDU). Stetten war bei den »Weikersheimern« wohlgelitten. Er galt als strammer Konservativer und Rechtsaußen. Als Jugendrichter hatte Stetten jugendliche Ladendiebe zu Freiheitsstrafen verurteilt. 1993 hielt er die Laudatio bei der Verleihung der Ehrenbürgerwürde für den Schwäbisch Haller CDU-Altstadtrat Wilhelm Pfeifer. Pfeifer, der selbst in der eigenen Partei als »Betonkopf« verschrien war, gehörte einst zum Mitarbeiterstab des NS-Reichsprotektors von Böhmen und Mähren, Karl Frank, und war Träger des »Winkels der Alten Kämpfer«. Kurz vor seiner Wahl als SZW-Präsident warnte Stetten in einem Rundschreiben an seine Bundestagsfraktion davor, Vergewaltigungen in der Ehe zu bestrafen. Nach der Wahl diffamierte der SZW-Präsident in einem Zeitungsinterview Bürgerproteste gegen das SZW: »Ich halte die Antifaschisten für eine moralisierende, selbsternannte Gruppe, die nichts als das Unrecht der DDR verteidigt und sich des griffigen Namens Antifa bedient, indem sie Leute madig macht, die die Grausamkeiten der DDR und des Nationalsozialismus kritisieren.«[28] Trotz dieser markigen Sprüche hatte Stetten sich vorgenommen, das SZW aus dem »rechten Sumpf« in ein ruhigeres Fahrwasser zu ziehen. Sein selbsterklärtes Ziel hieß »Raus aus den Schlagzeilen«. Mit dem Personalaustausch sollte in Zukunft ein neuer Geist durch das Schloss ziehen. Doch daraus wurde vorerst nichts. Noch im Jahr seiner Amtsübernahme traten bei der »Weikersheimer Hochschulwoche« einschlägige Referenten auf; darunter Hans-Helmuth Knütter und Heinz Magenheimer. Magenheimer, Autor der rechtsextremen Reihe »Deutsche Geschichte«, galt als vehementer Verfechter der revisionistischen Präventivschlagthese, wonach Hitler mit dem Überfall auf die Sowjetunion einem drohenden Angriff Stalins nur zuvorgekommen sei. Knütter war bereits als Anti-Antifa-Agitator bundesweit in Erscheinung getreten. 1999 sorgte das SZW wieder für bundesweite Schlagzeilen. Der Anlass: auf der Homepage des SZW fanden sich Links zu verfassungsfeindlichen Periodika wie »Nation & Europa« und »Staatsbriefe« sowie zur Gruppierung »Für unser Land« um den fanatischen Antisemiten Horst Mahler. Abrufbar war ein Artikel der NS-apologetischen »Unabhängigen Nachrichten«. Verantwortlich für die Links war SZW-»Netzmeister« Wolfgang Hanagarth, zugleich Kuratoriumsmitglied. Stetten ließ nach den Presseveröffentlichungen sofort allzu offensichtliche Links kappen. Redner aus dem offen rechtsextrem agierenden Spektrum hatten beim SZW unter Stetten keine Chance mehr. Als Folge wurde über Veranstaltungen des SZW in Periodika wie »Nation & Europa« nicht mehr berichtet. Stetten spielt beim SZW seit seinem Abgang 2001 keine führende Rolle mehr. Sein politischer Kurs war vielen »Weikersheimern« zu lasch. Einige Mitglieder gingen bereits nach seinem Amtsantritt. Auch der langjährige SZW-Geschäftsführer Jebens verließ das SZW. Stetten wird heute lediglich zugute gehalten, dass er im April 1999 dem SZW im »Liebermann-Bau« am Pariser Platz in Berlin, einen Steinwurf vom Brandenburger Tor und vom Reichstag entfernt, eine Unterkunft verschafft hat. 50 geladene Gäste, darunter Ex-Verteidigungsminister

Rupert Scholz (CDU) und der Berliner CDU-Rechtsaußen Heinrich Lummer, waren dabei, als das Berliner Büro eröffnet wurde. Zu diesem Zeitpunkt hatte das SZW 634 Mitglieder.

Auf sich aufmerksam machte Stetten zuletzt mit einem Auftritt auf griechischem Territorium. Am 20. Mai 2001 überbrachte Stetten »die Grüße der Mitglieder des Deutschen Bundestages und ihres Präsidenten Thierse« bei einem Veteranentreffen von 600 ehemaligen Fallschirmspringern und Gebirgsjägern auf dem deutschen Soldatenfriedhof in Maleme auf Kreta. Doch weder der Deutsche Bundestag noch Wolfgang Thierse waren über Stettens Auftritt informiert. Thierse tobte und erklärte, dass dies ohne seine Zustimmung oder Genehmigung geschehen sei.

Klaus Hornung

Mit der Wahl des bisherigen SZW-Präsidiumsmitgliedes Klaus Hornung (»Für Böswillige bin ich rechtsextrem«)[29] zum Präsidenten des »Studienzentrums Weikersheim« im Jahr 2001 sei die »kämpferische Alternative« gewählt worden, »das Wiederaufgreifen der Wurzeln, die seinerzeit den Ruf des Zentrums als der führenden konservativen Ideenfabrik in Deutschland begründet haben«, jubilierte die rechtskonservative Wochenzeitung »Das Ostpreußenblatt«. Nun vollziehe sich eine »bemerkenswerte Schwenkung zurück ins konservative und national-freiheitliche Lager.«[30] Als ein Ziel seiner Arbeit kündigte Hornung nach der Wahl an, die freiheitlich-demokratische Grundordnung vor den Attacken »antifaschistisch durchtränkter Political Correctness (zu) schützen«.[31] Hornung, emeritierter Ordinarius für Politikwissenschaften der Universitäten Freiburg und Hohenheim, ist seit Jahren ständiger Mitarbeiter der »Jungen Freiheit«. 1987 publizierte er bei der rechtsextremen Verlagsgemeinschaft Grabert/Hohenrain. Mehrfach wurden Bücher dieser Verlagsgemeinschaft beschlagnahmt, gerichtlich eingezogen bzw. von der Bundesprüfstelle für jugendgefährdende Schriften indiziert. Ebenfalls 1987 referierte Hornung beim »Forum für geistige Führung«, einer Initiative des MUN-Ablegers CAUSA. 1990 verfasste Hornung einen 4-seitigen Artikel namens »Sturm auf Europa – die Zeitbombe tickt«, der vom rechtsextremen »Schutzbund für das deutsche Volk« (SDV) als Flugblatt verbreitet wurde. Für den »tabu- und ideologiefreien Beobachter« werde »inzwischen immer deutlicher«, so Hornung in dem Text, »daß wir es in der Asylbewegung mit der Spitze eines Eisberges zu tun haben, mit der Vorhut einer möglicherweise gigantischen globalen Völkerwanderung«. Beim SDV handelt es sich um einen rassistisch und fremdenfeindlich agitierenden Verein. 1991 gratulierte Hornung der »Jungen Freiheit« anlässlich deren 5-jährigen Bestehens: »Sie bestreiten, glaube ich, die richtigen Wege, um an der Überwindung jener geistig-politischen Stickluft mitzuwirken, die heute in Deutschland weit verbreitet ist mit ihren Elementen des Schuldtraumas, der reeducation, des nationalen Selbsthasses.«[32] Im Juli 1993 referierte Hornung bei der rechten Psycho-Sekte VPM zum Thema »Offensive und Verschleierung: Faschismus-Doktrin und antifaschistische Strategie«. 1995 erklärte Hornung in der »Jungen Freiheit«: »Die ständige Beschwörung ... einer ›extremistischen und neonazistischen‹ Gefahr in Deutschland ist gewiss eine Erfindung linker Publizisten.«[33] 1998 steuerte Hornung dem Buch des Rechtsextremisten Claus Nordbruch »Sind Gedanken noch frei? Zensur in Deutschland« ein Nachwort bei: »Es ist ebenso unfasslich wie niederschmetternd: In Deutschland gibt es heute wieder Gesinnungsdruck und Gesinnungskonformismus, eine Bedrohung der politischen Meinungs- und Denkfreiheit ... Die Zeit zwischen 1930 und 1933 läßt grüßen«, so Hornung.[34] Das Bundesamt für Verfassungsschutz wies in seinem Jahresbericht 1998 darauf hin, dass Klagen über den angeblichen Verlust der Meinungsfreiheit ein wichtiges Thema rechtsextremer Veröffentlichungen darstellen. »Dies zielt ab auf staatliche Beschlagnahmen und Indizierungen von volksverhetzender oder den Holocaust leugnender Literatur, aber auch auf Verbote von neonazistischen Aufmärschen und Veranstaltungen.« Rechtsextremisten setzen so den demokratischen Rechtsstaat mit diktatorischen Systemen gleich. »In dieselbe Literaturkategorie« gehört dem Verfassungsschutz nach die Schrift von Nordbruch mit dem Nachwort des SZW-Präsidenten.[35] 1999 trat Hornung als Referent beim rechtsextremen »Schulverein zur Förderung der Rußlanddeutschen in Ostpreußen« in Erscheinung.

Im November 2001 berichtete das NPD-Organ »Deutsche Stimme« über die »Internationale Hochschulwoche« des SZW, die im September 2001 stattfand. Bei diesen »Hochschulwochen« wird der Akademikernachwuchs auf Kurs gebracht. Gelobt wurde von der NPD, dass ein ganzer Tag der »Hochschulwoche« unter dem Motto »Gegen den Bann der Political Correctness« stand, der vorwiegend von Günter Zehm bestritten wurde. Zehm ist auch an anderer Stelle engagiert. So kritisierte er 1996 in der »Jungen Freiheit« die strafrechtliche Verfolgung der Holocaustleugnung und -verharmlosung. Der Tenor dieser Ausführungen, so das Landesamt für Verfassungsschutz Niedersachsen, »entspricht weitgehend rechtsextremistischen Denkmustern.«[36] Neben Zehm waren bei der Hochschulwoche weitere Referenten und Themen »für nationaldenkende Menschen durchaus interessant.« So nahm Hornung, schrieb die »Deutsche Stimme«, »die Antifa-Linke in seinem Vortrag ›Antifaschismus – Die Geschichte eines politischen Kampfbegriffs‹ aufs Korn und legte den Ursprung dieser alten kommunistischen Machtergreifungsstrategie dar.«[37] Unter der Führung von Hornung radikalisierte sich der politische Kurs des SZW wieder. Gastredner waren u.a. Wjatscheslaw Daschitschew, Referent bei der rechtsextremen »Gesellschaft für freie Publizistik« und Autor der rechtsextremen »National-Zeitung«, Anton Rauscher, Referent beim rechtsklerikalen »Initiativkreis katholischer Laien und Priester«, Tadeusz Guz, Referent bei VPM, Uwe Greve, Buchautor des rechtsextremen »Arndt-Verlages« und der »Junge Freiheit«-Autor Fritz Schenk, Initiator der späteren »Appells ›Kritische Solidarität mit Martin Hohmann‹«.

Von der heutigen Führungsspitze der CDU unter Angela Merkel ist das CDU-Mitglied Hornung schwer enttäuscht. In der »Preußischen Allgemeinen Zeitung« schrieb er 2006: »Wie ihr Lehrmeister Kohl opferte sie (Merkel; Anm.: A.M.) … deutsche Interessen in vorauseilender Euphorie auf dem Altar Europa«. Weiter beklagte Hornung in dem Artikel »die Preisgabe von Grundpositionen der Union etwa beim sogenannten ›Antidiskriminierungsgesetz‹, das die Unionsunterhändler wie die rheinische Frohnatur Wolfgang Bosbach weitgehend schluckten«.[38]

Der renommierte Berliner Rechtsextremismusexperte Hajo Funke konstatierte 2002, dass Hornung »seit zwanzig Jahren eine zentrale Mittlerrolle zu den extremen Rechten« einnimmt. Der Politikwissenschaftler kam zu dem Ergebnis, dass es »kaum eine rechtsextreme Kulturvereinigung in Deutschland« gibt, »mit der Klaus Hornung nicht kooperiert hätte«.[39]

Zur Seite standen Hornung während seiner Amtszeit, die bis 2003 dauerte, unter anderem die Vizepräsidenten Jörg Schönbohm (CDU), Innenminister des Landes Brandenburg, Norbert Nothhelfer (CDU), früherer Regierungspräsident in Freiburg und Philipp Jenninger (CDU), vormals Bundestagspräsident. Hornung gehört im Jahr 2006 dem SZW weiterhin als Beisitzer an.

Das SZW unter der Führung von Bernhard Friedmann

Haupttagungsort des SZW ist auch im Jahr 2006 Weikersheim. Mit seinen Tagungen wendet sich das SZW an Multiplikatoren der öffentlichen Meinung und Entscheidungsträger, aber auch an Jugendliche. Durchgeführt werden Jahreskongresse, die stets von Gottesdiensten begleitet werden,

Fachtagungen, Gemeinschaftsveranstaltungen mit der Landesvertretung Baden-Württemberg in deren Niederlassung in Berlin, Abendveranstaltungen in Berlin (Kamingespräche), Internationale Hochschulwochen, Wirtschaftsgespräche und Wehr- bzw. Sicherheitspolitische Tagungen, bei denen man zu Gast beim Wachbataillon der Bundeswehr in Siegburg bei Bonn oder der Rommel-Kaserne in Dornstadt bei Ulm ist. Vorrangiges politisches Ziel des SZW ist, eine EU-Mitgliedschaft der Türkei zu verhindern. Dazu verabschiedete das SZW im Juni 2005 eigens ein »Europa-Manifest«.

Seit September 2003 steht der ehemalige CDU-Bundestagsabgeordnete (1976–1990) und spätere Präsident des Europäischen Rechnungshofs (1996–1999), der Diplomvolkswirt Bernhard Friedmann, dem SZW als Präsident vor. Friedmann hatte auf Bitten von Filbinger und Hornung das Amt angetreten. Beim Antritt des Amtes kündigte Friedmann an, das SZW zu »öffnen«, wieder enger an die Unionsparteien heranzuführen und sich stärker um wirtschaftliche Themen zu kümmern. In Sachen Wirtschaftspolitik finden nun in unregelmäßigen Abständen die »Weikersheimer Wirtschaftsgespräche« statt, bei denen sich Repräsentanten aus Wirtschaft und Politik austauschen. Als Kooperationspartner tragen diese Wirtschaftsgespräche mit: Arbeitsgemeinschaft selbständiger Unternehmer (ASU), Arbeitsgemeinschaft Evangelischer Unternehmer (AEU), Bund der Selbständigen Baden-Württemberg (BDS), Bund Katholischer Unternehmer Diözese Rottenburg-Stuttgart (BKU) und der Wirtschaftsrat der CDU Baden-Württemberg. Getagt wird u.a. im »Haus der Wirtschaft« in Stuttgart, bei der Deutschen Bank in Freiburg oder der Hauptverwaltung der Allianz in Stuttgart. Die Botschaft der wirtschaftspolitischen Überlegungen des SZW lautet: »Zu sozial ist unsozial!«[40]

Neu gegründet als Unterorganisation des SZW wurde am 9. Mai 2004 »Jung-Weikersheim«. Die Aktivitäten der vorherigen SZW-Jugendorganisation »Junges Weikersheim« waren während der Amtszeit Stettens zum Erliegen gekommen. Zum Vorsitzenden des sechsköpfigen Vorstandes wurde Steffen Bilger, Bezirksvorsitzender Nordwürttemberg der Jungen Union (JU), gewählt. Seit Juli 2005 hat Bilger auch das Amt des CDU-Pressesprechers Nordwürttemberg inne.

Dem SZW-Präsidium gehören neben Friedmann an: Hans Filbinger (Freiburg, Ehrenpräsident, CDU), Jörg Schönbohm (Potsdam, Innenminister von Brandenburg, Vizepräsident, CDU), Norbert Nothhelfer (Freiburg, ehemaliger Regierungspräsident, Vizepräsident, CDU), Philipp Jenninger (ehemaliger Bundestagspräsident und Botschafter, CDU), Manfred Rommel (Stuttgart, ehemaliger Oberbürgermeister, CDU), Klaus Hornung (Reutlingen, CDU), Renate Heinisch (Boxberg, ehemals CDU-MdEP), Ulrich Kolberg (Augsburg, Dipl.Ing.), Arnold Vaatz (Dresden, CDU-MdB), Andreas Graudin (wissenschaftlicher Assistent, SZW-Ansprechpartner in Berlin, CDU), Stefan Winckler (Schöllkrippen, Publizist) und Lienhard Schmidt (Hamburg, CDU).

Die Mitgliedschaft der Rechtsaußen Hornung und Winckler im SZW-Präsidium legt offen, dass der ewiggestrige Geruch der »Weikersheimer« auch weiterhin durch die Schloßräume der hohenlohischen Stadt ziehen kann. So veranstaltete das SZW im November 2004 zum zweiten Mal mit dem »Bund Junges Ostpreußen« (BJO) und der im Visier des Verfassungsschutzes stehenden »Staats- und Wirtschaftspolitischen Gesellschaft« (SWG) in Bad Pyrmont ein gemeinsames Seminar. Die SWG ist »ein wichtiges Scharnier zwischen Konservatismus und Rechtsextremismus«, sagt der Politikwissenschaftler Wolfgang Gessenharter von der Bundeswehr-Universität in Hamburg.[41] Gründungsmitglied der SWG war Hugo Wellems, einst Referent in Goebbels' Reichsministerium für »Volksaufklärung und Propaganda«, später Chefredakteur der Wochenzeitung »Das Ostpreußenblatt«. Geleitet wurde die Tagung – wie im Jahr zuvor – vom Brigadegeneral a. D. Reinhard Uhle-Wettler. SWG-Vorsitzender Uhle-Wettler ist Herausgeber einer im rechtsextremen Arndt-Verlag erschienenen »Festschrift« für den Holocaustleugner und Publizisten David Irving namens »Wagnis Wahrheit. Historiker in Handschellen?«. »Die Deutschen«, so Uhle-Wettler, seien Irving zu »Dank verpflichtet, weil er das primitive und einseitige Bild der Siegermächte des Zweiten Weltkrieges von den Ereignissen und Gestalten des Dritten Reiches durch seine Bücher in für sie vorteilhafter Weise differenziert und zurechtgerückt hat.«[42] Die Royal Courts of Justice (Königliche Gerichtshöfe) in London kamen in einem Urteil im Jahr 2000 zu der Auffassung, Irving sei ein Rassist, Antisemit, Holocaustleugner und Fälscher historischer Tatsachen. Gegen Irving, der in Österreich eine Haftstrafe wegen »nationalsozialistischer Wiederbetätigung« verbüßt, besteht in der Bundesrepublik Einreiseverbot.

Wie bei den Amtsvorgängern von Friedmann beehren auch trotz dieser immer noch vorhandenen Kontakte des SZW ins extrem rechte Spektrum weiterhin CDU-Bundes- und Landespolitiker sowie gesellschaftliche Größen das SZW als Referenten; darunter: Christoph Palmer (CDU), – zwischenzeitlich zurückgetretener – Minister des Staatsministeriums des Landes Baden-Württemberg, Friedbert Pflüger, außenpolitischer Sprecher der

CDU/CSU-Bundestagsfraktion, Friedhelm Ost (CDU), ehemaliger Sprecher der Regierung Helmut Kohl, Hans Tietmeyer (CDU), ehemals Bundesbankpräsident und Heinz-Klaus Mertes (CSU), Ex-TV-Chefredakteur des Bayerischen Rundfunks.

Im Gegensatz zu seinem Amtsvorgänger Hornung scheut Friedmann, Nebenerwerbslandwirt und Schnapsbrenner aus dem badischen Ottersweier, persönlich allzu offene Kontakte ins rechte Lager außerhalb der Unionsparteien. Dennoch lässt er gelegentlich die nötige Distanz zu diesen Kreisen vermissen. So war Friedmann mehrfach Interviewpartner der »Jungen Freiheit«. Darüber hinaus wünschte er dem Blatt »alles Gute« und zeigte sich erfreut darüber, dass es »auch in der jungen Generation Menschen gibt, die nicht stromlinienförmig alles mitmachen«. Friedmann weiter: »Es beeindruckt mich immer wieder, mit welcher Festigkeit die Junge Freiheit brisante politische Themen angeht. Dabei scheut sie sich nicht, des öfteren geradezu ›gegen den Strom zu schwimmen‹.«[43]

Gratulanten der »Jungen Freiheit« waren neben Friedmann und Hornung auch verfassungsschutzbekannte Rechtsextremisten wie der Tübinger Verleger Wigbert Grabert und der Pariser Neuheide Alain de Benoist.

Im April 2003 stand Friedmann auf der Rednerliste bei einem Symposium der extrem rechten Vereinigung »Stimme der Mehrheit« in Fulda. Zu den Gründungsmitgliedern von »Stimme der Mehrheit« zählen SZW-Referenten wie Martin Hohmann, Hans-Helmuth Knütter und Karlheinz Weißmann. Erklärtes Ziel der Vereinigung »Stimme der Mehrheit« ist, dem »Linkskartell innerhalb großen Teilen der ›schreibenden Zunft‹ eine schlagkräftige Alternative entgegenzusetzen«.[44] Kooperationspartner von »Stimme der Mehrheit« ist unter anderem die »Staats- und Wirtschaftspolitische Gesellschaft e.V.« (SWG).

Auf einer Sitzung des Kuratoriums der »Bundesvereinigung mittelständischer Unternehmer« (BVMU), einer Tochterorganisation des Bundes der Selbständigen Nordrhein-Westfalen, unter dessen organisatorischem Dach »Stimme der Mehrheit« 1996 gegründet wurde, appellierte Kuratoriumsmitglied Friedmann 2004 an seinen Kuratoriumskollegen Martin Hohmann, »umgehend einen Antrag auf Wiederaufnahme in die CDU-Fraktion zu stellen«.[45] Hohmann war zuvor wegen einer als antisemitisch eingestuften Rede aus der CDU-Bundestagsfraktion und später aus der CDU ausgeschlossen worden. Einer Selbstdarstellung zufolge hat sich die BVMU »zum Ziel gesetzt, die Tagespolitik von Regierung und Opposition kritisch und konstruktiv zu begleiten sowie mit eigenen Vorschlägen und Initiativen die zum Teil festgefahrenen und ideologisch geprägten Diskussionen zu beleben.« In den Vordergrund der Arbeit sollen »›Tabuthemen‹« gerückt werden, »die vielfach in der öffentlichen Auseinandersetzung der politischen Korrektheit (und damit Denkverboten) zum Opfer fallen«.[46]

Geschäftsführer des SZW ist der Betriebswirt und Philosoph Ronald Schrumpf (Leinfelden-Echterdingen). Am 15. August 2005 um 11:33 Uhr hinterließ Schrumpf im Gästebuch der Homepage von Martin Hohmann folgende Mitteilung: »Lieber Herr Hohmann, ich fühle mich Ihnen nicht nur von meinen politischen Ansichten her, sondern ganz besonders aus meinem katholischen Glauben heraus auf das engste verbunden. Sie vertreten authentische christliche Positionen. Deshalb wünsche ich Ihnen Gottes Segen und Erfolg bei Ihrer Direktkandidatur.« Hohmann verpasste jedoch entgegen dem frommen Wunsch des SZW-Geschäftsführers den Wiedereinzug in den Deutschen Bundestag.[47]

Der aus der CDU ausgestossene Hohmann wird auch in Vorstandskreisen der SZW-Nachwuchsorganisation hoch geschätzt. So bekundeten die Vorstandsmitglieder von »Jung Weikersheim«, Axel Raisch (CDU) und Christoph Schickle (CDU), in einem Unterschriftenappell an Angela Merkel ihre »Kritische Solidarität mit Martin Hohmann«.

Ausblick

Die Filbinger-Tagungsstätte hat sich seit dem Amtsantritt von Bernhard Friedmann weitgehend bemüht, ihren Ruf als extrem rechte Denkfabrik loszuwerden. Ob dahinter redliches Tun oder die Angst vor Negativ-Schlagzeilen steckt, sei dahingestellt. Das SZW setzt weiterhin auf den rechten Rand der Unionsparteien, dem ein Großteil seiner Mitglieder selbst angehört. Die »Weikersheimer« sind Fleisch vom Fleische der Union. Fakt ist jedoch, dass viele SZW-Mitglieder nur deshalb (noch) in der Union organisiert sind, um nicht der parteipolitischen Heimatlosigkeit zu verfallen. Diesen »Weikersheimern« ist bewusst, dass ihr gesellschaftspolitischer Einfluss bei einem Eintritt in eine Partei rechts außerhalb von CDU/CSU gegen Null tendieren und sie der politischen Stigmatisierung unterliegen würden. Die Zugehörigkeit zur Union hindert diese SZW-Mitglieder deshalb nicht daran, gegen die angeblich sozialdemokratisierte Politik ihrer Partei öffentlichkeitswirksam zu agitieren. Als Sprachrohr dieser hetzerischen Kritik dienen Publikationen der Neuen Rechten wie die »Junge Freiheit« und die »Preußische Allgemeine Zeitung«. Für beide Wochenzeitungen greifen SZW-Mitglieder – wie der vormalige Präsident Klaus Hornung –

selbst kontinuierlich zur Feder. Der Rolle des SZW als »institutionellem Scharnier zwischen demokratisch-konservativen Eliten und Netzwerken der extremen Rechten« (Stephan Braun) gilt es auch künftig die notwendige Beobachtung zu schenken. Die Tatsache, dass ein Drittel der ca. 400 Mitglieder des »Studienzentrums Weikersheim« jünger als 35 Jahre ist, zeigt, dass die Filbinger-Ära in der Union weit über das biologische Ende ihres Gründungsvaters hinausgehen wird.

1 Nachruf auf Lothar Bossle, in: Der Spiegel, 1/2001, S. 166.
2 Köhler, Otto: Der Professor mit dem schlechten Ruf, in: Die Zeit, 41/1991, S. 69.
3 http://www.deutsches-kolleg.org/hm/forum/rede3.html.
4 Burschenschaftliche Blätter, 4/1997, S. 217.
5 Interview mit Günter Rohrmoser, in: Der Eckart, Juni 2005, S. 9.
6 Aus Fehlern lernen. Rohrmoser sprach beim »Stuttgarter Freundeskreis«, in: Deutsche Rundschau, September 1991, S. 5.
7 Zit. n.: http://www.jf-archiv.de/archiv00/380yy47.htm.
8 Bundestags-Drucksache 14/7051 v. 22.10.2001.
9 Winckler, Stefan: Die demokratische Rechte – Entstehung, Positionen und Wandlungen einer neuen konservativen Intelligenz, Frankfurt 2005.
10 Knütter, Hans-Helmuth: Gegen die geistige Ödnis, in: Preußische Allgemeine Zeitung, 37/2005, S. 22.
11 Bernd Kallina im Gespräch mit Stefan Winckler, in: Burschenschaftliche Blätter, 4/2005, S.164–166, hier: S.164 f.
12 Rohrmoser, Günter: Warum Weikersheim?, in: Sepaitner, Fred Ludwig: Hans Filbinger. Aus neun Jahrzehnten, Leinfelden-Echterdingen 2003, S. 153–160, hier: S. 159.
13 Broder, Henryk: »Knechte des Gesetzes«. Wie der Rechtsstaat seine Richter fand, in: Der Spiegel, 20/1999, S. 120.
14 Schickel, Alfred: Die umstrittenste Zahl der Zeitgeschichte. Das ungeklärte Ausmaß der jüdischen Opfer, in: Deutschland in Geschichte und Gegenwart, 1/1980, S. 9–11, hier: S. 10.
15 Schreiben von Hans Filbinger an die Mitglieder des SZW v. 26.07.1989.
16 Leserbrief von Hans Filbinger, in: »Criticon«, Nr.117, S. 34.
17 Jebens, Albrecht: Tätigkeitsbericht über das 2. Halbjahr 1991, in: »Weikersheimer Blätter«, 8/1992, S. 14.
18 Boldt, Ulli: Der Weg aus dem Ghetto, in: Sleipnir, 4/1995, S. 44–45, hier: S. 44.
19 Zit. n. Schröm, Oliver: Kaderschmiede Weikersheim. Der rechte Weg, in: Stern 45/1994, S. 36–46, hier: S. 40.
20 Sitzungsdokumente des Europäischen Parlaments v. 23. Juli 1990.
21 Deutschland-Magazin, 4/2001, S. 4.
22 Original im Staatsarchiv Nürnberg, NG 2424.
23 Jebens, Albrecht: Er schrieb Geschichte. Nachruf: Der Journalist und Bestsellerautor Paul Schmidt-Carell, in: Junge Freiheit 27/1997, S. 4. Zur Vita von Carell siehe auch die Monographie von Wigbert Benz: Paul Carell. Ribbentrops Pressechef Paul Schmidt Carell vor uns nach 1945, Berlin 2005.

[24] Kopp, Hans-Ulrich: Vornehmer Preuße, in: Junge Freiheit v. 11.11.1994, S. 3.

[25] Zit. n. Gessenharter, Wolfgang: Konservatismus und Rechtsextremismus. Nähe und Distanz, in: Gewerkschaftliche Monatshefte 9/1989, S. 561–570; hier: S. 569.

[26] Jebens, Albrecht: Rennickes Vertriebenen-Lieder, in: Staatsbriefe, 4/2000, S. 22 f.

[27] Innenministerium des Landes Baden-Württemberg (Hrsg.): Verfassungsschutzbericht Baden-Württemberg 2004, S. 161.

[28] Interview mit Wolfgang von Stetten, in: Sonntag Aktuell, 21/1997, S. 7.

[29] Zit. n. Der Spiegel, 22/2001, S. 20.

[30] Studienzentrum Weikersheim: Endlich Führungswechsel, in: Das Ostpreußenblatt 22/2001, S. 2.

[31] Zit. n. Frank, Hans Georg: Endlich raus aus den Schlagzeilen, Südwest Presse v. 23. Mai 2001.

[32] Gratulation von Klaus Hornung, in: Junge Freiheit v. Juni 1991.

[33] Hornung, Klaus: Tabuzüchtung und Machtanspruch, in: Junge Freiheit, 4/1995, S. 13.

[34] Nachwort von Klaus Hornung, in: Nordbruch, Claus: Sind Gedanken noch frei? Zensur in Deutschland, München 1998, S. 254–267, hier: S. 254.

[35] Bundesministerium des Innern (Hrsg.): Verfassungsschutzbericht des Bundes 1998, S. 74.

[36] Niedersächsisches Ministerium für Inneres und Sport (Hrsg.): Verfassungsschutzbericht des Landes Niedersachsen 2005, S. 21.

[37] Grewe, Dietmar: Studienzentrum Weikersheim: Politische Inkompetenz. Schmiede konservativer Illusionen, in: »Deutsche Stimme«, November 2001, S. 12.

[38] Hornung, Klaus: Koalition der Beliebigkeiten. Merkel, Müntefering & Co. machen Politik ohne Überzeugungen, in: Preußische Allgemeine Zeitung, 20/2006, S. 1 f.

[39] Funke, Hajo: Paranoia und Politik. Rechtsextremismus in der Berliner Republik, Berlin 2002, S. 235.

[40] Pressemitteilung des SZW zu den »Internationalen Studientagen« vom 24. bis 26. September 2004 im Schloß Weikersheim.

[41] Zit. n. TAZ v. 23. Mai 2006, S. 22.

[42] Uhle-Wettler, Reinhard: Wagnis Wahrheit. Historiker in Handschellen? Festschrift für David Irving, Kiel 1998, S. 9 f.

[43] Leserbrief von Bernhard Friedmann, in: »Junge Freiheit«, 6/1991.

[44] www.stimmedermehrheit.de1html.

[45] »Der Selbständige«, 4/2004, S. 8.

[46] »Der Selbständige«, 5–6/2002, S. 8.

[47] Die Internetseite www.martinhohmann.de wird nicht mehr betrieben.

WALTER MOSSMANN

hans. il conformista

1.

Als am 15. September 2003 der ehrenwerte Dottore Hans Karl Filbinger neunzig wurde und seinetwegen im Freiburger Münster Unserer Lieben Frau so eine Art Dankgottesdienst stattfand, und als vis-à-vis vom Münster in einem roten Gebäude namens *Historisches Kaufhaus*, genauer: im *Kaisersaal* desselben – benannt ausgerechnet nach dem Hohenzollern-Kaiser Wilhelm I. (vormals *Kartätschenprinz*) – die übriggebliebene bzw. nachgewachsene Linke sich versammelte, um geräuschvoll und quasi gewohnheitsmäßig ihren Undank zu artikulieren, da war ich keineswegs amüsiert. Wozu in drei Teufels Namen schon wieder (*immer noch*) Worte über Filbinger verlieren? Es war doch schon alles gesagt.

Das Drama von 1974/75 ff. – jedenfalls unser regionales Drama mit ihm, mit der damals so mächtigen/gefährlichen Figur *Herzog Filbinger* während der Kämpfe um das geplante Atomkraftwerk in Wyhl (vielleicht war es auch gar kein Drama, sondern bloß Kaschperletheater, allerdings mit sehr realen Prügeleien und sehr realen Krokodilen!) – das alles lag doch mehr als ein Vierteljahrhundert zurück. Nun ruht der ganze Dokumentenkram in den Archiven und wartet auf die klugen Analysen der späteren Historiker – requiescat! Meinetwegen kann der Mann Filbinger seine Geburtstage feiern, soviel und wie und wo und mit wem er will, in St. Cyriak, oder im Münster, oder auf Schloss Solitude mit *Tod & Teufel*, oder auf dem Hohenasperg – es interessiert mich nicht mehr.

Aber dann kamen die jüngeren Herrn aus seiner Partei zu Wort, und was man da so hörte, schien mir denn doch einigermaßen bedenklich. Herzog Filbinger, las ich, sei 1978 gestürzt worden über eine schändliche Intrige der Stasi, man habe in den BRD-Medien gefälschte Dokumente präsentiert, und die westdeutschen Journalisten hätten sich mal wieder als nützliche Idioten der Kommunisten erwiesen, alle Lügen seien nunmehr widerlegt, und da inzwischen die Stasi entsorgt sei, könne man doch auch endlich diese hässliche und von der Stasi erfundene Geschichte über den Marinestabsrichter Filbinger entsorgen, und wir alle sollten uns schämen, weil dem guten Doktor Filbinger schreckliches Unrecht angetan worden sei.

Es schien also, als wünschten die jüngeren CDU-Herren, deren Namen ich mir nicht merken kann (*plastic people*), eine Revision der Geschichte sowohl von Weltkrieg II als auch des Jahres 1978 und nebenbei auch eine Revision ihrer eigenen Parteigeschichte. Also gut, dachte ich, schaun wir mal, was nach dem heutigen Stand der Wissenschaft in der Filbinger-Story von vor 25 Jahren revidiert werden muss. Kann ja sein, dass jemand gepfuscht hat.

Aber es stellte sich heraus, dass überhaupt nichts revidiert werden muss. Sogar meine doch sehr zeitgebundene BALLADE VOM TOTEN MATROSEN WALTERGRÖGER brauche ich nicht umzuschreiben, nicht eine Zeile. Die Faktenlage hat sich nicht geändert. Nein, Filbinger ist 1978 nicht angegriffen worden mit erfundenen Beschuldigungen aus den Laboratorien der Stasi, sondern mit historischen Dokumenten, die er nicht so schnell hat verschwinden lassen können, wie er seine unangenehmen Erinnerungen hat verschwinden lassen in den Abgründen seiner Gedächtnislücken, basta.

Aber die Parteigeschichte der baden-württembergischen CDU? Richtig, vielleicht geht es ja nur darum! So eine Partei-Chronik würde sich doch für CDU-Parteigenossen sehr viel angenehmer lesen, wenn Hans Filbinger das schuldlose Opfer einer gesamtdeutschen Schurken-Verschwörung von Stasi (Ost) und Linksintellektuellen (West) gewesen wäre. Man könnte dann sofort zu interessanteren Themen übergehen wie etwa »Wehret dem Missbrauch der Pressefreiheit!« oder »Wie schützen wir die Ehre der Wehrmacht vor Besudelungen jeder Art?« etc.etc. Aber nein, nein, nichts zu machen, auch diese Lesart ist nicht zu halten. Filbinger ist nämlich nicht deshalb gestürzt, weil das allseits bekannte Geheimnis gelüftet wurde, dass er als mustergültiger Konformist der Nazi-Militärjustiz gedient hat. Das hieße doch die deutschen Verhältnisse verkennen. Nein, Filbinger ist von seinen eigenen Parteifreunden in Stuttgart gestürzt worden, nachdem sein Fall eh schon drei Jahre zuvor begonnen hatte, und zwar in Wyhl.

2.

Ich vermute, Hans Filbinger hat sich nichts weiter dabei gedacht, als er 1972 als Ministerpräsident des Landes Baden-Württemberg die Verantwortung für den Bau eines Atomkraftwerks am Kaiserstuhl übernahm (zuerst Standort Breisach, dann Wyhl). Er war sich sicher, er kommt damit durch, und er war leichtsinnig genug, anzunehmen, einige alberne Sprüche reichten aus, um sein Wählervolk in Südbaden zu überreden (»Wenn Wyhl nicht gebaut wird, dann gehen im Land die Lichter aus«). Er hat die Tragweite des Konflikts zu keinem Zeitpunkt begriffen.

Ein Beispiel: Am 20. September 1974 besetzten die badisch-elsässischen Bürgerinitiativen den Bauplatz für ein geplantes Bleichemiewerk in Marckolsheim (CWM = *Chemische Werke München*). Die Besetzer waren exakt dieselben Leute, die seit Jahren gegen ein geplantes AKW am Kaiserstuhl Sturm liefen und die auch dort für den Fall der Fälle entsprechende Aktionen angekündigt hatten.[1] Nach vier Monaten einer mühsamen und riskanten Platzbesetzung [2] auf eigene Faust hatten sie tatsächlich in Marckolsheim Erfolg. Die französische Regierung gab nach, und die ganz neuartige grenzüberschreitende Bewegung der Bürgerinitiativen hatte ihre Feuertaufe bestanden, man war nicht schlecht stolz auf diese Leistung. Und was machte Filbinger? Er ließ verlautbaren, nur seinem persönlichen entschlossenen und klugen Einschreiten in Paris sei dieser Erfolg zu verdanken, man möge also das politische Denken doch lieber dem weisen Landesvater überlassen. Er hatte tatsächlich nichts begriffen, und er erntete jede Menge – Verachtung.

Zwei Monate später versuchte Ministerpräsident Filbinger dann, den Bau des Wyhler AKW mit Polizei- und Justiz-Gewalt durchzusetzen, aber offenbar hatte diese Polizei-Expedition nach Südbaden für ihn und für die verantwortlichen Einsatzleiter allenfalls das Format einer Routineangelegenheit. Infolgedessen stand Filbinger am Abend des 23. Februar 1975 da wie ein begossener Pudel. Rund 28.000 Demonstranten (laut Polizeiangaben) hatten den Wyhler Bauplatz überflutet, definitiv unter ihre Kontrolle gebracht und dann auch noch seiner (Filbingers) Landespolizei »freien Abzug« gewährt, was diese dankbar annahm. So etwas hatte es in der deutschen Nachkriegsgeschichte noch nicht gegeben, das war der Anfang von Filbingers Ende in der Politik.

Im November 1975 begannen dann ganz offiziell Verhandlungen zwischen der baden-württembergischen Landesregierung und den badisch-elsässischen Bürgerinitiativen (ebenfalls ein absurdes Novum!), die formal Anfang 1976 von einer *»Offenburger Vereinbarung«* gekrönt wurden (Verhandlungsführer für die Landesregierung: Lothar Späth), die aber tatsächlich Filbingers Niederlage in Südbaden besiegelten, was dann Lothar Späth als Filbingers Nachfolger mit einer gewissen Zeitverzögerung im Jahr 1983 auch eingestand.

An dieser Stelle sollte zur Entlastung Filbingers angemerkt werden, dass er von der neuen Qualität der Bürgerinitiativ-Bewegung und den Aktionen des Zivilen Widerstandes völlig überrascht wurde. Es gab ja weit und breit noch keinerlei Erkenntnisse und politische oder polizeiliche Modelle, wie man mit derartigen Aufständen fertig werden könnte. Die erfolgreichen Platzbesetzungen in Marckolsheim (1974), Wyhl und Kaiseraugst (1975) waren die ersten ihrer Art. Die medienwirksamen, wenn auch gescheiterten Events an anderen Orten fanden sehr viel später statt (Brokdorf erstmals im Oktober 1976, Gorleben erstmals im März 1977, Startbahn West im Mai 1980), und weil die Platzbesetzer dort zunächst weitgehend das Modell Wyhl bis ins Detail kopierten, waren die Machthaber Stoltenberg, Albrecht oder Börner und ihre Polizeichefs natürlich sehr viel besser darauf vorbereitet, sie hatten ebenfalls das Modell Wyhl studiert. Filbinger hingegen hatte es 1975 mit einer ganz neuen Kreation von Widerstand zu tun, und damit war er offenkundig überfordert.

3.

Bei den Landtagswahlen 1976 in Baden-Württemberg gewann die CDU mit ihrem Spitzenkandidaten Hans Karl Filbinger 56 % der abgegebenen Stimmen. Zwar ging jeder vierte Wahlberechtigte nicht zur Wahl, aber trotzdem: absolute Mehrheit der CDU, ein Triumph. Diese Tatsache scheint der These vom Autoritätsverfall Filbingers zu widersprechen. Also muss ich sie etwas präzisieren, die These: Mit der Niederlage in Wyhl im Februar 1975 begann Filbingers Autoritätsverfall an der Basis seiner Partei in Südbaden und bei seiner Clientel, also bei den angeblich »angestammten« Wählern auf dem Land. Allerdings konnten die Wähler damals ihre Meinung zum AKW Wyhl bei einer Landtagswahl noch gar nicht artikulieren, das war erstmals 1980 mit einer Kandidatur der GRÜNEN möglich.

Am 4. April 1976 stand zwar in Baden-Württemberg auch der atomkritische Erhard Eppler als sozialdemokratischer Kandidat zur Wahl, aber die SPD machte nunmal unter der Führung von Helmut Schmidt (Bundeskanzler) und Hans Matthöfer (Bundesminister für Forschung und Technologie) eine knallharte Atompolitik in Bonn und war für einen AKW-Gegner am Kaiserstuhl nicht wählbar. Ein prominenter Sprecher der Bürgerinitiativen, der Apotheker Hans-Erich Schött aus Endingen, kandidierte als entschiedener AKW-Gegner auf der FDP-Liste – und hatte Erfolg. Aber selbstverständlich wählte die ganz normale CDU-Clientel, bei der Filbinger schon längst verspielt hatte, trotzdem CDU, es gab ja noch andere Politikfelder neben der Energiepolitik, und es gab in der CDU noch andere personelle Optionen neben Filbinger, wie sich schon zwei Jahre später zeigte. Will sagen: die entscheidenden Auseinandersetzungen um die politische Zukunft Filbingers fanden in der CDU selbst statt, nicht im SPIEGEL.

Am Ergebnis der Landtagswahlen in Baden-Württemberg 1976 lässt sich noch nicht viel ablesen über die Fortschritte des Neuen Denkens am Kaiserstuhl und über Filbingers Autoritätsschwund. Deutlicher sind da schon die Ergebnisse der Kommunalwahlen. Denn auf der kommunalen Ebene haben die AKW- und Filbinger-Gegner schon sehr früh kandidiert, entweder auf neu gegründeten »Umweltlisten« oder »Freien Listen«, oder mit der klaren persönlichen Ansage »KKW NEIN!« auf irgendeinem Parteiticket: SPD, FDP, Freie Wähler etc. Das anregendste Beispiel für jede Form von Wahlbeteiligung auf der kommunalen Ebene kam aus der allernächsten Nachbarschaft: Schon 1974 haben nämlich im elsässischen Marckolsheim die Gegner der Bleichemiefabrik die Mehrheit im Gemeinderat erobert und auch noch den Bürgermeister gestellt, und das, obwohl sie allesamt als Platzbesetzer von der Presse und den Organen der Rechtspflege kriminalisiert wurden.

Deutlicher als die Sprache der Wahlergebnisse ist die Sprache der diversen Kiechlinsbergen-Erzählungen. Es kursieren natürlich, wie bei allen populären Erzählungen dieser Art, verschiedene Versionen. Ich wähle die, die mir am besten gefällt, und ich stütze mich dabei auf einen Text, den der Wyhler Bäckermeister und alte Freund Bernd Nössler im zweiten Wyhlbuch[3] veröffentlicht hat.

Am 8. Oktober 1976, also exakt ein halbes Jahr nach seinem eindrucksvollen Wahlsieg, reiste Hans Filbinger an den Kaiserstuhl, um sich in Kiechlinsbergen im Gasthaus *Zur Stube* mit einigen handverlesenen Honoratioren über Fragen der Energiepolitik zu unterhalten. Draußen vor dem Gasthaus sammelten sich derweil immer mehr Leute aus den umliegenden Dörfern, die eine etwas abweichende Meinung zur Energiepolitik der Landesregierung hatten, und diese abweichende Meinung taten sie unmissverständlich kund. Nach Feierabend waren es vielleicht 800 bis 1000 Demonstranten, meint Bernd Nössler. Und nachdem sie in der Winzergenossenschaft Königschaffhausen ihre Traubenbottiche entladen haben, kommen auch immer mehr Winzer mit Trecker und Hänger dazu, es bleibt friedlich, nur ein paar Böller knallen (»*Staren-Schrecke*«, was man eben zur Hand hat Anfang Oktober). Einige Leute rufen: »Wir wollen unsern Führer sehn!« Filbinger tut ihnen den Gefallen (»*Ich bin's!*«), kommt heraus, tritt unters Volk.

Bernd Nössler schreibt: »Traktoren knattern, blockieren die Straße. Ein Geknalle, Gejohle, Geschreie, Gedränge beginnt. ›Hebe ne, Hebe ne, d'r Filbinger!‹ So schreien viele … jetzt ist er eingekeilt! Wie beim Schunkeln gerät jetzt die brodelnde Menschenmasse in Wallung …«

»Kameradenmörder!« hätten einige ältere Männer dem Ministerpräsidenten ins Gesicht geschrien (*voilà, 1976!*). Nach einer halben Stunde habe man ihn wieder laufen lassen, den Filbinger…

»S'isch gnua jetzt, s'langt em«.

4.

Hans Karl Filbinger war ohne Zweifel sehr beliebt gewesen bei den Wählern aus seiner Generation. Vielleicht, weil er ein Stück deutscher Kontinuität repräsentiert. Seine Karriere hatte er bei den Nazis schon recht erfolgreich begonnen und strebte nun in der Bundesrepublik zu höchsten Höhen. So einer geht mühelos mit verschiedenen Systemen konform, auch wenn es eine gewisse Anpassungsfähigkeit erfordert. Und was die Verbrechen aus der »dunklen« Zeit vor 1945 betraf – Filbinger respektierte (nicht ganz uneigennützig) die deutsche OMERTÀ. Man wollte nicht darüber geredet wissen. Mit einem solchen Mann konnten sich viele identifizieren.

Nach dem soziologischen Modell der »politischen Kohorte« (oder der »politischen Generation«) ist Filbinger ein »1933er«: *geboren zwischen 1903 und 1915; Kurzbeschreibung: keine Loyalität zur Weimarer Republik; Aufstieg des Nationalsozialismus; Hitlers Machtergreifung als Wendepunkt; berufliche Karriere in der NS-Zeit; »Tätergeneration«*[4]. Im Rahmen dieser Kohorte konnte sich der Politiker Filbinger ziemlich gut aufgehoben fühlen, und die Kohorte sah sich hervorragend repräsentiert durch ihn, man verstand sich eben gegenseitig – *Schicksalsgemeinschaft.*

Aber wie der Zufall es will: es wachsen immer wieder nachfolgende Generationen heran, die sich völlig anders identifizieren. Beispielsweise nicht mit einem Nazi-Richter, sondern mit einem Naziopfer, beispielsweise mit einem Deserteur – mit Walter Gröger. Auch in den Kaiserstuhldörfern wachsen jüngere Leute heran, die völlig andere Vorstellungen von Demokratie haben: Partizipation, Selbstverantwortung, Recht auf eigene Meinung, Recht auf Kritik, auf Einmischung, auf Widerstand.

Dazu kommt, dass erstaunlich viele Altersgenossen aus Filbingers Kohorte Anfang der Siebziger Jahre beginnen umzudenken. Sie öffnen sich dem Neuen Denken der weltweiten Ökologiebewegung (»Grenzen des Wachstums«, »Club of Rome« 1972/73). Vielleicht haben sie den Filbinger früher schon mal gewählt, vielleicht sehen sie immer noch keine Alternative zur CDU, aber wenn hier ein Atomkraftwerk gebaut werden soll, werden sie verdammt widersetzlich. Und was für Filbinger erschwerend hinzu kommt: man kennt sich.

Sowohl der Generationswechsel zu seinen Füßen als auch der Meinungswandel in seiner Kohorte, also in seiner »angestammten« Clientel am Kaiserstuhl, beides ist Filbinger anscheinend entgangen. Und entgangen ist ihm auch, dass manche Begriffe, die er selber ganz gern propagandistisch gebrauchte, unversehens ganz anders connotiert werden: Filbinger lässt sich beispielsweise in der Wahlreklame als Bergsteiger mit frommem Blick gen Himmel ablichten, und das Foto wird dann mit Begriffen wie Heimat, Natur, Gesundheit, Region, Volkskultur etc. garniert. Aber was passiert in Wyhl? Irgendwelche obscuren Elemente (absurderweise nennt ausgerechnet Filbinger diese Leute »Drahtzieher«!) stürmen seinen natostacheldrahtbewehrten AKW-Bauplatz und machen sich dort breit im Namen von Heimat, Natur, Gesundheit, Region, Volkskultur etc.

Verkehrte Welt.

Schön.

5.

Filbinger verkennt 1975 die politischen und gesellschaftlichen Veränderungen im badisch-elsässischen Grenzgebiet vollkommen, und anscheinend ist er auch unwillig, sich kundig zu machen. Stattdessen versucht er, die Situation mithilfe eines autoritären und völkischen Modells zu interpretieren, das rechts den guten, wenn auch gefährdeten Volkskörper sieht, und links die Gefahr, die Viren, Bakterien, Zecken … Wenn man den Volkskörper und das gefährliche Fremde sauber scheiden würde, könnte man wohl die Sache wieder in Ordnung bringen.

Zur Erinnerung: seine letzte politische Großtat vor Wyhl war der sogenannte »Schiess-Erlass« von 1973 gewesen, die schärfste regionale Variante des von der sozial-liberalen Bundesregierung verursachten »Radikalenerlasses«. Damals herrschte (ein später Reflex auf 1968) in der BRD im Vorfeld und Umfeld des Öffentlichen Dienstes und weit darüber hinaus (z.B. Radio, Fernsehen, Zeitungen, Kirchen etc.) ein ekelhaftes Klima von Einschüchterung, Denunziation, Verdächtigung, Verteufelung. Der Gottseibeiuns der Epoche hieß »Radikaler« oder »Extremist« oder noch schlimmer: »Verfassungsfeind«, und dagegen half nur ein veritabler Hexenhammer, eben der Schiess-Erlass. Dieses sehr wirksame Instrument schuldet seinen treffenden Namen der banalen Tatsache, dass Filbingers Polizeiminister Herr Karl Schiess – hieß.

Einen Tag nach der endgültigen Platzbesetzung in Wyhl gab Filbinger im Fernsehen folgende Erklärung[5] ab:

»... Wir lassen (aber) jetzt noch vier Wochen Zeit, um eine Trennung *unserer Bevölkerung*, die besonnen ist, auch an Ort und Stelle, von den *Extremisten* zu erreichen. Zweifellos ist es zu einer gewissen Solidarisierung an Ort und Stelle gekommen, und wir wollen den besonnenen Kräften *unserer Bevölkerung* die Möglichkeit geben, hier sich wieder herauszufinden ...« – – – »... Ich habe niemals *unsere Bürger* in einen Topf geworfen mit den *Extremisten* und *Kommunisten*, denen es nicht geht um den Umweltschutz, sondern die in erster Linie gegen unseren Staat angehen wollen. Diese Unterscheidung treffen auch *unsere Bürger*, und *wir reichen den Bürgern die Hand* dazu, nun sich zu distanzieren und die rechtswidrige Besetzung an Ort und Stelle aufzuheben ...«

Ich verkneife mir an dieser Stelle jeden Kommentar.

Keine Frage, unter dem Demonstranten fanden sich auch Maoisten, Trotzkisten, Anarchisten, ja auch absurderweise Verteidiger des SED-Regimes und der volkseigenen Atomkraftwerke vom Typ Tschernobyl, ebenso wie es Evangelische gab, Katholische, Anthroposophen, Brasilianer, Lesben, Schwaben, Bächleputzer, Serviererinnen, Hungerkünstler, Linkshänder, ja, auch jede Menge Leute, die ihre Ideen vom Naturschutz noch aus einer nationalsozialistischen Erziehung mitbrachten, aber bitte: niemand hatte in diesen Badisch-Elsässischen Bürgerinitiativen eine ideologische, geschweige denn eine kulturelle Hegemonie. Es ging um fundamentale Interessen, es ging auch um Fragen der wirtschaftlichen Existenz, und das artikulierten am deutlichsten die Landwirte vom Kaiserstuhl, also Filbingers eigene scheinbar angestammte Wählerschaft.

6.

Filbinger hat diese Tatsache vollkommen verkannt, oder er hat sie nicht erkennen wollen, was weiß ich, jedenfalls hat er so seinen Sturz selbst vorbereitet. Er reagierte, wie man sieht, nach alten völkischen Mustern, er propagierte eine Unterscheidung zwischen »unserer Bevölkerung« und den dahergelaufenen »Extremisten und Kommunisten«, er nahm Bezug auf alte Verschwörungstheorien, grad so, als ob er selbst aus Heinrich Heines Krähwinkel herausgekrochen wär: »Ausländer, Fremde sind es meist / Die unter uns gesät den Geist / Der Rebellion, dergleichen Sünder / Gottlob sind selten Landeskinder … «[6]

7.

1978 haben wir auf der politischen Bühne erlebt, wie ein Mann in unglaublicher Halsstarrigkeit und Selbstgerechtigkeit versuchte, seine politische Biografie zurechtzulügen, dass sich die Balken bogen. Filbinger war damals 65 Jahre alt. Ein großer Teil der damaligen Ankläger stammt aus der sogenannten 68er Generation (*68er Kohorte*), und wir sind heute etwa so alt, wie Filbinger damals war. Ich denke, das abschreckende Beispiel von Filbingers Selbstgerechtigkeit sollte uns veranlassen, unsererseits einen anderen öffentlichen Umgang mit Fehlern und Irrtümern in unseren eigenen politischen Biografien zu finden, ich meine zum Beispiel: gewesene Solidarität mit Diktaturen, auch Partei-Diktaturen, Beschönigung von Unterdrückung und Terror im eigenen Lager, Flirt mit dem Terrorismus etc. Damit nicht irgendwann gesagt werden kann: Im Fall Filbinger sind zwei Selbstgerechte aufeinandergeprallt.

1 Erklärung der 21 Bürgerinitiativen an die badisch-elsässische Bevölkerung, August 1974, Plakat.

2 »S'Weschpenäschd – Die Chronik von Wyhl«, Mossmann/Danquart/Rotermund, VHS, Medienwerkstatt Freiburg, 1982.

3 Bernd Nössler: »Er kam zu den Seinen, aber sie nahmen ihn nicht an«, in: Wyhl. Der Widerstand geht weiter, Freiburg 1982.

4 Krondorfer/Kellenbach/Reck: Mit Blick auf die Täter, Gütersloh 2006, S. 31 ff.

5 Transkription eines ARD-Mitschnitts.

6 Heinrich Heine: Erinnerung aus Krähwinkels Schreckenstagen, 1853.

WOLFRAM WETTE

Ein Meinungswandel in Deutschland

Opfer der NS-Militärjustiz rehabilitiert

Für die deutsche Wehrmacht galt während des Zweiten Weltkrieges eine Devise Adolf Hitlers, die er bereits in seiner programmatischen Schrift »Mein Kampf« Mitte der 20er Jahre verkündet hatte: »Es muss der Deserteur wissen, dass seine Desertion gerade das mit sich bringt, was er fliehen will. An der Front kann man sterben, als Deserteur muss man sterben. Nur durch eine solche drakonische Bedrohung jedes Versuches zur Fahnenflucht kann eine abschreckende Wirkung nicht nur für den einzelnen, sondern auch für die Gesamtheit erzielt werden.«[1]

Die Nationalisten, auch Hitler und die Nationalsozialisten, sagten der deutschen Militärjustiz des Ersten Weltkrieges nach, sie sei nicht hart genug gegen Deserteure vorgegangen. Sie habe sich gescheut, die Todesstrafe zu verhängen und mit dieser unangebrachten Milde zum militärischen Zusammenbruch Deutschlands beigetragen.[2] Vorwürfe dieser Art wollten sich die Militärrichter der NS-Zeit nicht noch einmal machen lassen. In einer Art von vorauseilendem Gehorsam kamen sie Hitlers Aufforderung, gegenüber Deserteuren keine Gnade walten zu lassen, mit einer rigiden Urteilspraxis nach. Sie steht in dem zweifelhaften Ruhm, historisch einmalig gewesen zu sein. Hochrechnungen zufolge verhängte die deutsche Militärjustiz etwa 30.000 Todesurteile gegen Deserteure, Kriegsdienstverweigerer und sogenannte Wehrkraftzersetzer. Bei einem Teil von ihnen handelte es sich um die Widerstrebenden und Widerständigen in der Uniform der Wehrmacht, die sich an dem rassenideologischen Krieg und der Vernichtung nicht beteiligen wollten. Etwa 20.000 dieser Todesurteile sollen auch tatsächlich vollstreckt worden sein. Geht man davon aus, dass es sich bei diesen Todesurteilen um Justizterror, also um Unrecht handelte, so wird man sagen müssen: Die Militärjustiz hat sich der Ermordung von 20.000 Wehrmachtsoldaten schuldig gemacht.

Das Ende des Zweiten Weltkrieges brachte zunächst einmal keine grundlegende Neubewertung der Wehrmachtjustiz auf der einen Seite und ihrer Opfer, vornehmlich der Wehrmacht-Deserteure, auf der anderen mit sich. Wie überlebende Deserteure berichten, wurden sie auch nach 1945 als ehrlose »Vaterlandsverräter«, als »Feiglinge« und »Dreckschweine« diffamiert und gesellschaftlich ausgegrenzt. Das nationalsozialistische und militaristische Gedankengut lebte zumindest in Teilen der deutschen Bevölkerung auch unter den veränderten politischen Rahmenbedingungen fort. Das kann nicht verwundern, wenn man sich vor Augen hält, dass die politischen Verhältnisse zwar eine fundamentale Änderung erfuhren, dass der Prozess der geistigen Neuorientierung bei den deutschen Menschen jedoch nicht in gleichem Tempo voranschreiten konnte. Die Kontinuität des Denkens und der Mentalität läßt sich insbesondere daran ablesen, dass die große Mehrheit der deutschen Gesellschaft der 50er Jahre im Hinblick auf die NS-Zeit kaum ein Unrechtsbewusstsein entwickelte und sich in dem Bemühen um eine kollektive Schuldabwehr einig wusste.[3] Damit wurde einmal mehr deutlich, dass die nationalsozialistische Volksgemeinschaft nicht bloß eine Erfindung der NS-Propaganda gewesen war, sondern dass sie tatsächlich existiert hatte, was nicht bedeutet, dass es nicht auch eine widerständige Minderheit gegeben hätte. Was der Historiker Norbert Frei für den Umgang mit dem Kriegsverbrecherproblem in den 50er Jahren ermittelte, lässt sich auch auf die Untaten der Wehrmachtjustiz anwenden: »... in gewisser Weise erfuhr die nationalsozialistische Volksgemeinschaft damals ihre sekundäre Bestätigung. Die Bereitschaft zu einer offenen, selbstkritischen Debatte über die NS-Vergangenheit – auch über individuelles politisches Versagen – wurde nicht nur nicht gestärkt, sondern, gemessen jedenfalls an der Situation unmittelbar nach Kriegsende, für lange Zeit weitgehend zunichte gemacht.«[4]

Was die in der deutschen Gesellschaft verbreiteten Ansichten über die Wehrmacht-Deserteure angeht, so dauerte es noch mehrere Jahrzehnte, bis die – in der Tradition des nationalsozialistischen Verdikts stehende – Verleumdung in Frage gestellt und schließlich durch eine neue Sicht abgelöst wurde. Wider Willen spielte dabei in den 70er Jahren der damalige baden-württembergische Ministerpräsident Hans Filbinger (CDU) eine Rolle.[5] Der ehemalige Marinerichter, den der Schriftsteller Rolf Hochhuth einmal wegen seiner gnadenlosen und der nationalsozialistischen Ideologie folgenden Urteile als »furchtbaren Juristen« bezeichnet hatte, war noch in den letzten Kriegsmonaten an Strafverfahren gegen Deserteure beteiligt gewesen, die zu Todesurteilen geführt hatten.

Die Vorgänge um Filbinger trugen zu einer ersten Sensibilisierung für die Themen Wehrmachtjustiz und Desertion bei.[6] Seit Anfang der 80er Jahre des vergangenen Jahrhunderts begannen in der Bundesrepublik Deutschland zunächst einzelne gesellschaftliche Initiativen, meist der Friedensbewegung entstammend, des weiteren aber auch Historiker sowie Teile der Justiz und der Politik, das Schicksal der Deserteure der Wehrmacht und anderer Opfer der NS-Militärjustiz zu thematisieren.[7] Nun bahnte sich ganz allmählich in relevanten Teilen der deutschen Gesellschaft ein Einstellungswandel an. Vorbereitet und begleitet wurde dieser Prozess durch eine kritische militärgeschichtliche Forschung, durch autobiographische und literarische Beiträge zum Thema Desertion sowie durch eine immer breiter werdende öffentliche Diskussion, an welcher sich unter anderem die Evangelische Kirche Deutschlands maßgeblich beteiligte. Die Debatte zog sich über einen langen Zeitraum hin, nämlich über mehr als zwei Jahrzehnte. Sie durchlief mehrere Etappen und wurde schließlich gekrönt und formal abgeschlossen durch den Beschluss des Deutschen Bundestages vom 17. Mai 2002[8], die Deserteure der Wehrmacht zu rehabilitieren.[9] Durch das am 23. Juli 2002 verkündete »Gesetz zur Aufhebung nationalsozialistischer Unrechtsurteile in der Strafrechtspflege« wurden die NS-Unrechtsurteile gegen die Wehrmacht-Deserteure endlich pauschal aufgehoben. Das Gesetz wurde unterzeichnet von Bundespräsident Johannes Rau, Bundeskanzler Gerhard Schröder und Bundesjustizministerin Herta Däubler-Gmelin. Letztere hatte sich mit besonderer Intensität und mit langem Atem für die Rehabilitierung der Deserteure und ihre Anerkennung als Opfer der NS-Justiz sowie für ihr Anrecht auf eine Entschädigung und Wiedergutmachung eingesetzt.[10]

Beginn der Enttabuisierung durch lokale Deserteurs-Initiativen

Der Klärungsprozess wurde Anfang der 80er Jahre angestoßen durch die Idee, den Deserteuren des Weltkrieges, darüber hinaus »den unzähligen und unbekannten Kriegsgegnern der Vergangenheit und Gegenwart«[11], ein Denkmal zu setzen, um sie damit sowohl der Vergessenheit zu entreißen als auch ihre anhaltende Desavouierung zu beenden. Initiativen dieser Art entstanden wohl erstmals 1981 in Kassel und 1983 in der Hansestadt Bremen. Die Aktivisten waren sich bewusst, damit ein politisch »heißes« Thema angepackt zu haben. Denn die Tradition des preußisch-deutschen Obrigkeitsstaates und der nationalsozialistischen Diktatur schien damals, zumindest im Hinblick auf dieses Problemfeld, noch ungebrochen zu sein. Die Idee, »dem unbekannten Deserteur« ein Denkmal zu widmen, hatte seinerzeit noch einen ausgesprochen provokativen Charakter. Die öffentlichen Auseinandersetzungen trugen denn auch von Beginn an den Stempel eines ideologischen Glaubenskrieges. Für die Wortführer aus dem Lager der politischen Rechten, der Soldatenverbände und der Bundeswehr, welche die »schweigende Mehrheit« hinter sich zu wissen glaubten, waren und blieben die Deserteure verächtliche Feiglinge, während der »brave« Soldat – dieser Version zufolge – tapfer gekämpft hatte. Das durchgängige, so aber nie offen ausgesprochene Motto lautete: Millionen können sich nicht irren.

Immerhin gelang es den Initiatoren der Deserteurs-Denkmäler, eine lebhafte öffentliche Diskussion zu entfachen, an der sich bald auch prominente Wissenschaftler und Politiker beteiligten. Zwischen 1980 und 1995 sind bundesweit mehr als 60 Deserteurs-Initiativen entstanden.

Neue militärhistorische Forschungen

Für den Fortgang der Diskussion spielte die wissenschaftliche Aufarbeitung des Themas eine wichtige Rolle. Unter anderem sind hier zu nennen Manfred Messerschmidts frühe Forschungen über die deutsche Militärgerichtsbarkeit während des Zweiten Weltkrieges[12], Jörg Kammlers Buch über die Kasseler Deserteure[13], Norbert Haases Sammlung mehrerer Einzelfälle von Desertion[14] sowie Manfred Messerschmidts und Fritz Wüllners grundlegende, kritische Untersuchung der NS-Militärjustiz[15]. Einige Jahre später folgte Fritz Wüllners Darstellung der Geschichte der Militärjustiz im Dritten Reich und der apologetischen Nachkriegsliteratur über sie[16], von Hanno Kühnert zu recht gepriesen als ein Buch, »das wie ein Trompetensturm die bisher lügenhaft geschönte Landschaft der deutschen Kriegsjustiz zerstört«[17].

Insgesamt haben diese – und einige andere – Arbeiten unser bis dahin eher spärliches Wissen über die Desertion in der NS-Zeit und über die »Robenkriminalität«[18] der NS-Militärjustiz maßgeblich bereichert.[19] Der Historiker Volker Ullrich arbeitete den entscheidenden Kontroverspunkt folgendermaßen heraus: »... über eines sollte Einverständnis möglich sein: darüber, dass die Frage der Bewertung der Desertion im Zweiten Weltkrieg sich nicht trennen lässt vom Charakter dieses Krieges, der von Anfang an auf die Unterjochung und Vernichtung ganzer Völker zielte. Angesichts dieser verbrecherischen Dimension des Krieges war ›Wehrkraftzersetzung‹ oder ›Fahnenflucht‹, war überhaupt jede Form der Verweigerung eine achtenswerte, moralisch gebotene Handlung.« Die Deserteure waren »Sand im Getriebe der NS-Kriegsmaschinerie«. »Jeder Soldat, der sich – aus welchen Gründen auch immer – im Zweiten Weltkrieg den Streitkräften Hitlers entzog, verdient deshalb unseren Respekt.«[20]

Desertion als Thema der Gedenkstätte Deutscher Widerstand in Berlin

Die Ständige Ausstellung »Widerstand gegen den Nationalsozialismus« ist den – politisch offenbar konsensfähigen – Weg gegangen, zumindest jene Deserteure als Widerständler anzuerkennen, die aus erkennbaren politischen Motiven heraus die Truppe verließen, ohne damit expressis verbis Desertion generalisierend mit politischem Widerstand gleichzusetzen. Bleibt hinzuzufügen, dass die »Gedenkstätte Deutscher Widerstand« im Sommer 1993 die Ausstellung »Das Reichskriegsgericht und der Widerstand gegen die nationalsozialistische Herrschaft« erarbeitete.[21] In ihrem Vorwort zum Katalog zu dieser Ausstellung konstatierte die damalige Berliner Justizsenatorin und spätere Präsidentin des Bundesverfassungsgerichts, Jutta Limbach, dass sich »allmählich ein Umdenken in der Beurteilung der Wehrmachtjustiz des NS-Regimes anbahne«[22]. Sie bezeichnete es als »beschämend«, dass die Richter des Reichskriegsgerichts niemals rechtskräftig verurteilt worden seien, diese sich vielmehr problemlos in die deutsche Nachkriegsjustiz integriert hätten.

Ein Durchbruch in der Rechtsprechung: Das Urteil des Bundessozialgerichts von 1991

Einen Durchbruch in der Rechtsprechung über die Deserteure des Zweiten Weltkrieges brachte das Grundsatzurteil des Bundessozialgerichts (BSG) vom 11. September 1991.[23] Fast ein halbes Jahrhundert nach dem Ende des Zweiten Weltkrieges bestimmte das Gericht – unter ausdrücklicher Aufgabe der bisherigen Rechtsprechung –, dass den Hinterbliebenen der von der NS-Militärjustiz wegen Fahnenflucht, Wehrkraftzersetzung, Befehlsverweigerung und ähnlicher antinazistischer Verhaltensweisen hingerichteten deutschen Soldaten eine Opferentschädigung zustehe. Bislang waren die Opfer der Militärjustiz aus der Rehabilitierung und Entschädigung vollständig ausgegrenzt worden.[24] Die Rechtsprechung der Sozialgerichte hatte die Deserteure bis dahin deutlich schlechter als die Angehörigen der Waffen-SS gestellt, was sich nicht zuletzt aus dem Tatbestand erklärt, »dass in vielen Sozialgerichten bis hin zum BSG ehemalige Nazi- und Militärrichter saßen«[25].

Unter ausdrücklicher Bezugnahme auf die militärgeschichtlichen und militärrechtshistorischen Forschungen von Manfred Messerschmidt und Fritz Wüllner sprach das Bundessozialgericht[26] der NS-Militärjustiz die rechtsstaatliche Qualität ab und bezeichnete diese Institution des Dritten

Reiches als »terroristisch« und »verbrecherisch«. Die Militärrichter, urteilten sie, hätten nicht unabhängig gerichtet, sondern nach den Weisungen des militärischen Gerichtsherrn. Das Bundessozialgericht machte einen großen Schritt nach vorn, indem es die Todesurteile gegen Deserteure generell als »offensichtlich unrechtmäßig« und die Militärgerichte als »Gehilfen des NS-Terrors« und als Mittäter in einem »völkerrechtswidrigen Krieg« bezeichnete. Wer in diesem Unrechtsstaat die Truppe verließ oder den Gehorsam verweigerte, leistete dem BSG zufolge »Widerstand«. Diese Menschen dürften daher von der Entschädigung nicht ausgeschlossen werden.

Parlamentarische Initiativen im Deutschen Bundestag

Die genannten Initiativen führten in der zweiten Hälfte der 80er Jahre zu parlamentarischen Vorstößen im Deutschen Bundestag. Nach längeren Vorarbeiten brachte die Fraktion der Grünen im Sommer 1990 einen qualifiziert begründeten Antrag zur »Rehabilitierung und Entschädigung der unter der NS-Herrschaft verfolgten Kriegsdienstverweigerer, Deserteure und ›Wehrkraftzersetzer‹« ein.[27] Auch die Sozialdemokratische Partei Deutschlands (SPD) wurde aktiv. Anlässlich einer Veranstaltung zum Thema »Der unbekannte Deserteur – Provokation oder notwendiger Streit?« im Mai 1990 in Bonn setzte sich die stellvertretende Partei- und Fraktionsvorsitzende Herta Däubler-Gmelin in einer bemerkenswerten Rede für eine angemessene Würdigung der Deserteure ein: »Wer sich der Maschinerie des Krieges entzog oder widersetzte, auch der muss unser Verständnis und unseren Respekt beanspruchen können, der verdient nicht unser schamvolles Wegschauen.«[28] Im Winter 1993/94 legten die Bundestagsfraktion der SPD sowie die Fraktion von Bündnis 90/Die Grünen im Parlament erneut Anträge vor, die auf eine Rehabilitierung der Deserteure sowie auf Entschädigungsregelungen abzielten. Die CDU/CSU-Bundestagsfraktion erteilte ihnen eine Absage.[29] Man wolle zwar Einzelfälle prüfen, werde aber einer pauschalen Aufhebung der Urteile der NS-Militärjustiz nicht zustimmen. Viele Deserteure seien, so der rechtspolitische Sprecher der CDU/CSU-Fraktion, Norbert Geis, eben »nur schlau gewesen, während andere Soldaten den Kopf hingehalten hätten«. Und weiter: »Man läuft aber nicht davon.« Das wohl auch politisch entscheidende CDU-Argument war das folgende: Hebe man die Urteile gegen Deserteure auf, so würde gleichzeitig der Einsatz jener Wehrmachtsoldaten, »die den Mut hatten, bei der Stange zu bleiben«, pauschal für unrechtmäßig erklärt.

Im Sommer 1994 kam es in den Ausschüssen des Deutschen Bundestages zwar zu einer Annäherung der Standpunkte in der Bewertung der Militärjustiz als »Terrorinstrument der nationalsozialistischen Willkürherrschaft«.[30] Schließlich lehnte es die konservativ-liberale Regierungsmehrheit des 12. Deutschen Bundestages am 21. September 1994 jedoch erneut ab, den vorwärts weisenden Anträgen von SPD und Grünen zu folgen.[31]

Über NS-»Terrorjustiz« und »Blutrichter«: Das Urteil des Bundesgerichtshofs (BGH) von 1995

Mitte der 90er Jahre hatten sich die deutsche Politik und die Justiz auch mit Todesurteilen auseinander zu setzen, die in der DDR verhängt und die nach der deutschen Einigung pauschal aufgehoben worden waren, obwohl sich unter den Verurteilten auch Kriegsverbrecher befanden. In diesem Zusammenhang fand der Bundesgerichtshof (BGH, 5. Senat Berlin) – das in Sachen Strafgerichtsbarkeit höchste deutsche Gericht – am 16. November 1995 endlich den Mut, alte Betrachtungsweisen über Bord zu werfen und eine selbstkritische Bilanz des Umgangs mit der NS-Militärjustiz zu ziehen. In seinem Aufsehen erregenden Grundsatzurteil stellte der BGH fest, die Kriegsrichter hätten die Todesstrafe missbraucht und sie hätten als »Terrorjustiz« gehandelt. Richter, die in der NS-Militärjustiz tätig gewesen waren und hernach in der Bundesrepublik ihre Laufbahn fortgesetzt hatten, bezeichnete der BGH als »Blutrichter«, die sich eigentlich »wegen Rechtsbeugung in Tateinheit mit Kapitalverbrechen hätten verantworten müssen«.[32] Damit revidierte das hohe Gericht die frühere Rechtsprechung und legte dem Gesetzgeber nahe, die Urteile dieser »Blutrichter« aufzuheben, auch die gegen die Wehrmacht-Deserteure. Rückblickend betrachtet, wird man sagen können, dass das BGH-Grundsatzurteil vom November 1995 für die Neubewertung der NS-Militärjustiz etwa dieselbe Bedeutung hatte wie das – oben bereits erwähnte – Urteil des Bundessozialgerichts von 1991 für eine neue Sicht auf die Deserteure. In den folgenden Jahren haben Autoren wie Otto Gritschneder[33] und Hermine Wüllner[34] Zusammenstellungen von Todesurteilen deutscher Kriegsgerichte veröffentlicht, die es auch einem größeren Publikum ermöglichten, sich von der Tätigkeit dieser Terrorjustiz ein Bild zu machen.

Nur zwei Wochen nach dem BGH-Urteil, am 29. November 1996, fand in Bonn eine Anhörung des Rechtsausschusses des Deutschen Bundestages statt.[35] Sie erbrachte zwar keine Annäherung der Meinungen, hatte aber ein enormes öffentliches Echo und übte dadurch – zusammen mit dem BGH-

Urteil – einen beträchtlichen Einfluss auf den Meinungswandel in der deutschen Öffentlichkeit aus.

Die »Wehrmachtausstellung«

Mit dem Jahr 1995, in welchem in Deutschland in vielfältiger Weise an das Kriegsende 1945 erinnert wurde[36], begann in der deutschen Gesellschaft ein weiterer historisch-politischer Lernprozess. Er hatte die Wehrmacht in der Zeit des Nationalsozialismus zum Gegenstand. Großes Aufsehen erregte damals die vom Hamburger Institut für Sozialforschung veranstaltete Ausstellung »Vernichtungskrieg. Verbrechen der Wehrmacht 1941-1944«.[37] Die nunmehr einsetzenden öffentlichen Diskussionen signalisierten einerseits eine heftige Abwehrhaltung von Menschen, die noch immer dem alten Denken verhaftet waren. Andererseits zeigten sie, dass die Zeit nunmehr reif zu sein schien für eine weitgehende Revision der in der Öffentlichkeit noch immer verbreiteten Vorstellung, die Wehrmacht habe einen ganz normalen Krieg geführt und sich nichts zuschulden kommen lassen.

Die Breite der öffentlichen Auseinandersetzung mit diesem Thema in der zweiten Hälfte der 90er Jahre war beispiellos. Hunderttausende, wenn nicht Millionen von historisch-politisch interessierten Menschen setzten sich nun mit ihm auseinander. Häufig handelte es sich dabei um Angehörige der jüngeren Generation. Aber auch viele prominente Persönlichkeiten engagierten sich, wie etwa die eindrucksvolle Liste der Rednerinnen und Redner zeigt, welche die »Wehrmachtausstellung« in den jeweiligen Städten eröffneten.[38] Als Symbol für dieses gleichsam provozierte Interesse könnte das Bild jener langen Schlange von Menschen in die Geschichtsbücher eingehen, die täglich vor dem Münchener Rathaus mehrstündige Wartezeiten in Kauf nahmen, um sich durch den Besuch der Ausstellung dieses – bislang durch Legenden geschönte – Stück deutscher Geschichte anzueignen.[39]

Der Beitrag der Evangelischen Kirche in Deutschland (EKD)

Ein weiteres Indiz für die Neuorientierung der Öffentlichkeit waren die Beratungen der Evangelischen Kirche Deutschlands. Die 8. EKD-Synode des Jahres 1996 bezog in der Frage der Desertion und Kriegsdienstverweigerung im Zweiten Weltkrieg die folgende Position: »1. Der Zweite Weltkrieg war ein Angriffs- und Vernichtungskrieg, ein vom nationalsozialistischen Deutschland verschuldetes Verbrechen. Auch die Kirche, die das seinerzeit nicht erkannt hat, muss das heute erkennen. 2. Wer sich weigert, sich an einem Verbrechen zu beteiligen, verdient Respekt. Schuldsprüche aufrecht zu erhalten, die wegen solcher Verweigerungen gefällt wurden, ist, seit der verbrecherische Charakter der nationalsozialistischen Diktatur und ihrer Kriegführung feststeht, absurd. Sich der Beteiligung an einem Verbrechen zu entziehen, kann nicht strafwürdig sein. 3. Die Rehabilitierung von Deserteuren bedeutet keine Abwertung der deutschen Soldaten des Zweiten Weltkrieges. Die meisten Soldaten glaubten, die Pflicht zu erfüllen, die sie ihrem Vaterland schuldeten, oder sie sahen keine Möglichkeit, sich dem Kriegsdienst zu entziehen. Dies sehen Sprecher überlebender Deserteure ebenso. [...] 8. Eine Rehabilitierung der Opfer der Wehrmachtjustiz kann keine negativen Wirkungen auf die Bundeswehr haben. Sie ist die Armee eines demokratischen Rechtsstaates. Das Grundgesetz verbietet jede auf einen Angriffskrieg angelegte Handlung. Den Soldaten ist darüber hinaus durch das Soldatengesetz verboten, verbrecherische Befehle zu befolgen. Zu den wesentlichen Leitbildern der Bundeswehr gehören die Männer und Frauen des Widerstandes gegen die nationalsozialistische Diktatur.«[40]

Auf der Grundlage dieser geschichtspolitischen Ortsbestimmung forderte die EKD den Deutschen Bundestag auf, die von der Wehrmachtjustiz verhängten Urteile wegen Desertion, Gehorsamsverweigerung oder Wehrkraftzersetzung für Unrecht zu erklären. In der Folgezeit sollte sich diese »Kundgebung der 8. Synode der EKD« als politisch einflussreich erweisen. Aufgrund einer Initiative der SPD machte sich der Deutsche Bundestag ihre Grundgedanken hernach weitgehend zu eigen.

»Achtung und Mitgefühl« für Deserteure: Die Entschließung des Deutschen Bundestages von 1997

Unter dem Eindruck des BGH-Grundsatzurteils über die NS-Kriegsgerichtsbarkeit, der öffentlichen geschichtspolitischen Debatten über die Wehrmacht und der EKD-Kundgebung kam es dann im Deutschen Bundestag erneut zu Beratungen über die Spätfolgen des nationalsozialistischen Unrechtsregimes. Am 15. Mai 1997, also noch zur Zeit der von Helmut Kohl (CDU) geführten konservativen Regierung, verabschiedete der Deutsche Bundestag eine Entschließung über die Rehabilitierung der Wehrmachtdeserteure, Wehrkraftzersetzer und Kriegsdienstverweigerer.[41] In Anlehnung an die zitierte EKD-Entschließung wurde darin zunächst die folgende bedeutsame (weil in dieser Form erstmalige) Feststellung getroffen: »Der Zweite Weltkrieg war ein Angriffs- und Vernichtungskrieg, ein vom nationalsozialistischen Deutschland verschuldetes Verbrechen.« Gegenüber den Opfern der Militärjustiz bezeugte der Bundestag »Achtung und Mitgefühl«. Weiterhin erklärte das Parlament, dass die Urteile der Wehrmachtjustiz, die diese während des Zweiten Weltkrieges wegen Kriegsdienstverweigerung, Desertion oder Wehrkraftzersetzung verhängt hatten, »Unrecht waren«.

Dann folgte allerdings eine Einschränkung. Sie machte deutlich, dass die Mehrheit des Bundestages noch immer nicht bereit war, aus der – in derselben Entschließung zum Ausdruck gebrachten – Einschätzung des deutschen Krieges als »Angriffs- und Vernichtungskrieg« die logischen und politisch nötigen Konsequenzen für die Bewertung der Desertion zu ziehen. Für die »Bundesvereinigung Opfer der NS-Militärjustiz« wertete deren Vorsitzender Ludwig Baumann die Entschließung vom 15. Mai 1997 denn auch als einen »Rückschlag«: Die Deserteure würden mit diesem Beschluss »nicht rehabilitiert, sondern erneut gedemütigt«.[42] Die Vereinigung forderte nach wie vor die pauschale Aufhebung der nationalsozialistischen Unrechtsurteile. Tatsächlich konnte bestenfalls von einer »Teil-Rehabilitierung für Deserteure« gesprochen werden.[43] Wer die volle Rehabilitierung wollte, musste also weiter für eine gesetzliche Lösung kämpfen.

Aufhebung nationalsozialistischer Unrechtsurteile vom Mai 1998

Am 28. Mai 1998 beschloss der Deutsche Bundestag das Gesetz zur Aufhebung der NS-Unrechtsurteile.[44] Es stellte insgesamt einen Meilenstein in der Geschichte der deutschen Vergangenheitsbewältigung dar. Denn es erklärte Millionen von NS-Urteilen, die »zur Durchsetzung oder Aufrechterhaltung des nationalsozialistischen Unrechtsregimes aus politischen, militärischen, rassischen, religiösen oder weltanschaulichen Gründen ergangen sind«[45], für nicht rechtmäßig und hob sie auf. Dazu gehörten auch die Urteile gegen Kriegsdienstverweigerer und Wehrkraftzersetzer. Aus diesem Grunde stieß das Gesetz damals in der deutschen und der internationalen Öffentlichkeit auf ein positives Echo. Der allgemeine Tenor lautete: Endlich, nach beschämend langen 53 Jahren nach Kriegsende, ist das NS-Unrecht auch formal beseitigt!

Eine genauere Prüfung ergab, dass im Gesetz zwar der Volksgerichtshof (so hieß das NS-Reichsgericht für politische Delikte, das als ein Terrorinstrument der Hitler-Diktatur agierte) und die in der Schlussphase des Zweiten Weltkrieges, ab Februar 1945, eingesetzten Standgerichte erwähnt wurden, nicht aber die NS-Militärgerichte, welche die meisten Todesurteile gegen die Deserteure gefällt hatten, also das Zentralgericht des Heeres, die Feldkriegsgerichte, das Gericht der Wehrmachtkommandantur Berlin und die Gerichte in den Wehrkreisen. Damit waren die Urteile dieser Gerichte gegen Wehrmacht-Deserteure von der Unrechtserklärung ausgenommen.

Regierungswechsel 1998: Rot-Grün bringt die Rehabilitierung zum Abschluss

Nach 16 Jahren der »Ära Kohl« (1982-1998) führten die Bundestagswahlen vom September 1998 zu einem Sieg der bisherigen Oppositionsparteien SPD und Bündnis 90/Die Grünen. Sie erklärten in ihrem alsbald geschlossenen Koalitionsvertrag: »Die Rehabilitierung und die Verbesserung der Entschädigung für Opfer nationalsozialistischen Unrechts bleibt fortdauernde Verpflichtung.«[46] Es dauerte jedoch noch einmal zweieinhalb Jahre, bis die Angelegenheit wieder in die parlamentarische Beratung kam. Anfang 2001 machte die postkommunistische Partei des Demokratischen Sozialismus (PDS) einen früheren SPD-Antrag zu ihrem eigenen und brachte ihn wortgleich erneut im Bundestag ein. Dadurch geriet die rot-grüne Bundesregierung in Zugzwang. Die Koalitionsfraktionen legten später ebenfalls ihren Gesetzentwurf vor, der die pauschale Rehabilitierung der Wehrmacht-Deserteure vorsah.

Am 17. Mai 2002 gelangte das zwölfjährige parlamentarische Ringen um die Rehabilitierung der Wehrmacht-Deserteure dann tatsächlich zu einem Abschluss. Der Deutsche Bundestag beschloss mit den Stimmen von SPD, Grünen und PDS und gegen die von CDU/CSU und FDP die pauschale Aufhebung der Urteile gegen Deserteure der Wehrmacht und deren moralische Rehabilitierung. Die Abgeordneten der Oppositionsparteien CDU/CSU und FDP wollten bei der Einzelfallprüfung bleiben. Ihr zentrales politisches Argument lautete erneut, mit einer pauschalen Rehabilitierung aller Deserteure werde »natürlich jeder Soldat, der nicht desertierte, moralisch abqualifiziert«[47]. Aber dieser Meinung folgte nun nur noch eine Minderheit.

Würdigung eines exemplarischen Meinungswandels in der Demokratie

Da das Ende des Zweiten Weltkrieges zu diesem Zeitpunkt 57 Jahre zurück lag und die meisten der überlebenden Wehrmacht-Deserteure bereits gestorben waren, erreichte das Rehabilitierungsgesetz nur noch etwa 150 alte Männer. Aber die Bedeutung dieses Gesetzes reichte ja über die wenigen, direkt betroffenen Menschen weit hinaus. Es setzte den formalen Schlusspunkt unter eine lange und heiß umkämpfte geschichtspolitische Debatte, die mehr als zwanzig Jahre andauerte und an der sich relevante Teile der deutschen Gesellschaft beteiligt hatten. Insoweit markierte dieser 17. Mai 2002 so etwas wie die offizielle Beglaubigung eines Wertewandels. Eine Mehrheit in der deutschen Gesellschaft und nun auch im Deutschen Bundestag sprach den »kleinen Leuten« in Uniform, die sich den Kriegen des nationalsozialistischen Unrechtsregimes verweigert hatten, ihren Respekt aus, hob die gegen sie verhängten Urteile pauschal auf und ließ ihnen damit späte Gerechtigkeit widerfahren.

Allerdings ließ auch dieses Gesetz noch etliche Wünsche offen. So sind Soldaten, die sich in der Erkenntnis, dass sie in einem verbrecherischen Vernichtungskrieg missbraucht wurden, auf die Seite der Kriegsgegner Deutschlands schlugen[48], bislang noch nicht rehabilitiert worden. Es liegt jedoch in der Logik des am 17. Mai 2002 beschlossenen Gesetzes, auch jene Soldaten, die damals von deutschen Gerichten wegen des Delikts »Kriegsverrat« (als Kriegsverrat wurde in der NS-Zeit der Landesverrat von Soldaten in Zeiten des Krieges bezeichnet) verurteilt wurden, als Widerständler gegen das NS-Regime anerkannt und rehabilitiert werden.

Trotz dieser noch unerledigten Aufgabe wird man die große Bedeutung des geschilderten Meinungswandels für die deutsche Erinnerungskultur nicht gering schätzen dürfen. Die Tatsache, dass ganze zwanzig Jahre erforderlich waren, um diesen Prozess zu einem formellen Abschluss zu bringen, kann den Historiker, der mit der langen Dauer auch anderer kollektiver Lernprozesse vertraut ist, nicht verwundern. Die deutsche Gesellschaft hat den Meinungswandel in einer großen geschichtspolitischen Anstrengung geleistet. An ihr beteiligten sich friedenspolitisch orientierte Initiativen »von unten«, Publizisten, Historiker, Juristen und nicht zuletzt eine wachsende Anzahl von Politikerinnen und Politikern, die durchaus auch in den konservativen Parteien zu finden waren.[49] Eine offizielle Neubewertung durch Regierung und Parlament war allerdings nur bei bestimmten parlamentarischen Mehrheitsverhältnissen durchsetzbar. Denn die tonangebenden Kräfte in den konservativen Parteien ließen durchgängig erkennen, dass die Deserteursfrage für sie nicht verhandelbar war, weil sie ihr politisches Grundverständnis von militärischer Ordnung und damit auch von politischer Macht tangierte.

Den Befürwortern einer Rehabilitierung der Opfer der NS-Militärjustiz ging es über den formalen politischen Akt hinaus um eine Neuorientierung, um eine demokratische Erinnerungskultur, in welcher Werte wie Eigenverantwortlichkeit, politische Wachsamkeit, Zivilcourage und nicht zuletzt Friedfertigkeit maßgebliche Orientierungspunkte bildeten. Mit der beschämend späten, aber dann eben doch erreichten Rehabilitierung der Wehrmacht-Deserteure im Jahre 2002 sind die Deutschen einen bemerkenswerten Schritt in diese Richtung gegangen.

1 Adolf Hitler: Mein Kampf. Zweiter Band: Die nationalsozialistische Bewegung, München 9. Aufl. 1933, S. 587.

2 Vgl. ebda., S. 588.

3 Vgl. dazu Ralph Giordano: Die zweite Schuld oder Von der Last Deutscher zu sein, Hamburg 1987, Abschnitt »Das Fundament: der große Frieden mit den Tätern«, S. 85-167.

4 Norbert Frei: Vergangenheitspolitik. Die Anfänge der Bundesrepublik und die NS-Vergangenheit, München 1996, S. 304 f.

5 Vgl. dessen Autobiographie: Hans Filbinger: Die geschmähte Generation, München 1987.

6 Vgl. Manfred Messerschmidt/Fritz Wüllner: Die Wehrmachtjustiz im Dienste des Nationalsozialismus. Zerstörung einer Legende, Baden-Baden 1987, S. 16 f., 47 f., 157 f., 226 f., sowie Fritz Wüllner: Die NS-Militärjustiz und das Elend der Geschichtsschreibung. Ein grundlegender Forschungsbericht, Baden-Baden 1991, S. 29 ff.

7 Diese Initiativen werden dokumentiert in: Wolfram Wette (Hrsg.): Deserteure der Wehrmacht. Feiglinge – Opfer – Hoffungsträger? Dokumentation eines Meinungswandels, Essen 1995.

8 Vgl. den stenographischen Bericht der Parlamentsdebatte über den Entwurf des »Gesetzes zur Änderung des Gesetzes zur Aufhebung nationalsozialistischer Unrechtsurteile in der Strafrechtspflege (NS-AufhGÄndG)«, in: Deutscher Bundestag, 14. Wahlperiode, 237. Sitzung. Berlin, Freitag, den 17. Mai 2002, S. 23735-23743.

9 Der Gesetzestext wurde verkündet am 23.7.2002 im Bundesgesetzblatt Jg. 2002 Teil I, ausgegeben zu Bonn am 26.7.2002.

10 Vgl. zum Beispiel Herta Däubler-Gmelin: Zur Rehabilitierung von Opfern der NS-Justiz in der deutschen Wehrmacht. Bericht über den mühsamen Versuch, mehr als 50 Jahre nach der Zerschlagung Nazi-Deutschlands im Deutschen Bundestag durch eine überparteiliche gemeinsame Erklärung ein weiteres Stück von NS-Unrecht aufzuarbeiten, Tübingen, Februar 1997, 12 Maschinenseiten, http://www.spd-tuebingen.de/ov/herta/nsjustiz.htm.

11 Vgl. die Dokumentation: Dem unbekannten Deserteur, hrsg. von der Gruppe »Reservisten verweigern sich«, Bremen 1987, Vorwort, S. 1.

12 Manfred Messerschmidt: Deutsche Militärgerichtsbarkeit im Zweiten Weltkrieg, in: Die Freiheit des Anderen. Festschrift für Martin Hirsch, hrsg. von Hans-Jochen Vogel und Helmut Simon, Baden-Baden 1981, S. 111-142.

13 Jörg Kammler: Ich habe die Metzelei satt und laufe über... Kasseler Soldaten zwischen Verweigerung und Widerstand (1939-1945), Fuldabrück 1985.

14 Norbert Haase: Deutsche Deserteure, Berlin 1987.

15 Messerschmidt/Wüllner: Wehrmachtjustiz (wie Anm. 6).

16 Wüllner: NS-Militärjustiz (wie Anm. 6).

17 Hanno Kühnert in: Kritische Justiz 25 (1992), H. 2, S. 246.

18 Ebda., S. 247.

19 In den traditionellen Wertungen befangen bleiben die Bücher von Franz W. Seidler: Die Militärgerichtsbarkeit der deutschen Wehrmacht 1939 bis 1945, München 1991, und: Fahnenflucht. Der Soldat zwischen Eid und Gehorsam. München, Berlin 1993.

20 Ebda., S. 46.

21 Vgl. den Ausstellungskatalog von Norbert Haase: Das Reichskriegsgericht und der Widerstand gegen die nationalsozialistische Herrschaft, hrsg. von der Gedenkstätte Deutscher Widerstand mit Unterstützung der Senatsverwaltung für Justiz, Berlin 1993.

22 Ebda., S. 7.

23 Urteil des Bundessozialgerichts vom 11. September 1991 9 a RV 11/90. Abgedruckt in: Wette: Deserteure (wie Anm. 7), S. 234-248.

24 Vgl. Günter Saathoff/ Franz Dillmann: Die Ausgrenzung der Opfer der NS-Militärjustiz aus der Rehabilitierung und Entschädigung, in: Opfer der NS-Militärjustiz. Zur Notwendigkeit der Rehabilitierung und Entschädigung. Mit Beiträgen von Hans-Jochen Vogel, Manfred Messerschmidt, Günter Saathoff und Franz Dillmann, Bonn o. J. [1994], S. 16-24.

25 Franz Dillmann/ Günter Saathoff: Angehörige der Waffen-SS und Opfer der NS-Militärjustiz im Versorgungsrecht – ein Vergleich, in: Opfer (wie Anm. 24), S. 25-36, Zitat S. 29.

26 Zitate aus dem BSG-Urteils vom 11. 9. 1991, S. 10 ff., in: Wette: Deserteure (wie Anm. 7), S. 234-248.

27 Deutscher Bundestag. 11. Wahlperiode. Drucksache 11/7754 vom 29. 8. 1990.

28 Herta Däubler-Gmelin: Wie gehen wir heute mit Deserteuren des 2. Weltkrieges um? Rede, gehalten während des Streitgesprächs »Der unbekannte Deserteur – Provokation oder notwendiger Streit?«, veranstaltet von der SPD, Bonn, am 31. Mai 1990. Zitiert nach dem vom Presseservice der SPD Nr. 230/90 vom 1. Juni 1990 verbreiteten Redetext, S. 5.

29 Das folgende nach dem Bericht von Ferdos Forudastan: Für die Union gilt: Soldaten laufen nicht davon. Absage an eine generelle Rehabilitation der Wehrmacht-Deserteure, in: Frankfurter Rundschau Nr. 94, 23. 4. 1994, S. 4.

30 Vgl. Deutscher Bundestag, 12. Wahlperiode, Drucksache 12/8139, 28. 6. 1994. Beschlussempfehlung und Bericht des Rechtsausschusses.

31 Vgl. Deutscher Bundestag. Stenographischer Bericht. 234. Sitzung am 21. September 1994. Plenarprotokoll 12/243, S. 2180-2188. Vgl. dazu auch den Pressebericht: Bundestag verschiebt Entscheidung. Unrechtsurteile wegen Fahnenflucht im Dritten Reich, in: Frankfurter Allgemeine Zeitung vom 23. September 1994.

32 Urteil des Bundesgerichtshofs vom 16.11.1995, in: Neue Juristische Wochenschrift (NJW) 1996, S. 857 ff.; vgl. auch die Einschätzung von Otto Gritschneder: Rechtsbeugung. Die späte Beichte des Bundesgerichtshofs, in: Neue Juristische Wochenschrift (NJW) 1966, S. 1239 ff.

33 Otto Gritschneder: Furchtbare Richter. Verbrecherische Todesurteile deutscher Kriegsgerichte, München 1998.

34 Hermine Wüllner (Hrsg.): »... kann nur der Tod die gerechte Sühne sein«. Todesurteile deutscher Wehrmachtgerichte. Eine Dokumentation, Baden-Baden 1997.

35 Deutscher Bundestag, 13. Wahlperiode, 6. Sitzung des Rechtsausschusses, Protokoll Nr. 31. Vgl. auch den Bericht in: Das Parlament, Nr. 50, 8.12.1995, S. 15, sowie die Analyse von Manfred Messerschmidt: Rehabilitierung für Deserteure, »Wehrkraftzersetzer«

und »Wehrdienstverweigerer«. Pro und Contra bei der Anhörung im Rechtsausschuss des Bundestages am 29.11.1995, in: Kritische Justiz 29 (1996), S. 88-99.

36 Vgl. Naumann, Klaus: Der Krieg als Text. Das Jahr 1945 im kulturellen Gedächtnis der Presse, Hamburg 1998.

37 Hannes Heer u. Klaus Naumann (Hrsg.): Vernichtungskrieg. Verbrechen der Wehrmacht 1941-1944, Hamburg 1995.

38 Vgl. die Dokumentation: Krieg ist ein Gesellschaftszustand. Reden zur Eröffnung der Ausstellung »Vernichtungskrieg. Verbrechen der Wehrmacht 1941 bis 1944«, hrsg. v. Hamburger Institut für Sozialforschung, Hamburg 1998.

39 Siehe das Cover des Buches: Bilanz einer Ausstellung. Dokumentation der Kontroverse um die Ausstellung »Vernichtungskrieg. Verbrechen der Wehrmacht 1941 bis 1944« in München, Galerie im Rathaus, 25.2. bis 6.4.1997. Hrsg. von der Landeshauptstadt München, Kulturreferat, München 1998.

40 Entschließung der EKD-Synode von Borkum 1996. Zit. nach Däubler-Gmelin, Rehabilitierung (wie Anm. 10), Anhang. Siehe dazu auch die Stellungnahme von Günter Knebel in der Anhörung des Rechtsausschusses des Deutschen Bundestages: Protokoll der 126. Sitzung des Rechtsausschusses am 24.4.2002, S. 53.

41 Entschließung, zit. nach der soeben zitierten Beschlussempfehlung des Rechtsausschusses vom 14.5.1997. Bundestagsdebatte: Deutscher Bundestag, 13. Wahlperiode, 175. Sitzung am 15.5.1997, S. 15818-15835.

42 Die Stellungnahme von Ludwig Baumann ist enthalten in dem Artikel: Erneute Demütigung, in: Das Sonntagsblatt Nr. 24, 13.6.1997.

43 Andrea Thomas: Teil-Rehabilitierung für Deserteure. Neuer Beschluss des Bundestags prangert NS-Militärjustiz an, in: New Yorker Staats-Zeitung. Für Weltbürger deutscher Sprache, 24.-30.5.1997, S. 3.

44 Gesetz zur Aufhebung nationalsozialistischer Unrechtsurteile in der Strafrechtspflege und von Sterilisationsentscheidungen der ehemaligen Erbgesundheitsgerichte vom 25.8.1998, in: Bundesgesetzblatt Jg. 1998 Teil I Nr. 58, ausgegeben zu Bonn am 31.8.1998.

45 Zitat aus dem Artikel 1 des »Gesetzes zur Aufhebung der NS-Unrechtsurteile« (NS-AufhG).

46 Zit. in dem Brief der Bundesministerin der Justiz, Prof. Dr. Herta Däubler-Gmelin, vom 16.12.1998, an den Vorsitzenden der »Bundesvereinigung Opfer der NS-Militärjustiz e.V.« Archiv d. Verf. Der Text der Koalitionsvereinbarung zwischen der Sozialdemokratischen Partei Deutschlands und Bündnis 90/Die Grünen wurde dokumentiert in: Frankfurter Rundschau Nr. 245, S. 23-26, Abschnitt IX: Sicherheit für alle – Bürgerrechte stärken, Ziff. 3.

47 So der CDU-Abgeordnete Jürgen Gebh in: Deutscher Bundestag, 14. Wahlperiode, 237. Sitzung vom 17.5.2002, S. 23737.

48 Vgl. Gerhard Paul: »Die verschwanden einfach nachts.« Überläufer zu den Alliierten und den europäischen Befreiungsbewegungen, in: Norbert Haase u. Gerhard Paul (Hrsg.): Die anderen Soldaten. Wehrkraftzersetzung, Gehorsamsverweigerung und Fahnenflucht im Zweiten Weltkrieg, Frankfurt/M. 1995, S. 139-156, sowie den Sammelband von Stefan Doernberg (Hrsg.): Im Bunde mit dem Feind. Deutsche auf alliierter Seite, Berlin 1995.

49 Vgl. etwa den Brief des CDU-Bundestagsabgeordneten Friedbert Pflüger vom 13.2.1995 an Fraktionskollegen, in: Wette: Deserteure (wie Anm. 7), S. 186 ff.

Anhang

Autorenhinweise

Berthold, Ricarda, M. A., geboren 1960, Studium der Geschichte, Europäischen Ethnologie und Anglistik in Freiburg und Basel, freiberufliche Lektorin.

Kramer, Helmut, Dr. jur., geboren 1930, Studium der Geschichte und Rechtswissenschaft in Göttingen und Freiburg, 1967 Promotion, 1972–95 Richter, zuletzt als Richter am Oberlandesgericht, 1984–89 Lehrstuhlvertretung an der Universität Bremen, Vorsitzender des Forums Justizgeschichte e. V.; Veröffentlichungen zur Justizgeschichte und zur Rechtspolitik.

Messerschmidt, Manfred, Dr. phil., geboren 1926, Promotion 1954 in Freiburg; 1. und 2. Juristisches Staatsexamen (1959 und 1962); 1970–1988 als Professor und Direktor Leitender Historiker im Militärgeschichtlichen Forschungsamt (MGFA), Freiburg; Präsident der Commission d'Histoire du droit militaire, Société Internationale de Droit Pénal Militaire et de Droit de la Guerre (1973–1988).

Anton Maegerle, Journalist, Buch- und TV-Autor, langjähriger Mitarbeiter des SPD-nahen Informationsdienstes »blick nach rechts«, der »Archiv-Notizen« des Duisburger Instituts für Sprach- und Sozialwissenschaften (DISS) und der Vierteljahreshefte »Tribüne. Zeitschrift zum Verständnis des Judentums«.

Walter Mossmann, geb. 1941, lebt in Freiburg und Lemberg. Seit den 60er Jahren Autor und Regisseur, der mit unterschiedlichen Medien arbeitet: Radio, Film/TV, Theater, Schallplatten, Flugblätter, Zeitschriften, Bücher. Im Jahr 1974 Mitbegründer der Badisch-Elsässischen Bürgerinitiativen.

Perels, Joachim, Dr. jur., geboren 1942, Studium der Rechtswissenschaft, Philosophie und Politische Wissenschaft in Frankfurt/Main und Tübingen, 1973 Promotion, 1978 Habilitation, seit 1982 Professor für Politische Wissenschaft an der Universität Hannover, Redakteur der Zeitschrift »Kritische

Justiz«, Vorsitzender des wissenschaftlichen Beirats des Fritz Bauer Instituts.

Wolfram Wette, Dr. phil., geboren 1940, Studium der Politikwissenschaft, Geschichte und Philosophie, Promotion 1971 in München, Habilitation 1991 in Freiburg i. Br.; von 1971 bis 1995 Historiker im Militärgeschichtlichen Forschungsamt (MGFA) in Freiburg i. Br.; seit 1998 apl. Professor für Neueste Geschichte am Historischen Seminar der Albert-Ludwigs-Universität Freiburg i. Br.; Mitbegründer des Arbeitskreises Historische Friedensforschung (AKHF).

Abkürzungsverzeichnis

AA	Auswärtiges Amt, Außenministerium
Abb.	Abbildung
AEU	Arbeitsgemeinschaft Evangelischer Unternehmer
ARD	Arbeitsgemeinschaft der Rundfunkanstalten Deutschlands
ASU	Arbeitsgemeinschaft selbständiger Unternehmer
BA	Bundesarchiv
BA-MA	Bundesarchiv-Militärarchiv Freiburg i. Br.
BDA	Bundesvereinigung der Deutschen Arbeitgeberverbände
BDS	Bund der Selbständigen
BGH	Bundesgerichtshof
BJO	Bund Junges Ostpreußen
BKU	Bund Katholischer Unternehmer
BSG	Bundessozialgericht
BVMU	Bundesvereinigung mittelständischer Unternehmer
CAUSA	Confederation of the Association and Unity of Society of the Americas
CDU	Christlich-Demokratische Union
CSU	Christlich-Soziale Union
DB	Deutsche Burschenschaft
DDR	Deutsche Demokratische Republik
DGB	Deutscher Gewerkschaftsbund
DJZ	Deutsche Juristische Zeitschrift
DR	Deutsches Recht (Zeitschrift)
d. R.	der Reserve
DSG	Deutsche Studiengemeinschaft
EK	Eisernes Kreuz
EKD	Evangelische Kirche in Deutschland
e.V.	eingetragener Verein
FDP	Freie Demokratische Partei
GDW	Gedenkstätte Deutscher Widerstand
Gestapo	Geheime Staatspolizei
GFP	Gesellschaft für freie Publizistik
GG	Grundgesetz der Bundesrepublik Deutschland
HR	Heeresrechtsabteilung
Hrsg.	Herausgeber
Inf. Div.	Infanterie-Division
JN	Junge Nationaldemokraten
JU	Junge Union
Jur. Diss.	Juristische Dissertation
KSSVO	Kriegssonderstrafrechtsverordnung
KStVO	Kriegsstrafverfahrensordnung

KZ	Konzentrationslager
MdL	Mitglied des Landtags
MdEP	Mitglied des Europäischen Parlaments
Mob.	Mobilmachung
MOK	Marine-Oberkommando
MStGB	Militärstrafgesetzbuch
MStGO	Militärstrafgerichtsordnung
MUN	MUN-Sekte
NF	Nationalistische Front
NJW	Neue Juristische Wochenschrift
NKWD	russisch: Narodny Komissariat Wnutrennich Del (= Volkskommissariat für innere Abgelegenheiten der Sowjetunion)
NPD	Nationaldemokratische Partei Deutschlands
NS	Nationalsozialismus
NSDAP	Nationalsozialistische Deutsche Arbeiterpartei
NSDStB	Nationalsozialistischer Deutscher Studentenbund
OB	Oberbefehlshaber
Ob.d.M.	Oberbefehlshaber der Marine
OKH	Oberkommando des Heeres
OKL	Oberkommando der Luftwaffe
OKM	Oberkommando der Marine
OKW	Oberkommando der Wehrmacht
OKW/WR	Oberkommando der Wehrmacht/Wehrmachtrechtsabteilung
OLG	Oberlandesgericht
PDS	Partei des Demokratischen Sozialismus
REP	Republikaner-Partei
RHV	Republikanischer Hochschulverband
RKG	Reichskriegsgericht
RM	Reichsmarine
RStGB	Reichsstrafgesetzbuch
SA	Sturmabteilung der NSDAP
SDV	Schutzbund für das deutsche Volk
SPD	Sozialdemokratische Partei Deutschlands
SS	Schutzstaffeln der NSDAP
StGB	Strafgesetzbuch
S.St.A.	Sonder-Straf-Abteilung
SWG	Staats- und Wirtschaftspolitische Gesellschaft
SZW	Studienzentrum Weikersheim
U-Boot	Unterseeboot
USA	United States of America
VPM	Verein zur Förderung der psychologischen Menschenkenntnis
WehrG	Wehrgesetz
WR	Wehrmachtsrechtsabteilung im OKW
ZFI	Zeitgeschichtliche Forschungsstelle Ingolstadt
ZNS	Zentralnachweisstelle Aachen-Kornelimünster, Außenstelle des BA

WOLFRAM WETTE

Bibliographie

Vorbemerkung: Nachfolgende Bibliographie informiert über die von der Autorin und den Autoren dieses Buches verwendeten publizierten Quellen und über die benutzte Forschungsliteratur. Archivalien sind in den Anmerkungen zu den einzelnen Beiträgen nachgewiesen. Das Literaturverzeichnis berücksichtigt insbesondere die beiden folgenden Schwerpunkte: 1. Forschungen zur Geschichte der deutschen Militärjustiz in der Zeit des nationalsozialistischen Unrechtsstaats, 2. politische, rechtsgeschichtliche und historiographische Untersuchungen zur NS-Justiz nach 1945, insonderheit der Wehrmachtjustiz.

Absolon, Rudolf: Das Wehrmachtstrafrecht im Zweiten Weltkrieg. Sammlung der grundlegenden Gesetze, Verordnungen und Erlasse, Kornelimünster 1958.

Ausländer, Fietje (Hrsg.): Verräter oder Vorbilder? Deserteure und ungehorsame Soldaten im Nationalsozialismus. Mit Dokumenten, Bremen 1990 (DIZ-Schriften 2).

Ausschuss für Deutsche Einheit (Hrsg.): Wir klagen an. 800 Nazi-Blutrichter – Stützen des Adenauer-Regimes, Berlin 1959.

Autorenkollektiv (Hrsg.): Staat ohne Recht. Des Bonner Staates strafrechtliche Sonderjustiz in Berichten und Dokumenten, Berlin 1959.

Bastian, Max, Admiral: Lebenserinnerungen, in: BA-MA Freiburg, Nachlass Bastian, N 192/1.

Bauer, Fritz: Eine Grenze hat Tyrannenmacht. Plädoyer im Remer-Prozeß (1952), in: ders.: Die Humanität der Rechtsordnung. Hrsg. v. Joachim Perels/Irmtrud Wojak, Frankfurt/M. 1998.

Bauer, Fritz: Die »Ungesühnte Nazijustiz«(1969), in: ders.: Grenze, S.119 ff.

Bauer, Fritz: Das »gesetzliche Unrecht« des Nationalsozialismus und die deutsche Strafrechtspflege (1968), in: ders.: Grenze, S. 53 ff.

Behrends, Okko: Von der Freirechtsbewegung zum konkreten Ordnungs- und Gestaltungsdenken, in: Ralf Dreier/Wolfgang Sellert: Recht und Justiz im »Dritten Reich«, Frankfurt/M. 1989, S. 34–79.

Bertram, Jürgen: Das Drama von Brettheim. Eine Dorfgeschichte am Ende des Zweiten Weltkrieges, Frankfurt/M. 2005.

Betz, Herrmann Dieter: Das OKW und seine Haltung zum Landkriegsvölkerrecht im Zweiten Weltkrieg, Jur. Diss., Würzburg 1970.

Bieber, Horst/Joachim Holtz/Joachim Schilde/Hans Schueler u. Theo Sommer: Erschießen, Sargen, Abtransportieren. Der Marinerichter Filbinger und der

Matrose Gröger: Protokoll einer Verstrickung, in: »Die Zeit«, 12.5.1978 [= »Zeit«-Dokumentation].

Böttcher, Hans-Ernst (Hrsg.): Recht Justiz Kritik. Festschrift für Richard Schmid zum 85. Geburtstag, Baden-Baden 1985, Abschnitt II.

Broszat, Martin: Siegerjustiz oder strafrechtliche Selbstreinigung?, in: Vierteljahrshefte für Zeitgeschichte 1981, H.4, S. 477 ff.

Bossle, Lothar: Hans Filbinger. Ein Mann in unserer Zeit. Festschrift zum 70. Geburtstag, München 1963.

Büttner, Ursula (Hrsg.): Das Unrechtsregime. Internationale Forschung über den Nationalsozialismus. 2 Bde. Festschrift für Werner Jochmann zum 65. Geburtstag, Hamburg 1986.

Deinhardt, Richard: Kampf für ein deutsches Volksrecht. Richard Deinhardt zum 75. Geburtstage. Hrsg. v. Roland Freisler und Justus Hedemann, Berlin 1940.

Heinrich Dietz/Werner Hülle: Die Militärstrafgerichtsordnung für das Deutsche Reich, Berlin 1935.

Domarus, Max: Hitler. Reden und Proklamationen 1932–1945, Bd. 1, München 1965.

Droulia, Loukia/Hagen Fleischer (Hrsg.): Von Lidice nach Kalavryta. Widerstand und Besatzungsterror. Studien zur Repressionspraxis im Zweiten Weltkrieg, Berlin 1999.

Ehrlich, Eugen: Freie Rechtsfindung und freie Rechtswissenschaft (1903), in: Recht und Leben. Gesammelte Schriften zur Rechtstatsachenforschung und zur Freirechtslehre, Berlin 1967, S. 130–202.

Entscheidungen des Reichskriegsgerichts und des Wehrmachtdienststrafhofs. Hrsg. als Kameradschaftsarbeit von Angehörigen des Reichskriegsgerichts, Berlin 1938 und 1940.

Fahle, Günter: Verweigern, weglaufen, zersetzen. Deutsche Militärjustiz und ungehorsame Soldaten 1939–1945. Das Beispiel Ems-Jade, Bremen 1990 (DIZ-Schriften, 3).

Fall 7. Das Urteil im Geiselmordprozess 1948, Militärgerichtshof V der Vereinigten Staaten von Amerika 1948, Berlin 1965.

Fall 9. Das Urteil im Einsatzgruppenprozess (1948), Militärgerichtshof II der Vereinigten Staaten von Amerika, Berlin 1963.

Fall 12. Das Urteil gegen das Oberkommando der Wehrmacht (1948), Militärgerichthof V der Vereinigten Staaten von Amerika, Berlin 1961.

Filbinger, Hans: Die geschmähte Generation, München 1987.

Filbinger, Hans: »Am Grabe der Opfer von Brettheim« [Filbinger-Gedenkrede von 1960 am Grabe der Ermordeten von Brettheim], in: »Die Zeit« vom 19.5.1978.

Forsthoff, Ernst: Der totale Staat, Hamburg 1933.
Fraenkel, Ernst: Der Doppelstaat (1941), Frankfurt/M. 1974.
Frei, Norbert: Vergangenheitspolitik. Die Anfänge der Bundesrepublik und die NS-Vergangenheit, München 1996, 2. Aufl. 2003.
Frei, Norbert (Hrsg.): Hitlers Eliten nach 1945, München 2003.
Freisler, Roland: Gedanken zu Gehalt und Gestalt in der Rechtsarbeit, in: Richard Deinhardt, Kampf für ein deutsches Volksrecht. Richard Deinhardt zum 75. Geburtstage. Hrsg. v. Roland Freisler und Justus Hedemann, Berlin 1940, S. 63–86.
Frese, Hans: Bremsklötze am Siegeswagen der Nation. Erinnerungen eines Deserteurs an Militärgefängnisse, Zuchthäuser und Mooslager in den Jahren 1941–1945. Hrsg. von Fietje Ausländer u. Norbert Haase, Bremen 1989.
Freudiger, Kerstin: Die juristische Aufarbeitung von NS-Verbrechen, Tübingen 2002.
Friedrich, Jörg: Freispruch für die Nazi-Justiz. Die Urteile gegen NS-Richter seit 1945, Reinbek bei Hamburg 1983.
Friedrich, Jörg: Die kalte Amnestie. NS-Täter in der Bundesrepublik, Frankfurt/M. 1984.
Fritsche, Maria: Entziehungen. Österreichische Deserteure und Selbstverstümmler in der Deutschen Wehrmacht, Wien, Köln, Weimar 2004.
Fuchs, Ernst: Zur Entfesselung des Richters in der Strafgerichtsbarkeit, in: Deutsche Richterzeitung, Jg. 12 (1920), Spalte 148–151.
Fuchs, Ernst: Gesammelte Schriften über Freirecht und Rechtsreform. Hrsg. von S. Foulkes. Bd. 3, Aalen 1975.

Garbe, Detlef: Zwischen Widerstand und Martyrium. Die Zeugen Jehovas im »Dritten Reich«, 3. Aufl. München 1997.
Garbe, Detlef: »In jedem Einzelfall … bis zur Todesstrafe«. Der Militärstrafrechtler Erich Schwinge. Ein deutsches Juristenleben, Hamburg 1989.
Garbe, Detlef: Im Namen des Volkes?! Die rechtlichen Grundlagen der Militärjustiz im NS-Staat und ihre »Bewältigung« nach 1945, in: Ausländer: Verräter, S. 90–129.
Giordano, Ralph: Wenn Hitler den Krieg gewonnen hätte. Die Pläne der Nazis nach dem Endsieg, Hamburg 1989 [Kap. Über Frieden mit den Tätern].
Glienke, Stephan Alexander: Die Ausstellung »Ungesühnte Nazijustiz (1959–1962)«. Zur Geschichte der Aufarbeitung nationalsozialistischer Justizverbrechen, Phil. Diss. Universität Hannover 2006.
Grabert, Hans: Die Kirche im Jahre der deutschen Erhebung, Stuttgart 1934.
Greve, Michael: Der justitielle und rechtspolitische Umgang mit den NS-Gewaltverbrechen in den sechziger Jahren, Frankfurt/M. 2001.
Gritschneder, Otto: Furchtbare Richter. Verbrecherische Todesurteile deutscher Kriegsgerichte, München 1998.

Gritschneder, Otto: Rechtsbeugung. Die späte Beichte des Bundesgerichtshofs, in: Neue Juristische Wochenschrift (NRW), 19 (1996), S. 1239–1241.

Gritschneder, Otto: Von Anfang an nichtig. Die Todesurteile der nationalsozialistischen Kriegsgerichte, in: 4/3. Fachzeitschrift zu Kriegsdienstverweigerung, Wehrdienst und Zivildienst, 2002, Heft 4, S. 135–139.

Grossmann, Kurt R.: Ossietzky. Ein deutscher Patriot, München 1963.

Gruchmann, Lothar: »Nacht und Nebel«-Justiz 1942–1944, in: Vierteljahrshefte für Zeitgeschichte 29 (1981), S. 342 ff.

Güde, Max: Justiz im Schatten der Vergangenheit, in: Juristenzeitung 1960, H. 5/6, S.184 ff.

Haase, Norbert: Das Reichskriegsgericht und der Widerstand gegen die nationalsozialistische Herrschaft. Katalog zur Sonderausstellung der Gedenkstätte Deutscher Widerstand in Zusammenarbeit mit der Neuen Richtervereinigung. Hrsg. von der Gedenkstätte Deutscher Widerstand, Berlin 1993.

Haase, Norbert/Gerhard Paul (Hrsg.): Die anderen Soldaten. Wehrkraftzersetzung, Gehorsamsverweigerung und Fahnenflucht im Zweiten Weltkrieg, Frankfurt/M. 1995.

Haase, Norbert/Brigitte Oleschinski (Hrsg.): Das Torgau-Tabu. Wehrmachtstrafsystem, NKWD-Speziallager, DDR-Strafvollzug, Leipzig 1993.

Haase, Norbert: Generaloberstabsrichter Dr. Rudolf Lehmann, in: Gerd R. Ueberschär (Hrsg.), Hitlers militärische Elite, Bd. 1: Von den Anfängen des Regimes bis Kriegsbeginn, Darmstadt 1998, S. 154–161.

Hannover, Heinrich: Die Republik vor Gericht 1954–1995. Erinnerungen eines unbequemen Rechtsanwalts, Berlin 1999.

Hansen, Karl-Heinz: Demagogie als Methode. Die Strategie der Unionsparteien, München, Hamburg 1976.

Herbert, Ulrich: Biographische Studien über Radikalismus, Weltanschauung und Vernunft 1903–1989, Bonn 3. Aufl. 1996.

Hochhuth, Rolf: Eine Liebe in Deutschland. Reinbek bei Hamburg 1978.

Heck, Bruno (Hrsg.): Hans Filbinger – Der »Fall« und die Fakten. Eine historische und politologische Analyse. Mit Beiträgen von Heinz Hürten, Wolfgang Jäger und Hugo Ott, Mainz 1980 (= Eine Veröffentlichung der Konrad-Adenauer-Stiftung).

Heer, Hannes/Klaus Naumann (Hrsg.): Vernichtungskrieg. Verbrechen der Wehrmacht 1941 bis 1944, Hamburg 1995.

Hirsch, Günter: Die deutsche Justiz im Unrechtssystem und bei der Aufarbeitung von Justizunrecht, in: Deutsche Richterzeitung, H. 6/2002.

Homann, Ulrike: Die verleugnete Alternative. Der Oberste Gerichtshof für die Britische Zone, in: Recht und Politik 2001, H. 4, S. 210 ff.

Horkheimer, Max: Gesammelte Schriften, Bd. 17: Briefwechsel 1941–1948. Hrsg. v. Gunzelin Schmid Noerr, Frankfurt/M. 1996.

Huber, Ernst Rudolf: Der Führer als Gesetzgeber, in: Deutsches Recht (DR) 9 (1939), S. 275–278.
Huber, Ernst Rudolf: Deutsche Verfassungsgeschichte seit 1789, Bd. 6: Die Weimarer Reichsverfassung, Stuttgart 1981.
Hülle, Werner: Oldenburgs Weg in den Rechtsstaat. Festvortrag am 1. Oktober 1979, Oldenburg 1980.
Hürten, Heinz: Die Tätigkeit Hans Filbingers als Marinerichter, in: Heck: Filbinger, S. 47–102.
Hürten, Heinz: Im Umbruch der Normen. Dokumente über die deutsche Militärjustiz nach der Kapitulation der Wehrmacht, in: Militärgeschichtliche Mitteilungen (MGM) 28 (1980), S. 137–156.

Im Namen des Deutschen Volkes – Justiz und Nationalsozialismus. Katalog zur Ausstellung des Bundesministeriums der Justiz, 4. Aufl. Köln 1996.

Jaeger, Renate: Die NS-Justiz und ihre Opfer, in: Zeitschrift für Rechtspolitik (ZRP) 1996, S. 49–56.
Jahr, Christoph: Die Militärjustiz als Steuerungsinstrument soldatischen Verhaltens in den Weltkriegen 1914 bis 1918 und 1939 bis 1945, in: Erster Weltkrieg – Zweiter Weltkrieg. Ein Vergleich. Krieg, Kriegserlebnis, Kriegserfahrung in Deutschland. Im Auftrag des Militärgeschichtlichen Forschungsamtes hrsg. v. Bruno Thoß u. Hans-Erich Volkmann, Paderborn 2002, S. 323–334.
Jochmann, Werner (Hrsg.): Adolf Hitler. Monologe im Führerhauptquartier 1941–1944. Die Aufzeichnungen Heinrich Heims Hamburg 1980.
Justiz und NS-Verbrechen. Sammlung deutscher Strafurteile wegen nationalsozialistischer Tötungsverbrechen, 1945–1966. Bearb. im »Seminarium voor Strafrecht en Strafrechtspleging Van Hamel« der Universität Amsterdam von L. Rüter-Ehlermann, C. F. Rüter u.a. Amsterdam 1968 ff.

Keller, Otfried: Richter und Soldat. Ausschnitte aus einem Leben in bewegter Zeit, Marburg 1989.
Kirn, Michael: Verfassungsumsturz oder Rechtskontinuität?, Berlin 1972.
Klee, Ernst: Das Personenlexikon zum Dritten Reich. Wer war was vor und nach 1945, Frankfurt/M. 2005.
Knesebeck, Rosemarie von dem (Hrsg.): In Sachen Filbinger gegen Hochhuth. Die Geschichte einer Vergangenheitsbewältigung. Eingeleitet mit einem Essay von Hans Mayer, Reinbek 1980.
Kramer, Helmut/Wolfram Wette (Hrsg.): Recht ist, was den Waffen nützt. Justiz und Pazifismus im 20. Jahrhundert, Berlin 2004.
Kramer, Helmut: Die versäumte juristische Aufarbeitung der Wehrmachtjustiz, in: Kramer/ Wette: Recht, S. 219–233.

Kraus, Herbert: Die im Brauschweiger Remer-Prozess erstatteten moraltheologischen und theologischen Gutachten nebst Urteil, Hamburg 1953.

Landeszentrale für politische Bildung Baden-Württemberg (Hrsg.): »Die Männer von Brettheim«. Lesebuch zur Erinnerungsstätte, Villingen-Schwenningen 1993.

Lange, Richard: Eberhard Schmidt, in: Zeitschrift für die gesamte Strafrechtswissenschaft 1977.

Lingen, Kerstin von: Kesselrings letzte Schlacht. Kriegsverbrecherprozesse, Vergangenheitspolitik und Wiederbewaffnung: Der Fall Kesselring, Paderborn, München, Wien, Zürich 2004.

Lock, Just: die Ausschaltung und Beschränkung der deutschen ordentlichen Militärgerichtsbarkeit während des Zweiten Weltkrieges, Jur. Diss., Würzburg 1967.

Manoschek, Walter (Hrsg.): Opfer der NS-Militärjustiz. Urteilspraxis – Strafvollzug – Entschädigungspolitik in Österreich, Wien 2003.

Messerschmidt, Manfred/Fritz Wüllner: Die Wehrmachtjustiz im Dienste des Nationalsozialismus. Zerstörung einer Legende, Baden-Baden 1987.

Messerschmidt, Manfred: Deutsche Militärgerichtsbarkeit im Zweiten Weltkrieg, in: Hans-Jochen Vogel u.a. (Hrsg.): Die Freiheit des anderen. Festschrift für Martin Hirsch, Baden-Baden 1989, S. 111–142.

Messerschmidt, Manfred: Der »Zersetzer« und sein Denunziant. Urteile des Zentralgerichts des Heeres – Außenstelle Wien – 1944, in: Wolfram Wette (Hrsg.): Der Krieg des kleinen Mannes. Eine Militärgeschichte von unten, München 1992, S. 255–278.

Messerschmidt, Manfred: Carl von Ossietzky und die politische Justiz, in: Krieg und Literatur – War and Literature, Bd. IV, Nr. 8 (1992), S. 9–32.

Messerschmidt, Manfred: Was damals Recht war … NS-Militär- und Strafjustiz im Vernichtungskrieg. Hrsg. v. Wolfram Wette, Essen 1996.

Messerschmidt, Manfred: Admiral Bastian, in: Gerd R. Ueberschär (Hrsg.): Hitlers militärische Elite. Bd. 2: Vom Kriegsbeginn bis zum Weltkriegsende, Darmstadt 1998, S. 1–11.

Messerschmidt, Manfred: Die Wehrmachtjustiz gegen »Zersetzer« und Pazifisten, in: Kramer/Wette: Recht, S. 199–217.

Messerschmidt, Manfred: Die Wehrmachtjustiz 1933–1945. Hrsg. vom Militärgeschichtlichen Forschungsamt, Paderborn, München, Wien, Zürich 2005.

Metzger, Max Josef: Memorandum (1942), in: Das Gewissen steht auf. Hrsg. v. Annedore Leber in Zusammenarbeit mit Willy Brandt und Karl Dietrich Bracher, Berlin 1954, S. 184 f.

Miquel, Marc von: Juristen: Richter in eigener Sache, in: Frei, Hitlers Eliten (1996), S. 165–217.

Miquel, Marc von: Ahnden oder amnestieren? Westdeutsche Justiz und Vergangenheitspolitik in den sechziger Jahren, Göttingen 2004.
Mitscherlich, Alexander: Ein Leben für die Psychoanalyse. Anmerkungen zu meiner Zeit, Frankfurt/M. 1980.
Moritz, Klaus/Ernst Noam (Hrsg.): NS-Verbrechen vor Gericht 1945–1955. Dokumente aus hessischen Justizakten, Wiesbaden 1958.
Müller, Ingo: Furchtbare Juristen. Die unbewältigte Vergangenheit unserer Justiz, München 1987.
Müller, Ingo: Nürnberg und die deutschen Juristen, in: Gegen die Barbarei. Essays Robert M. W. Kempner zu Ehren. Hrsg. v. Rainer Eisfeld und Ingo Müller, Frankfurt/M. 1989, S. 257 ff.
Müller, Rolf-Dieter /Gerd R. Ueberschär/Wolfram Wette: Wer zurückweicht wird erschossen! Kriegsalltag und Kriegsende in Südwestdeutschland 1944/45, Freiburg i. Br. 1985.

Neubauer, Franz: Das öffentliche Fehlurteil. Der Fall Filbinger als ein Fall der Meinungsmacher, Regensburg 1990.
Neumann, Franz: Behemoth. Struktur und Praxis de Nationalsozialismus (1942). Hrsg. v. Gert Schäfer, Köln 1977.
Noth, Harald: Selbstgerechte Richter [über den Fall Filbinger und seine Kritiker], in: www.noth.net [März 2004].

Ostendorf, Heribert/Heino ter Veen: Das »Nürnberger Juristenurteil«, Frankfurt/M. 1985.

Paul, Gerhard: Ungehorsame Soldaten. Dissens, Verweigerung und Widerstand deutscher Soldaten 1939–1945), St. Ingbert 1994.
Perels, Joachim: Das juristische Erbe des »Dritten Reiches«. Beschädigungen der demokratischen Rechtsordnung, Frankfurt/M., New York 1999.
Perels, Joachim/Kerstin Freudiger (Hrsg.): NS-Täter in der deutschen Gesellschaft, Hannover 2002.
Perels, Joachim: Entsorgung der NS-Herrschaft? Beiträge zur unaufgearbeiteten Vergangenheit, Hannover 2004.
Perels, Joachim: Wahrnehmung und Verdrängung von NS-Verbrechen durch die Justiz, in: Peter Gleichmann/Thomas Kühne (Hrsg.): Massenhaftes Töten. Kriege und Genocide im 20. Jahrhundert (= Krieg und Frieden. Beiträge zur Historischen Friedensforschung, Bd. 2), Essen 2004, S. 361–371.
Peschel-Gutzeit, Lore-Maria (Hrsg.): Das Nürnberger Juristenurteil, Baden-Baden 1996.

Radbruch, Gustav: Gesetzliches Unrecht und übergesetzliches Recht (1946), in: Süddeutsche Juristenzeitung (SJZ) 1946, Sp. 105 ff.; Wiederabdruck in: ders.: Der Mensch im Recht. Ausgewählte Vorträge und Aufsätze über Grundfragen des Rechts, Göttingen 3. Aufl. 1969.

Ramge, Thomas: Der furchtbare Jurist – Marinerichter Hans Karl Filbinger und sein pathologisch gutes Gewissen (1978), in: ders.: Die großen Politskandale. Eine andere Geschichte der Bundesrepublik, Frankfurt, New York 2003, S. 135–153.

Reichel, Peter: Vergangenheitsbewältigung in Deutschland. Eine Auseinandersetzung mit der NS-Diktatur von 1945 bis heute, München 2001.

Renz, Werner: Auf schwankendem Grund. Täterentschuldigung und Opfergedenken 40 Jahre nach dem Urteil im Frankfurter Auschwitz-Prozess, in: Frankfurter Rundschau Nr. 192, 19.8.2006, S. 7 (Dokumentation).

Rondholz, Eberhard: Rechtsfindung oder Täterschutz, in: Droulia/Fleischer, Lidice, S. 225–291.

Roon, Ger van: Neuordnung im Widerstand. Der Kreisauer Kreis innerhalb der deutschen Widerstandsbewegung. Dokumentenanhang, München 1967.

Rottleuthner, Hubert: Krähenjustiz, in: Staatsverbrechen vor Gericht. Hrsg. v. Dirk W. Wildt, Amsterdam 2003, S. 259 ff.

Rüther, C. F., siehe: Justiz und NS-Verbrechen

Rüthers, Bernd: Die unbegrenzte Auslegung. Zum Wandel der Privatrechtsordnung im Nationalsozialismus (1968), Frankfurt/M. 1973.

Schenk, Dieter: Die Post von Danzig. Geschichte eines deutschen Justizmordes, Reinbek 1995.

Schmidt, Eberhard: Justiz und Publizistik, Tübingen 1968.

Schmidt, Eberhard: Unabhängigkeit der Rechtspflege, in: Monatsschrift für Deutsches Recht 1948, S. 333 ff.

Schmidt, Eberhard: Lehrkommentar zur Strafprozessordnung, Teil I., Göttingen 1952.

Schmitt, Carl: Legalität und Legitimität (1932), in: ders.: Verfassungsrechtliche Aufsätze aus den Jahren 1924–1954, Berlin 1958, S. 263–350.

Schmitt, Carl: Unsere geistige Gesamtlage und unsere juristische Aufgabe, in: Zeitschrift der Akademie für Deutsches Recht, 1 (1934).

Schmitt, Carl: Staat, Bewegung, Volk, Hamburg 1933.

Schmitt, Carl: Der Führer schützt das Recht. Zur Reichstagsrede Adolf Hitlers vom 13. Juli 1934, in: Deutsche Juristen Zeitung (DJZ), August 1934, Sp. 945–947.

Schorn, Hubert: Der Richter im Dritten Reich, Frankfurt 1959.

Schreiber, Gerhard: Deutsche Kriegsverbrechen in Italien. Täter, Opfer, Strafverfolgung, München 1996.

Schultheiß, Hans (Red.): Die Männer von Brettheim. Hrsg. von der Landeszentrale für politische Bildung, Villingen-Schwenningen 1993.

Schultheiß, Hans: Die Tragödie von Brettheim. Hrsg. vom Förderverein Erinnerungsstätte »Die Männer von Brettheim«, Tübingen 2002.

Schweling, Otto Peter: Die deutsche Militärjustiz in der Zeit des Nationalsozialismus. Bearbeitet, eingeleitet und hrsg. von Erich Schwinge, Marburg 1977.

Schwinge: siehe Schweling.
Sepainter, Fred: Baden-Württemberg 1960–1992, in: Handbuch der baden-württembergischen Geschichte. Band 4: Die Länder seit 1918, Stuttgart 2003, S. 591–895, besonders Kap. 5: Die Rücktritte der Ministerpräsidenten Filbinger und Späth, S. 708–714.
Sinzheimer, Hugo: Jüdische Klassiker der deutschen Rechtswissenschaft. Mit einem Vorwort von Franz Böhm, Frankfurt/M. 1953.
Smend, Rudolf: Verfassung und Verfassungsrecht (1928), in: ders.: Strafrechtliche Abhandlungen und andere Aufsätze, Berlin 1955, S. 263–350.
Strafrecht der Deutschen Wehrmacht. Textausgabe mit Verweisungen und Sachverzeichnis, 6. Auflage, München, Berlin 1943.
Streim, Alfred: Saubere Wehrmacht? Die Verfolgung von Kriegs- und NS-Verbrechen in der Bundesrepublik und der DDR, in: Hannes Heer/Klaus Naumann (Hrsg.): Vernichtungskrieg. Verbrechen der Wehrmacht 1941 bis 1944, Hamburg 1995, S. 569–597.
Streit, Christian: Keine Kameraden. Die Wehrmacht und die sowjetischen Kriegsgefangenen 1941–1945, Stuttgart 1978, Neuausgabe Bonn 1991.
Stuckart, Wilhelm/Hans Globke: Reichsbürgergesetz v. 15.9.1935, Gesetz zum Schutz des deutschen Blutes und der deutschen Ehre v. 14.9.1935, Gesetz zum Schutz der Erbgesundheit v. 18.10.1936, München 1936.

Ueberschär, Gerd R. (Hrsg.): Der Nationalsozialismus vor Gericht. Die alliierten Prozesse gegen Kriegsverbrecher und Soldaten 1943 bis 1953, Frankfurt/M. 1999.
Ueberschär, Gerd R. (Hrsg.): Hitlers militärische Elite. Bd. 1: Von den Anfängen des Regimes bis Kriegsbeginn, Darmstadt 1998.
Ule, Carl Friedrich: Herrschaft und Führung im nationalsozialistischen Staat, in: Verwaltungsarchiv Jahrgang 46 (1941), S. 143 ff. und Jahrgang 47 (1942), S. 1 ff.
Ule, Carl Friedrich: Beiträge zur Rechtswirklichkeit im Dritten Reich, Berlin 1987.

Vultejus, Ulrich: Kampfanzug unter der Robe. Kriegsgerichtsbarkeit des zweiten und dritten Weltkrieges, Hamburg 1984.

Walmrath, Lothar: »Iustitia et disciplina«. Strafgerichtsbarkeit in der deutschen Kriegsmarine 1939–1945, Frankfurt/M. 1998.
Weber, Hellmut von: Die Pflichtenkollision im Strafrecht, in: Festschrift für Wilhelm Kisselbach, Hamburg 1947.
Weber, Max: Rechtssoziologie (1911–1919). Hrsg. v. Johannes Winckelmann, Neuwied, 2. Aufl. 1967.
Wette, Wolfram (Hrsg.): Der Krieg des kleinen Mannes. Eine Militärgeschichte von unten, München 1992, 2. Aufl. 1995.

Wette, Wolfram (Hrsg.): Deserteure der Wehrmacht. Feiglinge – Opfer – Hoffnungsträger? Dokumentation eines Meinungswandels, Essen 1995.

Wette, Wolfram: Deserteure der Wehrmacht rehabilitiert. Ein exemplarischer Meinungswandel in Deutschland (1980–2002), in: Zeitschrift für Geschichtswissenschaft (ZfG) 52 (2004), H. 6, S. 505–527.

Wette, Wolfram: »Was Unrecht war, kann nicht Recht sein!« Der Fall Filbinger, in: 4/3. Fachzeitschrift für Kriegsdienstverweigerung, Wehrdienst und Zivildienst 21 (2003), Nr. 3+4 (Dezember), S. 134–141.

[Wette, Wolfram] Der Fall Filbinger. Erst der »furchtbare Jurist« ohne Unrechtsbewusstsein löste in Deutschland eine intensive Beschäftigung mit der NS-Justiz aus. Von Wolfram Wette, in: Frankfurter Rundschau Nr. 223, 24. September 2003, S. 7 (Dokumentation).

Wolf, Erik: Der Methodenstreit in der Strafrechtslehre und seine Überwindung, in: Deutsche Rechtswissenschaft 4 (1939), S. 16–181.

Wüllner, Fritz: Die NS-Militärjustiz und das Elend der Geschichtsschreibung. Ein grundlegender Forschungsbericht, Baden-Baden 1991.

Wüllner, Hermine (Hrsg.): »… kann nur der Tod die gerechte Sühne sein«. Todesurteile deutscher Wehrmachtsgerichte. Eine Dokumentation, Baden-Baden 1997.

Zentner, Christian/Friedemann Bedürftig (Hrsg.): Das Große Lexikon des Zweiten Weltkrieges, München 1988.

Personenregister

zu Klampen Verlag GbR
Röse 21
31832 Springe

Bei Fragen zur EU-Sicherheitsverordnung GPSR wenden Sie sich bitte an info@zuklampen.de.